高校入試の
最重要問題

英語

改訂版

ENGLISH

# 目次

高校入試の最重要問題
[英語]

この本の使い方 ……………………………………………………………………… 004

ダウンロード特典について ……………………………………………………… 006

## 文法編

☑ 弱点チェック ………………………………………………………………………… 008

1 現在・過去・未来の文 ………………………………………………………… 012

2 疑問詞を使った疑問文 ……………………………………………………… 016

3 〈to＋動詞の原形〉と動名詞 ………………………………………………… 020

4 名詞・形容詞・副詞・代名詞 ………………………………………………… 024

5 接続詞・前置詞 ………………………………………………………………… 028

6 会話表現 ………………………………………………………………………… 031

7 いろいろな文 …………………………………………………………………… 035

8 〈to＋動詞の原形〉 発展 …………………………………………………… 038

9 現在完了形・現在完了進行形 ……………………………………………… 041

10 比較 ……………………………………………………………………………… 045

11 助動詞 …………………………………………………………………………… 047

12 関係代名詞（名詞を修飾する語句）………………………………………… 050

13 間接疑問・命令文・感嘆文 ………………………………………………… 053

14 受け身 …………………………………………………………………………… 056

15 いろいろな熟語 ………………………………………………………………… 058

16 仮定法 …………………………………………………………………………… 061

## 読解編

1 内容について正しい英文を選ぶ問題 …………………………………… 064

2 語句を補う問題 ………………………………………………………………… 068

3 文を補う問題 …………………………………………………………………… 072

4 英語で答える問題 ……………………………………………………… 076

5 内容に合う英文を完成させる問題 ……………………………………… 080

6 絵や図・表を読み取る問題 ……………………………………………… 084

7 指示語の内容を説明する問題 …………………………………………… 088

8 日本語で説明する問題 …………………………………………………… 092

9 文を並べかえる問題 ……………………………………………………… 096

10 文が入る適切な場所を答える問題 ……………………………………… 100

DATA 1　よく出る語形変化 ………………………………………………… 104

# リスニング編

☑ 弱点チェック ……………………………………………………………… 106

1 英語の質問に答える問題 ………………………………………………… 108

2 正しい絵・図・表を選ぶ問題 …………………………………………… 112

3 英語の応答を選ぶ問題 …………………………………………………… 116

4 表やメモを完成させる問題 ……………………………………………… 120

5 自分の考えなどを答える問題 …………………………………………… 124

6 図や表を見て答える問題 ………………………………………………… 127

# 英作文編

1 語句を並べかえる問題 …………………………………………………… 132

2 場面・条件に合う英文を作る問題 ……………………………………… 135

3 自分の考えを書く問題 …………………………………………………… 139

4 絵・図・表を見て英文を作る問題 ……………………………………… 143

5 日本語を英文に直す問題 ………………………………………………… 146

DATA 2　覚えておくと英作文に便利な表現 …………………………………… 149

DATA 3　よく出る会話表現 …………………………………………………… 150

模擬試験　第1回 ……………………………………………………………… 152

模擬試験　第2回 ……………………………………………………………… 156

# この本の使い方

この本は，ムダなく，効率よく高校入試対策をしたい受験生のための
過去問題集です。学習進度やレベルに合わせて，解く問題が選べます。
自分に合った使い方で効率よく力をつけて，合格を勝ち取ってください。
応援しています!

本書の構成

本書は，分野ごとに

**弱点チェック** ＋ **項目別「まとめページ＋実戦トレーニング」**

の順に並んでいます（読解編と英作文編を除く）。
以下，本書のおすすめの使い方を紹介していきます。

## 1 出る順に解く。

この本は，出題頻度順に項目を配列してあります。よ
く出る項目を優先して解くことができるので，効率よ
く力がつきます。各項目の始めには，重要点や重要解
法をまとめた「まとめページ」があります。問題を解
く前に読んでおくと効果的です。

●各項目の出題率です。
●よく出る問題形式など，入試情報がのっています。

## 2 ニガテな項目を確認する。

各分野の始めには，一問一答の「弱点チェック」
があります（読解編と英作文編を除く）。
まずこのページで，自分のニガテな項目はどこかを
チェックしましょう。ニガテな項目があったら，優
先的にその項目を勉強して，ニガテを克服してお
きましょう。

## 3 「お急ぎ」マークを解く。

特によく出る重要な問題には， マークがついています。時間のない人や，入試直前に総復習をするときは，優先的にこの問題に取り組むと効率よく学習できます。

## 4 正答率の高い問題から解く。 正答率 75.0%

正答率が高い問題は，多くの受験生が正解している基礎的な問題です。みんなが解ける問題は，確実に解けるようにしておきましょう。

## 5 正答率の低い問題を解く。 ⚠ 正答率 30.0%

基礎が定着してきたら，低正答率の問題や，ハイレベル問題 〔 HIGH LEVEL 〕 に挑戦すればレベルアップ！
みんなに差をつけましょう。

## 6 まとめページを再確認する。

問題についている ↩ マークは，「まとめページ」の番号とリンクしています。わからない問題があったらこのページにもどって復習しましょう。

## 別冊 解答と解説

別冊の解答解説は巻末から取り外して使います。
詳しい解説やミス対策が書いてあります。
間違えた問題は解説をよく読んで，確実に解けるようにしましょう。

高校入試問題の掲載について
・問題の出題意図を損なわない範囲で，解答形式を変更したり，問題の一部を変更・省略したりしたところがあります。
・問題指示文，表記，記号などは全体の統一のため，変更したところがあります。
・解答・解説は，各都道府県発表の解答例をもとに，編集部が制作したものです。
・出題率は，各都道府県発表の情報をもとに，編集部が制作したものです。

### 音声再生アプリ my-oto-mo （マイオトモ） https://gakken-ep.jp/extra/myotomo/

本書音声は音声再生アプリ my-oto-mo を使用して再生できます。
右のコードからアプリをスマホにダウンロードしてご利用ください。

・音声を端末にダウンロードすればオフラインでも利用可能です
・スマホをお持ちでない方は上記 URL から音声ファイルをダウンロードすることも可能です。

# ダウンロード特典について

## 1 「リアル模試」で本番さながらに解いてみよう！

本書巻末には模擬試験が2回分ついていますが，「まだ解き足りない！」「最後の仕上げをしたい！」という人のために，「本番形式」（本番に近いサイズ，解答用紙つき）の「リアル模試」1回分をダウンロードできるようにしました。

静かな場所で，時間を計って，本番さながらの環境で取り組んでみましょう。解答解説もあります。

## 2 他教科の「弱点チェック」ができる！

「高校入試の最重要問題」シリーズの各教科（数学・理科・社会・国語）の「弱点チェック」問題をダウンロードして解くことができます（英語は文法編のみ）。解いてみて不安な部分があれば，他教科の「最重要問題」シリーズで学習しましょう！

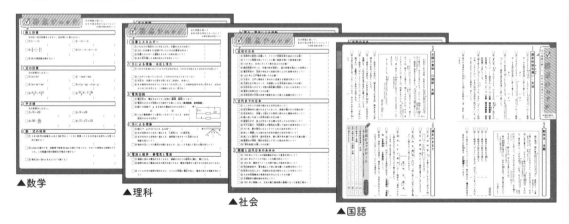

▲数学　　▲理科　　▲社会　　▲国語

URL **https://gbc-library.gakken.jp/**

上記 URL にアクセスして，GakkenID でログイン後（お持ちでない方は GakkenID の取得が必要になります），以下の ID，PW を登録すると上記特典（リアル模試，他教科弱点チェック）をご覧になれます。

【ID】km8ck　　【PW】sxp7hx6m

※ ID とパスワードの無断転載・複製を禁じます。サイトアクセス・ダウンロード時の通信料はお客様のご負担になります。
　 サービスは予告なく終了する場合があります。

# 文法編

☑ 弱点チェック ……………………………………………………………… 008

1 出題率 **91%** 現在・過去・未来の文 ………………………………… 012
2 出題率 **82%** 疑問詞を使った疑問文 ……………………………… 016
3 出題率 **79%** 〈to＋動詞の原形〉と動名詞 ……………………… 020
4 出題率 **68%** 名詞・形容詞・副詞・代名詞 ……………………… 024
5 出題率 **61%** 接続詞・前置詞 ………………………………………… 028
6 出題率 **60%** 会話表現 ………………………………………………… 031
7 出題率 **58%** いろいろな文 …………………………………………… 035
8 出題率 **56%** 〈to＋動詞の原形〉 発展 …………………………… 038
9 出題率 **56%** 現在完了形・現在完了進行形 …………………… 041
10 出題率 **56%** 比較 ……………………………………………………… 045
11 出題率 **54%** 助動詞 …………………………………………………… 047
12 出題率 **44%** 関係代名詞（名詞を修飾する語句） ……………… 050
13 出題率 **44%** 間接疑問・命令文・感嘆文 ………………………… 053
14 出題率 **35%** 受け身 …………………………………………………… 056
15 出題率 **30%** いろいろな熟語 ………………………………………… 058
16 出題率 **19%** 仮定法 …………………………………………………… 061

## 1 現在・過去・未来の文

□① 彼は放課後にサッカーをしません。　He [　　　] [　　　　] soccer after school.

□② あなたは昨日テレビを見ましたか。　[　　　　] you [　　　　] TV yesterday?

□③ 彼女は公園を走っているところです。　She [　　　] [　　　　] in the park.

□④ あなたは明日，何をする予定ですか。

What [　　　　] you [　　　　] to do tomorrow?

## 2 疑問詞を使った疑問文

□① あなたは何の教科が好きですか。　[　　　　] [　　　　] do you like?

□② この部屋にはネコが何匹いますか。

[　　　] [　　　　] cats are there in this room?

□③ なぜ彼女はそんなにうれしそうなのですか。

[　　　] [　　　　] she look so happy?

## 3 〈to + 動詞の原形〉と動名詞

□① 私は将来，留学したいです。　I [　　　　] [　　　　] study abroad in the future.

□② 私は今日，何もすることがありませんでした。

I didn't have [　　　] [　　　　] do today.

□③ 私は今朝，朝食を作るために早く起きました。

I got up early [　　　] [　　　　] breakfast this morning.

□④ 私たちは昨夜，電話でおしゃべりをして楽しみました。

We [　　　] [　　　　] on the phone last night.

## 4 名詞・形容詞・副詞・代名詞

□① あの子どもたちを見て。あなたは彼らのことを知っていますか。

Look at those [　　　　].　Do you know [　　　　]?

□② 彼女は家族とよくテニスをします。

She [　　　　] plays tennis with [　　　　] family.

□③ コップには水はほとんど入っていません。　There is [　　　　] water in the glass.

□④ あの新しい自転車はあなたのものですか。　Is that [　　　] bike [　　　]?

□⑤ 生徒のそれぞれがスピーチをしました。　[　　　　] of the students made a speech.

## 5 接続詞・前置詞

□① もし明日，雨が降ったら，私たちは家にいます。

[　　　] it [　　　　] tomorrow, we'll stay home.

□② 私が帰宅したとき，父は眠っていました。　My father was sleeping [　　　　] I got home.

☐ ③ 私は，リサが学生だとは知りませんでした。

I [　　　　] [　　　　　] [　　　　　] Lisa was a student.

☐ ④ 私はふつう朝6時に起きます。

I usually get up [　　　　] six [　　　　] the morning.

☐ ⑤ 私はここに5年間住んでいます。　I've lived here [　　　　] five years.

## 6 会話表現

☐ ① 私たちの仲間に入りませんか。　[　　　] [　　　　　] you join us?

☐ ② 夕食に出かけませんか。　[　　　] you [　　　] to go out for dinner?

☐ ③ 何か飲み物はいかがですか。　[　　　] you [　　　] something to drink?

☐ ④ 気分が悪いのですか。どうかしましたか。

Do you feel sick? [　　　] the [　　　]?

## 7 いろいろな文

☐ ① 彼女の言葉は私をうれしくさせました。　Her words [　　　] [　　　] happy.

☐ ② 加藤先生は忙しそうに見えます。　Ms. Kato [　　　] [　　　].

☐ ③ 私は彼にセーターをあげました。　I [　　　] [　　　] a sweater.

☐ ④ この近くに駅はありますか。　[　　　] [　　　] a station near here?

## 8 〈to＋動詞の原形〉　発展

☐ ① 私にこのカメラの使い方を教えて。　Tell me [　　　] [　　　] use this camera.

☐ ② 私は彼にピアノを弾いてもらいたいのです。

I [　　　] [　　　] [　　　] play the piano.

☐ ③ 彼女にとってスペイン語を話すことは簡単です。

[　　　] is easy [　　　] her [　　　] speak Spanish.

☐ ④ ごみを拾うのを手伝ってくれますか。

Can you [　　　] me [　　　] up the garbage?

---

### 弱点チェックシート

正解した問題の数だけ塗りつぶそう。
正解の少ない項目があなたの弱点部分だ。

弱点項目から取り組む人は、このページへGO!

| | | | | | | | |
|---|---|---|---|---|---|---|---|
| 1 | 現在・過去・未来の文 | 1 | 2 | 3 | 4 | | → 12 ページ |
| 2 | 疑問詞を使った疑問文 | 1 | 2 | 3 | | | → 16 ページ |
| 3 | 〈to＋動詞の原形〉と動名詞 | 1 | 2 | 3 | 4 | | → 20 ページ |
| 4 | 名詞・形容詞・副詞・代名詞 | 1 | 2 | 3 | 4 | 5 | → 24 ページ |
| 5 | 接続詞・前置詞 | 1 | 2 | 3 | 4 | 5 | → 28 ページ |
| 6 | 会話表現 | 1 | 2 | 3 | 4 | | → 31 ページ |
| 7 | いろいろな文 | 1 | 2 | 3 | 4 | | → 35 ページ |
| 8 | 〈to＋動詞の原形〉　発展 | 1 | 2 | 3 | 4 | | → 38 ページ |

## 9 現在完了形・現在完了進行形

☐① 健はちょうどどこに着いたところです。　Ken [　　　　] just [　　　　] here.

☐② あなたは今までにインドへ行ったことがありますか。

[　　　　] you ever [　　　　] [　　　　] India?

☐③ 私は先月から彼に会っていません。

I [　　　　] [　　　　] him [　　　　] last month.

☐④ 彼は今朝からずっとサッカーを練習しています。

He [　　　　] [　　　　] [　　　　] soccer since this morning.

## 10 比較

☐① 父はスミス先生と同じ年です。　My father is [　　　　] [　　　　] as Mr. Smith.

☐② この車はあれよりも新しい。　This car is [　　　　] [　　　　] that one.

☐③ この指輪は全部の中でいちばん高い。

This ring is the [　　　　] [　　　　] [　　　　] all.

☐④ あなたは犬とネコとでは，どちらのほうが好きですか。

Which do you [　　　　] [　　　　], dogs [　　　　] cats?

## 11 助動詞

☐① このペンを使ってもいいですか。　[　　　　] [　　　　] use this pen?

☐② 私は次に何をしたらよいですか。　What [　　　　] I do next?

☐③ 私は今日そこに行く必要はありません。

I don't [　　　　] [　　　　] go there today.

☐④ 彼は明日，早く起きなければなりません。

He [　　　　] [　　　　] up early tomorrow.

## 12 関係代名詞（名詞を修飾する語句）

☐① 音楽を聞いている女の子はリサです。　The [　　　　] [　　　　] to music is Lisa.

☐② 彼が作った人形はかわいかった。　The doll [　　　　] [　　　　] was cute.

☐③ 私は英語で書かれた本を買いました。　I bought a [　　　　] [　　　　] in English.

☐④ 私には仙台に住んでいる友人がいます。

I have a [　　　　] [　　　　] lives in Sendai.

☐⑤ 彼はみんなが知っている本を書きました。

He wrote a book [　　　　] [　　　　] knows.

## 13 間接疑問・命令文・感嘆文

☐① 彼女がだれか知っていますか。　Do you know [　　　　] [　　　　] [　　　　]?

□② 彼がどこに住んでいるか教えてください。

　　　Please tell me [　　　　] [　　　　] [　　　　].

□③ 遅れないでね，健太。　　　　[　　　　] [　　　　] late, Kenta.

□④ なんて古いお皿なんでしょう！　[　　　　] an [　　　　] dish!

## 14（受け身）

□① このお寺は1600年に建てられました。　This temple [　　　　] [　　　　] in 1600.

□② ここでは日本語は話されていません。　Japanese [　　　　] [　　　　] here.

□③ これらのタオルは昨日，洗われましたか。

　　　[　　　　] these towels [　　　　] yesterday?

□④ 次のオリンピックはどこで開催されるでしょうか。

　　　Where [　　　　] the next Olympics [　　　　] [　　　　]?

## 15（いろいろな熟語）

□① 私はアクション映画に興味があります。　I'm [　　　　] [　　　　] action movies.

□② あなたは何をさがしているのですか。　What are you [　　　　] [　　　　]?

□③ お体に気をつけてください。　Please [　　　　] [　　　　] of yourself.

□④ あなたにお会いするのを楽しみにしています。

　　　I'm looking [　　　　] [　　　　] seeing you.

## 16（仮定法）

□① 私も試合でプレーできたらいいのに。　I [　　　　] I [　　　　] play in the game.

□② もし私があなただったら，そんなことはしないだろうに。

　　　[　　　　] I [　　　　] you, I [　　　　] do that.

□③ もしあなたがもっと熱心に練習すれば，試合に勝つだろうに。

　　　[　　　　] you practiced harder, you [　　　　] win the game.

弱点チェックシート　正解した問題の数だけ塗りつぶそう。正解の少ない項目があなたの弱点部分だ。　弱点項目から取り組む人は，このページへGO！

| | | 1 | 2 | 3 | 4 | 5 | |
|--|--|--|--|--|--|--|--|
| 9 | 現在完了形・現在完了進行形 | 1 | 2 | 3 | 4 | | → 41 ページ |
| 10 | 比較 | 1 | 2 | 3 | 4 | | → 45 ページ |
| 11 | 助動詞 | 1 | 2 | 3 | 4 | | → 47 ページ |
| 12 | 関係代名詞（名詞を修飾する語句） | 1 | 2 | 3 | 4 | 5 | → 50 ページ |
| 13 | 間接疑問・命令文・感嘆文 | 1 | 2 | 3 | 4 | | → 53 ページ |
| 14 | 受け身 | 1 | 2 | 3 | 4 | | → 56 ページ |
| 15 | いろいろな熟語 | 1 | 2 | 3 | 4 | | → 58 ページ |
| 16 | 仮定法 | 1 | 2 | 3 | | | → 61 ページ |

# 1 現在・過去・未来の文

## 1 現在の文

### ❶ be 動詞（am, is, are）

**❶** 否定文➡ be 動詞のあとに **not** をおく。

［例］ **I am not a student.**（私は生徒ではありません。）

**❷** 疑問文➡ be 動詞で文を始める。

［例］ **Is that a bike?**（あれは自転車ですか。）

### ❷ 一般動詞

★主語が 3 人称単数のときは, **動詞の最後に s, es** をつける。

**❶** 否定文➡動詞（原形）の前に **don't** か **doesn't** をおく。
  └変化しないもとの形  └主語が 3 人称単数のとき

［例］ **He doesn't play tennis.**（彼はテニスをしません。）

**❷** 疑問文➡ **Do** か **Does** で文を始める。
  └主語が 3 人称単数のとき

［例］ **Does he play tennis?**（彼はテニスをしますか。）

　　　―**Yes, he does. / No, he doesn't.**（はい。／いいえ。）

## 2 過去の文

### ❶ be 動詞（was, were）

**❶** 否定文➡ **was** か **were** のあとに **not** をおく。

**❷** 疑問文➡ **Was** か **Were** で文を始める。

［例］ **Were they at home?**（彼らは家にいましたか。）

### ❷ 一般動詞…過去形はふつう, 動詞の最後に **ed** か **d** をつける。

**❶** 否定文➡動詞（原形）の前に **didn't** をおく。

［例］ **She didn't eat it.**（彼女はそれを食べませんでした。）

**❷** 疑問文➡ **Did** で文を始める。

［例］ **Did you watch TV last night?**（あなたは昨夜, テレビを見ましたか。）

## 3 未来の文（be going to と will）

### ❶ 〈be going to ＋動詞の原形〉…「～するつもりだ」の意味。
  └これから先の予定

［例］ **I'm going to go out today.**
（私は今日, 外出するつもりです。）

### ❷ 〈will ＋動詞の原形〉…「～だろう」「～する」の意味。
  └予想　　└意志

**❶** 否定文➡ **will** のあとに **not** をおく。短縮形は **won't**。

［例］ **They won't give up.**（彼らはあきらめないでしょう。）

**❷** 疑問文➡ **Will** で文を始める。

［例］ **Will it be sunny tomorrow?**（明日は晴れるでしょうか。）

---

★さらにくわしく！

**主語による be 動詞の使い分け**

| 主語 | 現在 | 過去 |
|---|---|---|
| I | am | was |
| 3 人称単数 | is | was |
| you や複数 | are | were |

**いろいろな 3 人称単数現在形**

play（する）　➡ plays
do（する）　　➡ does
teach（教える）➡ teaches
study（勉強する）➡ studies
have（持っている）➡ has

★ミス注意！

**不規則動詞の過去形**

go（行く）　　➡ went
come（来る）　➡ came
do（する）　　➡ did
make（作る）　➡ made
have（持っている）➡ had

★狙われる！必出表現

**進行形の文**

・現在進行形…〈am, is, are ＋動詞の ing 形〉で「（今）～しているところだ」の意味。

［例］ **I am making dinner.**
（私は今, 夕飯を作っています。）

・過去進行形…〈was, were ＋動詞の ing 形〉で「～しているところだった」の意味。

［例］ **He was sleeping then.**
（彼はそのとき眠っていました。）

★さらにくわしく！

be going to ～の否定文・疑問文の作り方は, ふつうの be 動詞の文と同じ。

---

入試データ 動詞の形に注意。主語と時（現在か過去か）によって使い分けられるようにしよう。

# 「実戦トレーニング」

➡ 解答・解説は別冊2ページ

**1** 次の日本語の内容と合うように，英文中の（　）内から最も適するものを**ア～ウ**から選び，記号で答えなさい。 大阪府

お急ぎ！

正答率 80.0%

(1) 私たちの英語の先生は2年前に日本に来ました。

Our English teacher （ **ア** began　**イ** came　**ウ** wrote ）to Japan two years ago. [　　　]

(2) これらは彼のラケットです。

These （ **ア** am　**イ** are　**ウ** is ）his rackets. [　　　]

正答率 24.2%

(3) 私はその時，ダンスを練習していました。

I was （ **ア** practice　**イ** practiced　**ウ** practicing ）dance then. [　　　]

(4) 私は昨夜，テレビで古い映画を見ました。

I （ **ア** watch　**イ** watched　**ウ** watching ）an old movie on TV last night.

[　　　]

**2** 次の対話文や英文の（　）の中に入れるのに最も適するものを**ア～エ**から選び，記号で答えなさい。

お急ぎ！

(1) *Kelly:* （　　　）you late for school yesterday?

*Nana:* Yes.　I had to go to the hospital. 宮城県

　　**ア** Did　　　　**イ** Could　　　**ウ** Would　　　**エ** Were　　[　　　]

(2) *A :* What did you do after school?

*B :* I （　　　）school and went home. 沖縄県

　　**ア** will leave　**イ** leave　　　**ウ** leaves　　　**エ** left　　[　　　]

**HIGH LEVEL** (3) *A :* Did you see Mike at school yesterday?

*B :* I think he （　　　）come to school because he was sick yesterday.

沖縄県

　　**ア** didn't　　　**イ** doesn't　　**ウ** isn't　　　**エ** wasn't　　[　　　]

(4) She （　　　）cold water when she arrived at school. 神奈川県

　　**ア** drinks　　　**イ** is drinking　**ウ** drank　　**エ** has drunk　[　　　]

13

(5) One of the birds I bought yesterday (　　) singing now. 〔神奈川県〕

　　ア is　　　　イ are　　　　ウ was　　　　エ were　　　　[　　　]

(6) 〈朝の教室での会話〉

　　*Mark* : Did you watch the evening news?　Our school festival was on TV.

　　*Ken*　: I missed it.　I (　　　) a bath at that time. 〔長野県〕

　　ア am taken　　イ will take　　ウ was taking　　エ have taken

　　　　　　　　　　　　　　　　　　　　　　　　　　　　　　　　[　　　]

**3** 次の英文は，高校１年生の生徒が，英語の授業で放課後の予定について話した内容です。 ① ～ ③ に入る英語を，あとの語群から選び，必要に応じて適切な形に変えたり，不足している語を補ったりして，英文を完成させなさい。ただし，２語以内で答えること。 ↪**3** 〔兵庫県〕

　　Today, my parents are very busy.　So I'm going ① curry and rice for them tonight.　I'll use fresh vegetables my grandmother ② to us yesterday.　I'll go shopping when school ③ .　I hope they'll like my curry and rice.

| cook | eat | finish | give | grow |
|------|-----|--------|------|------|

　　① ＿＿＿＿＿＿＿　② ＿＿＿＿＿＿＿　③ ＿＿＿＿＿＿＿

**4** 次の対話文や英文の(　　)内の語を適する形に変えて書きなさい。

(1) *A* : Your bag is beautiful.

正答率 84.0%

　　*B* : Thank you!　My mother ( buy ) it for me last week. 〔千葉県〕

　　　　　　　　　　　　　　　　　　　　　　　　　＿＿＿＿＿＿＿＿＿＿

(2) The poster said, "Let's plant sunflowers in the town park together!"　It was an event planned by a volunteer group in our town.　I didn't think it was interesting, so I ( take ) my bag and left the classroom. 〔静岡県〕

　　　　　　　　　　　　　　　　　　　　　　　　　＿＿＿＿＿＿＿＿＿＿

(3) Mr. Mori ( teach ) us other interesting things about strawberries when we talked with him. 〔京都府〕

　　　　　　　　　　　　　　　　　　　　　　　　　＿＿＿＿＿＿＿＿＿＿

(4) He said, "I'm interested in Japanese culture.  I've heard of kendo, but I've never *done it before.  When did you begin to practice kendo?"  I answered, "I ( begin ) it ten years ago.  Today I will help you learn kendo."

香川県・改

(注)done : do の過去分詞

**5** あなたのクラスでは，帰国する ALT（外国語指導助手）のためのお別れ会を計画しており，下の案内状(invitation)を送ることになりました。あなたは，クラスで，その ALT のためにどのようなことをしますか。(    )にあてはまるように英文を書きなさい。ただし，8語以上の1文で書くこと。(「,」「.」などの符号は語として数えません。)

↪3 愛媛県

Invitation

Hello.   We will have a party for you next Friday.

(                                                                )

We hope you will enjoy the party.

**6** 次の日本文を英語に直しなさい。

(1) あなたたちは，何について話しているのですか。 愛媛県

(2) 私はバレーボールチームの一員でした。 ↪2 山梨県

# 2 疑問詞を使った疑問文

## 1 疑問詞の使い方と答え方

| 疑問詞 | 使い方と答え方 |
|---|---|
| what<br>何 | What are you doing?（あなたは何をしているのですか。）<br>— I'm having lunch.（私は昼食を食べています。） |
| who<br>だれ | Who is that girl?（あの少女はだれですか。）<br>— She's my sister.（私の妹[姉]です。） |
| where<br>どこ | Where does he live?（彼はどこに住んでいますか。）<br>— He lives in Fukui.（彼は福井に住んでいます。） |
| when<br>いつ | When is your birthday?（あなたの誕生日はいつですか。）<br>— It's May 11.（5月11日です。） |
| why<br>なぜ | Why do you like him?（あなたはなぜ彼が好きなのですか。）<br>— Because he's kind.（彼は親切だからです。） |
| how<br>どうやって,<br>どう | How do you come to school?<br>（あなたはどうやって学校へ来ますか。）<br>— By train.（電車でです。） |

## 2 〈疑問詞＋名詞〉の疑問文

**1** 〈what ＋名詞〉…「何の～」「どんな～」

[例] **What sports do you like?** — **I like tennis.**
（あなたはどんなスポーツが好きですか。一私はテニスが好きです。）

**2** 〈which ＋名詞〉…「どの～」「どちらの～」

[例] **Which cap is yours?** — **That blue one is.**
（どちらの帽子があなたのですか。一あの青い帽子です。）

**3** 〈whose ＋名詞〉…「だれの～」

[例] **Whose bike is this?** — **It's my brother's.**
（これはだれの自転車ですか。一私の兄[弟]のものです。）

## 3 〈how ＋形容詞〉〈how ＋副詞〉の疑問文

**1** 〈How many ＋名詞の複数形 ～?〉…数をたずねる

[例] **How many dogs do you have?**
（あなたは犬を何匹飼っていますか。）

**2** How much ～?…値段や量をたずねる

[例] **How much is this?**（これはいくらですか。）

---

★ミス注意!

**疑問詞が主語の文に注意**

疑問詞が主語の場合は，疑問詞のあとに動詞が続く。

[例] **Who broke this cup?**

（だれがこのカップを割りましたか。）

— **I did.**（私が割りました。）

★狙われる! 必出表現

**時刻などをたずねる疑問文**

| 時刻 | What time is it?<br>（今）何時ですか。 |
|---|---|
| 曜日 | What day is it today?<br>今日は何曜日ですか。 |
| 日付 | What's the date today?<br>今日は何月何日ですか。 |
| 種類 | What kind of music do you like? あなたはどんな種類の音楽が好きですか。 |

★さらにくわしく!

**which の使い方**

which の疑問文では，直後に名詞がこない場合もある。

[例] **Which do you want, tea or coffee?**（紅茶とコーヒーとでは，あなたはどちらがほしいですか。）

— **Tea, please.**

（紅茶をお願いします。）

★狙われる! 必出表現

**そのほかの how の疑問文**

How old ～?
➡ 年齢・古さをたずねる
How long ～?
➡ 期間・長さをたずねる
How tall ～?
➡ 身長・高さをたずねる
How far ～?
➡ 距離をたずねる
How often ～?
➡ 頻度や回数をたずねる

**状態をたずねる How ～?**

how は「どのような」の意味で状態をたずねるときにも使う。

[例] **How's the weather?**

（天気はどうですか。）

入試データ 適する疑問詞を選ぶ問題では，答えの文に着目することがポイント。

# ［実戦トレーニング］

➡ 解答・解説は別冊3ページ

**1** 次の英文や対話文の（　　）の中に入れるのに最も適するものを**ア～エ**から選び，記号で答えなさい。

正答率 **93.0%** (1) （　　　　） do you have for breakfast, rice or *bread? 　[神奈川県]

(注)bread：パン

　　　**ア** When　　　**イ** Which　　　**ウ** Why　　　**エ** How　　　[　　　]

(2) A : Let's clean the classroom.

　 B : OK.　Oh, there is a dictionary on the desk.

　 A : （　　　） dictionary is it?

　 B : It's Tony's.　His name is on it. 　↩**2** [岩手県]

　　　**ア** Where　　　**イ** Which　　　**ウ** Whose　　　**エ** Why　　　[　　　]

お急ぎ！ (3) *Miku* 　 : Hi, Joseph.　How are you today?

　 *Joseph* : I'm fine, thanks, Miku.　（　　　） are you going?

　 *Miku* 　 : I'm going to the *Child Care Support Center. 　↩**1** [20 埼玉県]

(注)Child Care Support Center：子育て支援センター

　　　**ア** How　　　**イ** What　　　**ウ** When　　　**エ** Where　　　[　　　]

**2** 次の対話文の（　　）の中に入れるのに最も適する英文を**ア～エ**から選び，記号で答えなさい。

(1) 〔*In a classroom* 〕

　 A : This is a nice picture!　There are beautiful mountains in it.　（　　　）

　 B : Maybe Ms. Baker did.　She likes to climb mountains. 　[福島県]

　　　**ア** Who brought it here?　　　**イ** When was it taken?

　　　**ウ** Do you like mountains?　　　**エ** What is it like?　　　[　　　]

お急ぎ！ (2) A : I read a very exciting book last weekend.

　 B : Did you?　（　　　）

　 A : It's a true story about a doctor who saved a lot of people. 　[徳島県]

　　　**ア** Where can you get it?　　　**イ** Who wrote the book?

　　　**ウ** What kind of book is it?　　　**エ** Which one is your favorite?　[　　　]

(3) *Cathy* : Hi, Hiroshi.　You look tired today.

　　*Hiroshi* : A little.　My family visited my aunt in Yokohama yesterday.

　　*Cathy* : It's far from here.　(　　　)

　　*Hiroshi* : At about 9 p.m.　Then I took a bath and went to bed. ↺**1** 山形県

　　　　ア Why did she live there?　　　　イ When did you get home?

　　　　ウ What time did she leave home?　エ How long did it take?

　　　　　　　　　　　　　　　　　　　　　　　　　　　[　　　　　]

**HIGH LEVEL** (4) *Eddy* 　　　　 : When did you start fishing?

　　*Grandfather* : (　　　)　I've enjoyed it for many years since then.

　　*Eddy* 　　　　 : Wow!　I want to enjoy it, too.　　　　　　　福岡県

　　　　ア For forty years, but I stopped going last year.

　　　　イ I've never done it, but I want to start doing it now.

　　　　ウ I learned it from my father when I was a child.

　　　　エ A few times, and I'll try it again soon.　　　　[　　　　　]

**▶3** 次の英文の(　　)内の語句を意味が通るように並べかえなさい。

お急ぎ! (1) *A* : ( your / old / is / sister / how )?

正答率 **79.0%** 　　*B* : She is nineteen, four years older than I.　　　　千葉県

お急ぎ! (2) *A* : I really like watching tennis games.

　　　　*B* : Oh, do you?　Do you like playing tennis too?

　　　　*A* : No, I just like watching it.　( do / play / sport / what / you )?

　　　　*B* : I play baseball every week.　　　　　　↺**2** 富山県

(3) *A* : It's cold in Iwate today.

　　　　*B* : Is it snowy there?

　　　　*A* : Yes, a little.　( the weather / is / how ) in Tokyo today?

　　　　*B* : It's cloudy but warm.　　　　　　↺**3** 岩手県

**4** 次の(1), (2)について,〈　　　〉の状況の会話がそれぞれ成り立つように,　　　内の語に必要な2語を加え,正しい語順で英文を完成させなさい。〔秋田県〕

正答率 32.0% (1) 〈ALT の先生との授業中のやり取りで〉

*Kana*　　　: I visited Kyoto last week.

*Ms. Smith* : Good.　 you 　go there?

*Kana*　　　: I went there by train.　I had a lot of fun there.　⮌**1**

お急ぎ! (2) 〈休み時間に ALT の先生と教室で〉

*Kanako*　　: I know you speak Japanese well.　 languages 　can you speak?

*Ms. Davis* : Three languages.　I can speak English, Japanese, and French.　⮌**3**

**5** 次は,来週カナダに帰国する ALT のブラウン先生(Mr. Brown)と博人(Hiroto)の対話です。2人の対話が成り立つように,(1), (2)に入る適切な英文を書きなさい。ただし,それぞれ単語を6語以上使用し,1文となるように書くこと。⮌**1** 〔佐賀県・改〕

*Hiroto*　　　: How was the life in Japan?

*Mr. Brown* : It was very good.　Many Japanese people were kind, and all Japanese foods were my favorite.

*Hiroto*　　　: Good.　I'm glad to hear that.　(　1　)?

*Mr. Brown* : I am going to study science again.　Before I came to Japan, I studied science in Canada.　I enjoyed teaching, but my dream is to become a scientist in the future.

*Hiroto*　　　: Really?　I didn't know that.　(　2　)?

*Mr. Brown* : Because I want to save the earth.　To do so, I think it is very important to study science.

(1) _____

HIGH LEVEL (2) _____

# 3 〈to＋動詞の原形〉と動名詞

## 1 〈to＋動詞の原形〉（不定詞）の基本の3つの使い方

**1** 「〜するために」「〜して」の意味を表す（目的や原因を表す）。

〔例〕 **He came here to swim.**
（彼は泳ぐためにここに来ました。）

**2** 「〜すること」の意味を表す（目的語や補語・主語になる）。

**❶ want to 〜…「〜したい」/ like to 〜…「〜するのが好きだ」**

〔例〕 **I want to swim.** （私は泳ぎたい。）

〔例〕 **I like to stay at home.** （私は家にいるのが好きです。）

**❷ be 動詞のあとにきたり，文の主語になったりする。**

〔例〕 **My dream is to study abroad.** （私の夢は留学することです。）
　　　　　　　　補語

〔例〕 **To dance is a lot of fun.** （ダンスすることはとても楽しい。）
　　　主語　　└不定詞の主語は3人称単数扱い

　　※この文は，It is … to 〜. の形が好まれる。（→ p.38）

**3** 「〜するための」「〜すべき」の意味を表す（前の名詞や代名詞を修飾する）。

〔例〕 **I have some work to do.** （私にはすべき仕事があります。）
　　　　　　　　└名詞を後ろから修飾

## 2 動名詞（動詞の ing 形）

★ **動名詞も「〜すること」の意味を表す。**

**1** 動詞の目的語になる。

〔例〕 **I enjoyed running.** （私は走るのを楽しみました。）

**2** 文の主語になったり，be 動詞や前置詞のあとにきたりする。

〔例〕 **Painting pictures is fun.** （絵を描くことは楽しい。）
　　　主語　　　└動名詞の主語は3人称単数扱い

〔例〕 **My hobby is playing the violin.** （私の趣味はバイオリンを弾くことです。）
　　　　　　　　補語

〔例〕 **I'm good at cooking.** （私は料理をするのが得意です。）
　　　　　　　└前置詞

## 3 〈to ＋動詞の原形〉と動名詞の使い分け

★ **動詞によってどちらを目的語にとるかが決まっている。**

| | |
|---|---|
| 〈to＋動詞の原形〉だけ | want, hope, decide など |
| 動名詞だけ | enjoy, finish, stop など |
| 両方 | like, start, begin, love など |

〔例〕 **I want to play tennis.** （私はテニスがしたい。）
　　　　　└ × I want *playing* 〜とはいわない

〔例〕 **I finished washing the car.** （私は車を洗い終わりました。）
　　　　　　　└ × I finished *to wash* 〜とはいわない

---

★ **さらにくわしく！**

**「〜してうれしい」など**

・I'm happy[glad] to see you again. （またあなたに会えてうれしいです。）

・I was surprised to hear the news.（私はその知らせを聞いて驚きました。）

**〜thing（代名詞）を修飾する形**

・I want something to drink.
（私は何か飲むものがほしい。）

・I have nothing to do.
（私は何もすることがありません。）

★ **狙われる！必出表現**

**〈動詞＋ to 〜〉**

want to 〜（〜したい）

like to 〜（〜するのが好きだ）

try to 〜（〜しようと（努力）する）

decide to 〜（〜しようと決める）

begin to 〜（〜し始める）

start to 〜（〜し始める）

★ **ミス注意！**

**注意すべき動詞の ing 形**

| | | |
|---|---|---|
| run（走る） | ➡ | running |
| swim（泳ぐ） | ➡ | swimming |
| write（書く） | ➡ | writing |
| have（持っている） | ➡ | having |

★ **狙われる！必出表現**

**〈前置詞＋動名詞〉**

・without saying goodbye
（さよならを言わずに）

・Thank you for coming.
（来てくれてありがとう。）

・How about going to a movie?
（映画に行くのはどうですか。）

**入試データ** 〈to ＋動詞の原形〉は毎年出題率が高い！　意味と使い方を押さえておこう。

**1** 次の英文や対話文の（　）の中に入れるのに最も適するものを**ア～エ**から選び，記号で答えなさい。

(1) I decided (　　　) about my friend living in Germany. ↩**3** 栃木県・改

　　**ア** to talk　　**イ** talking　　**ウ** talk　　**エ** talks　　［　　　］

(2) A : Why do you like your English class?

　　B : Because I can learn a lot of things by (　　　) with my friends in English. ↩**2** 神奈川県

　　**ア** to talk　　**イ** have talked　　**ウ** talked　　**エ** talking　　［　　　］

お急ぎ！ (3) A : Thank you for your help.

　　B : No problem. I'm so happy (　　　) you. 沖縄県

　　**ア** to help　　**イ** help　　**ウ** helped　　**エ** can help　　［　　　］

正答率 81.6% (4) A : Our class won first place in the relay.

　　B : Wow! I'm glad (　　　) the news. 福島県

　　**ア** to hear　　**イ** to lose　　**ウ** hearing　　**エ** losing　　［　　　］

お急ぎ！ (5) A : I don't need these clothes. I will go to a shop to recycle them.

　　B : Oh, but this jacket still looks good.

　　A : Do you want it? You can take it.

　　B : Thank you. This is perfect for (　　　) in the winter. ↩**2** 岩手県

　　**ア** buy　　**イ** buying　　**ウ** wear　　**エ** wearing　　［　　　］

**2** 次の英文の ① ～ ③ に入る英語を，あとの語群から選び，必要に応じて適切な
HIGH LEVEL 形に変えたり，不足している語を補ったりして，英文を完成させなさい。ただし，2
語以内で答えること。 ↩**2** ↩**3** 兵庫県

　　Our class had a speech contest. Before the contest, I needed ① very hard for it. I felt relaxed when I finally ② making my speech during the contest. By ③ to the speeches of my classmates, I learned how to make a better speech for the next time.

| finish | get | listen | practice | receive |
|--------|-----|--------|----------|---------|

①＿＿＿＿＿　　②＿＿＿＿＿　　③＿＿＿＿＿

**3** 次の英文の( )内の**ア〜オ**または**ア〜エ**の語を意味が通るように並べかえ，記号で答えなさい。

お急ぎ! (1) *A* : What ( ア do イ like ウ to エ sports オ you ) watch on TV?

*B* : I often watch baseball. ↵**1** 千葉県

[ ][ ][ ][ ][ ]

正答率 **33.0**% (2) *A* : What is your plan for this weekend?

*B* : My plan ( ア shopping イ to ウ is エ go ) with my sister. 栃木県

[ ][ ][ ][ ]

HIGH LEVEL (3) *A* : How was school today?

*B* : P.E. class was so fun. But it was too cold outside. I still feel cold now.

*A* : Do you ( ア hot イ drink ウ something エ want オ to )?

*B* : Yes! Thank you. 沖縄県

[ ][ ][ ][ ][ ]

**4** 次の英文の( )内の語を意味が通るように並べかえなさい。

HIGH LEVEL (1) *A* : I walk with my dogs every morning.

*B* : How many dogs do you have?

*A* : Three. ( them / care / easy / of / isn't / taking ), but I enjoy living with them. ↵**2** 富山県

正答率 **28.8**% (2) *A* : We'll have tests next Friday. I'm worried about math.

*B* : Me, too. But we still have enough ( for / time / it / prepare / to ). 福島県

お急ぎ! (3) *A* : How do you practice English?

*B* : I usually ( to / to / talk / try ) foreigners. 宮崎県

次の英文や対話文の(　　)の中に入れるのに最も適する英文を**ア～エ**または**ア～ウ**から選び, 記号で答えなさい。

(1) Next Thursday is Mike's birthday.　I think it will be great to hold a party. He likes music, (　　) for Mike.　Tomorrow, let's talk about what Japanese songs we will sing at the party.　Please come to the music room at 4 p.m.　　[岐阜県]

  **ア** but I don't want to sing Japanese songs

  **イ** but I would like him to sing Japanese songs

  **ウ** so I want to sing Japanese songs with you

  **エ** so I think we should give flowers   [ 　　 ]

 (2) *Judy* : Thank you for your New Year's *card, nengajo.*　It was very beautiful, so I showed it to all of my *host family.

  *Kyoko* : (　　)　It *is made of traditional Japanese paper called *washi.*

  (注)card：あいさつ状　host family：ホストファミリー　be made of ～：～から作られている　　[静岡県]

  **ア** I'm glad to hear that.

  **イ** Don't be angry.

  **ウ** I'll do my best.      [ 　　 ]

**6** (1), (2)の指示にしたがって, それぞれ英文を書きなさい。

(1) 次のような場合, 英語でどのように言えばよいですか。

英語を勉強するためにロンドン(London)に来たということを伝えるとき。

(4語以上)   ↩**1** [三重県・改]

_____

(2) 次の①, ②の質問に答える英文を, それぞれ6語以上の1文で書きなさい。　[愛媛県]

 ① あなたは, 将来, どのような仕事に就きたいですか。

_____

② あなたが, 英語を使って, 将来やってみたいことは何ですか。

_____

# 4 名詞・形容詞・副詞・代名詞

## 1 名詞

**1** 数えられる名詞が**単数**のときは，前に **a** か **an** をつける。

〔例〕 **a book**（1冊の本）　　　**an orange**（1個のオレンジ）

**2** 数えられる名詞が**複数**のときは，最後に **s** か **es** をつける。

〔例〕 **ten pens**（10本のペン）　**six boxes**（6個の箱）

**3** 国名・地名，人名，教科，スポーツ，液体などは，**数えられない名詞**。ふつう前に a[an]はつけず，複数形もない。

★ミス注意!

**注意すべき名詞の複数形**
- city（市）　　　➡ cities
- tomato（トマト）➡ tomatoes
- watch（腕時計）➡ watches
- leaf（葉）　　　➡ leaves
- man（男性）　　➡ men
- child（子ども）➡ children

## 2 形容詞・副詞

**1** 形容詞は，名詞の前において**名詞を修飾**したり，be 動詞のあとにきて**主語の様子・状態などを説明**したりする。

〔例〕 **This is a nice cap.**（これはすてきな帽子です。）
└〈a[an]＋形容詞＋名詞〉の語順

〔例〕 **This cap is nice.**（この帽子はすてきです。）
└〈be 動詞＋形容詞〉の語順

**2** 数や量を表す形容詞

| 意　味 | 数 | 量 |
|---|---|---|
| たくさんある | **many** pens たくさんのペン | **much** time 多くの時間 |
| いくらかある | **some** pens 数本のペン | **some** time いくらかの時間 |
| 少しある | **a few** pens 2, 3本のペン | **a little** time 少しの時間 |
| ほとんどない | **few** pens ほとんどペンがない | **little** time ほとんど時間がない |
| まったくない | **no** pen / **no** pens まったくペンがない | **no** time まったく時間がない |

**3** 副詞は，**動詞，形容詞，ほかの副詞を修飾**する。

〔例〕 **I got up early yesterday.**（私は昨日，早く起きました。）

★狙われる! 必出表現

**頻度を表す副詞**
- always（いつも）
- usually（ふつう，たいてい）
- often（よく，しばしば）
- sometimes（ときどき）
- never（一度も～ない）

★さらにくわしく!

**代名詞 one**

one は前に出た名詞をくり返す代わりに使う。it は同一のものを指すが，one は同じ種類のものを指す。

〔例〕 **I lost my pen, so I need a new one.**

（私はペンをなくしたので，新しいものが必要です。）

## 3 代名詞

★代名詞は，文中での働きによって形を使い分ける。

| 単　数 | | | | 複　数 | | | |
|---|---|---|---|---|---|---|---|
| ～は | ～の | ～を[に] | ～のもの | ～は | ～の | ～を[に] | ～のもの |
| I | my | me | mine | we | our | us | ours |
| you | your | you | yours | you | your | you | yours |
| he | his | him | his | | | | |
| she | her | her | hers | they | their | them | theirs |
| it | its | it | — | | | | |

**指示代名詞**

人や物を指し示す代名詞。
- 単数→ this（これ），that（あれ）
- 複数→ these（これら），those（あれら）

**そのほかの代名詞**
- something（何か）
- anything

（[疑問文・否定文で]何か，何も）
- nothing（何も～ない）
- all（全部）
- each（それぞれ）

**入試データ** 適する形容詞や，適する代名詞の形を選ぶ問題がよく出る。特に代名詞は使い分けに注意。

# ［実戦トレーニング］

➡ 解答・解説は別冊5ページ

**1** 次の(1)〜(4)について，〔説明〕が示す<u>英語1語</u>を（　　）に書き，英文を完成させなさい。ただし，<u>（　　）内に示されている文字で書き始めること</u>。 秋田県

(1) If you want to borrow some books, you should go to a (l　　).
〔説明〕a building which has many books, newspapers and so on

**お急ぎ！** (2) That supermarket has become (p　　) because it sells many kinds of vegetables.
〔説明〕liked or enjoyed by a lot of people

(3) We have a (f　　) for girls on March third in Japan.
〔説明〕It's a kind of event.　It's usually held to celebrate something.

正答率 28.7% (4) This homestay program is for the students who are interested in studying (a　　).
〔説明〕in other countries

**2** 次の対話文や英文の（　　）に適する語を書きなさい。ただし，<u>(1)と(2)は（　　）内に示されている文字</u>で書き始めること。

(1) *Shota* : What time do you (u　　) get up?
*Judy* : From Monday to Friday, I always get up at six in the morning.
高知県

**お急ぎ！** (2) *Shin*　　: Hello, Martha.　Are you free next Saturday?
*Martha* : Yes.　I have (n　　) to do on that day.　What's up? ↩**3** 岐阜県

(3) *Ichiro* : In Japan, we have four (　　　), and I like spring.
*Dave*　: I like winter because I can go skiing.
山形県

(4) There will be many (　　　　) of used books, CDs, DVDs and dishes.

（たくさんの種類の中古の本，CD，DVD や食器などがあります。）　22 埼玉県・改

**3** 次の英文や対話文の(　　)内の語を適する形に変えて書きなさい。

(1) I have many good ( memory ) of my stay in China. ↩**1** 兵庫県

お急ぎ! (2) My host family is very kind.　There are three ( child ) in the family. 茨城県

お急ぎ! (3) Last month, ( we ) team won a tournament, and now we are practicing

harder than before. ↩**3** 茨城県・改

HIGH LEVEL (4) *A* : What kind of book is that?

*B* : This is my new dictionary.　It is very ( use ). ↩**2** 千葉県

正答率 34.3% (5) *A* : What is the name of the ( twelve ) month of the year in English?

*B* : It's December. 千葉県

**4** 次の英文や対話文の(　　)の中に入れるのに最も適するものをア～エから選び，記号で答えなさい。

(1) Whose pencils are (　　　　)? 神奈川県

　ア that　　　イ those　　　ウ them　　　エ yours　　[　　　]

正答率 89.6% (2) My teacher, Ms. Watanabe, said to me, "You did a good job!　To keep

practicing is (　　　)." ↩**2** 栃木県

　ア famous　　イ weak　　　ウ important　エ terrible　[　　　]

お急ぎ! (3) *John* : Who is the tall boy over there?

*Kei* : He is my brother, Kazuyuki.　Everyone calls (　　　) Kazu.

↩**3** 宮城県

　ア his　　　　イ him　　　　ウ we　　　　エ our　　[　　　]

お急ぎ！ (4) *Kenta* : Some *fishermen are cutting a whole *tuna.

*Jack* : Wow!  I've never seen such a big (      )!  静岡県

(注)fishermen：漁師  tuna：マグロ

ア it      イ that      ウ one      エ them      [      ]

(5) *A* : Wow!  Your bag is really pretty.

*B* : Thanks.  This is (      ).  I borrowed it from her today.  ↩**3** 福島県

ア mine      イ yours      ウ my sister's  エ my bag      [      ]

**5** 次の対話文や英文の下線部の（      ）内の語を，意味が通るように並べかえなさい。

お急ぎ！ (1) *Linda* : You look happy.

*Haru* : Yes, I am.  Tom ( these / gave / beautiful / me / flowers ).↩**2** 高知県

HIGH LEVEL (2) At that time, there was ( a / *tunnel / such / not / long ) in Japan.

(注)tunnel：トンネル      大阪府

**6** 次は書道部の Naoto，Kimmy と Ayako の対話です。下線部の英文が「彼に他の何か

HIGH LEVEL を作るべきでしょうか。」という意味になるように，（      ）に適切な4語の英語を書き

なさい。      22 埼玉県・改

*Kimmy* : Let's write messages for him on *shikishi*.  I think he'll be glad to

read our messages.

*Ayako* : That sounds good.  It's a popular present and easy to make.

Should we (      ) him?

*Naoto* : We should give him *shikishi* and one more thing, but I cannot

think of any good ideas right now.

# 5 接続詞・前置詞

## 1 接続詞 if, when, because の使い方

**1** if は**条件**を表し,「もし〜なら」の意味。

[例] **You can catch the bus if you go now.**
（今行けば,あなたはそのバスに間に合います。）

**2** when は**時**を表し,「〜のとき」「〜するときに」の意味。

[例] **I wanted to be a singer when I was a child.**
（私は子どものとき,歌手になりたかった。）

**3** because は**理由**を表し,「〜だから」「〜なので」の意味。

[例] **I didn't go to school today because I was sick.**
（私は病気だったので,今日は学校へ行きませんでした。）

※ if 〜, when 〜は文の前半におくこともある。because 〜は文の後半におくことが多い。

## 2 接続詞 that の使い方

★〈**that ＋主語＋動詞** …〉で「**〜ということ**」などの意味。この that はよく**省略**される。

[例] **I think that she is a new student.**（私は,彼女は新入生だと思います。）
└think that 〜で「〜だと思う」

[例] **I'm happy that you came to the party.**
└be happy[glad] that 〜で「〜ということがうれしい」
（私は,あなたがパーティーに来てくれたことがうれしいです。）

[例] **He told me that Emma liked music.**
└〈tell ＋人＋ that 〜〉で「(人) に〜ということを伝える」
（彼は私にエマは音楽が好きだと言いました。）

## 3 前置詞 at, on, in の使い分け

| | 時 | 場 所 |
|---|---|---|
| at | at five（5 時に）<br>at night（夜に） | at the station（駅で）<br>at school（学校で） |
| on | on Tuesday（火曜日に）<br>on May 5（5 月 5 日に） | on the desk（机の上に）<br>on the wall（壁に） |
| in | in August（8 月に）<br>in an hour（1 時間後に） | in the room（部屋の中に）<br>in the world（世界で） |

## 4 使い方に注意する前置詞

**1**「**期間の長さ**」を表す **for**,「**特定の期間**」を表す **during**

[例] **I stayed in Okinawa for a week during my vacation.**
for＋「期間の長さ」┘　　　　└during＋「特定の期間」
（私は休暇中に 1 週間沖縄に滞在しました。）

**2**「**〜まで（ずっと）**」を表す **until**,「**〜までに**」を表す **by**

[例] **I studied until twelve.**（私は 12 時まで勉強しました。）
└動作を続けた期間

[例] **Finish your report by five.**
└期限,締め切り
（5 時までにレポートを終わらせなさい。）

---

★さらにくわしく!

**接続詞 and, but, or, so**
- A and B
  ➡「A と B」「A そして B」
- A but B
  ➡「A だが B」「A しかし B」
- A or B
  ➡「A または B」「A それとも B」
- A so B ➡「A だから B」

[例] It was raining, so I stayed home.（雨が降っていたので,私は家にいました。）

★ミス注意!

文全体が未来の内容でも, if 〜や when 〜の動詞は**現在形**。

[例] I'm going to go to the sea if it is sunny tomorrow.
（明日晴れたら,私は海に行くつもりです。）

★さらにくわしく!

**because の使い方**
理由を問う疑問文に Because 〜. で答えることもできる。

[例] Why do you like winter?
— Because I can ski.
（あなたはなぜ冬が好きなのですか。—スキーができるからです。）

★さらにくわしく!

**いろいろな前置詞**
- with（〜といっしょに）
- without（〜なしで）
- before（〜の前に）
- after（〜のあとで）
- by（〜のそばに）
- near（〜の近くに）
- under（〜の下に）
- as（〜として）

　**入試データ** 適する接続詞を選ぶ問題では,前後のつながりをつかむことが大事。

# ［実戦トレーニング］

➡ 解答・解説は別冊7ページ

**1** 次の英文や対話文の（　　）に入れるのに最も適するものを**ア～エ**から選び，記号で答えなさい。

**お急ぎ!** (1) My sister likes curry and rice very much, (　　) I don't.　　　　　　徳島県

　　　**ア** so　　　　　**イ** or　　　　　**ウ** and　　　　　**エ** but　　　　[　　　]

**お急ぎ!** (2) A : What time do you usually start to study and take a bath?

　　　B : I usually start to study at seven o'clock and take a bath at nine thirty.

　　　A : So you take a bath (　　) you study, right?

　　　B : Yes.　　　　　　　　　　　　　　　　　　　　　　　　　　　岩手県

　　　**ア** after　　　**イ** before　　　**ウ** between　　　**エ** during　　[　　　]

(3) Sindy : Who is Mr. Yamada?

　　Naoko : He was born in this city, and later, he was known (　　) a

　　　　　　great doctor.　He saved many people.　　　　　　　　　　山口県

　　　**ア** as　　　　　**イ** at　　　　　**ウ** from　　　　　**エ** on　　　[　　　]

正答率 **79.8%** (4) Many *scallops were swimming and jumping in the sea!　When I saw it, I

　　was very surprised (　　) I didn't know that *shellfish could move

　　quickly.　（注）scallops：ホタテガイ　shellfish：(生き物としての)貝(複数形も shellfish)　↩**1**　大阪府

　　　**ア** because　　**イ** if　　　　**ウ** though　　　**エ** until　　　[　　　]

**2** 次の対話文の（　　）の中に入れるのに最も適する英文を**ア～エ**から選び，記号で答えなさい。

**HIGH LEVEL** (1) Man　　　 : Thank you for calling Mark's Cleaning Shop.　May I help you?

　　　Woman : Hello.　How long does it take to clean a dress?

　　　Man　　　: (　　　　　)

　　　Woman: Great.　I want to get it today.　So I'll be there at 11:30.　　山形県

　　　**ア** If you are at home in the afternoon, I will call you later again.

　　　**イ** If you bring it before noon, I can return it to you at 6:00 p.m. today.

　　　**ウ** If you can't return it this morning, you have to tell us the reason.

　　　**エ** If you can't wait for three days, you should try to clean it tomorrow.

　　　　　　　　　　　　　　　　　　　　　　　　　　　　　　　　[　　　]

**お急ぎ!** (2) *Sachi* : I understood traditional Japanese music better by playing the
*shamisen*.

*Yuji* : Me, too.  I was not so interested in traditional Japanese music at
first, (　　).  When I practice the *shamisen* more, I think that
the *sound of the *shamisen* becomes more interesting to me.

(注)*shamisen*：三味線　sound：音　*kabuki*：歌舞伎　　　福岡県

ア so I have never played the *shamisen* since then

イ so learning about it was interesting to me then

ウ but it's more difficult to understand *kabuki* performances now

エ but I want to know more about it now　　　　　　　　[　　　]

**3** 次の英文の(　　)内のア〜オまたはア〜カの語を意味が通るように並べかえ，記号で
答えなさい。ただし，(3)は1語不要です。

(1) ( ア think　イ you　ウ will　エ it　オ do ) rain next weekend? ⮌**2** 栃木県

[　　][　　][　　][　　][　　]

**お急ぎ!** (2) *A* : I'm worried about my new school life.

*B* : Don't worry.  We ( ア when　イ other　ウ can　エ each　オ help )
we have trouble.　　　　　　　　　千葉県

[　　][　　][　　][　　][　　]

**HIGH LEVEL** (3) *A* : Has your family ( ア where　イ been　ウ to　エ decided　オ during
カ go ) summer vacation?

*B* : Yes.  We will visit Okinawa.  (1語不要)　　⮌**4** 神奈川県

[　　][　　][　　][　　][　　]

**4** 次の英文の(　　)内の語を意味が通るように並べかえなさい。ただし，不要な語が1
語あります。　　　　　　　　　　　　　　　　　　　⮌**2** 福岡県

・I'm ( part / glad / take / about / you'll ) in the contest.

**5** 次のような場合，英語でどのように言えばよいですか。　　三重県・改

**お急ぎ!** ・春にひかり山(Mt. Hikari)に登ったら，多くの美しい花を見ることができるという
ことを伝えるとき。　(4語以上)

# 6 会話表現

## 1 依頼するときなどの表現

| 「〜してくれますか / 〜してくださいますか」 | **Can you open the door?**<br>（ドアを開けてくれますか。）<br><br>**Could you help me?**<br>（手伝ってくださいますか。）<br>※ Could you 〜? は Can you 〜? よりもていねいな言い方。 |
|---|---|
| 「〜がほしいのですが」 | **I'd like some water.**<br>（お水がほしいのですが。）<br><br>**Can I have orange juice?**<br>（オレンジジュースをもらえますか。） |

**★狙われる！必出表現**

**そのほかの表現**

・Will you carry this?
　— Of course.（これを運んでくれますか。—もちろんです。）

・Would you pass me the salt? — Sure.
（塩を取っていただけますか。—いいですよ。）

※ Would you 〜? は Will you 〜? よりもていねいな言い方。

・I'd like to send this letter.
（この手紙を送りたいのですが。）

## 2 誘うとき・すすめるときの表現

| 「〜はどうですか」<br>「〜するのはどうですか」 | **How about playing tennis?**<br>（テニスをするのはどうですか。） |
|---|---|
| 「〜してはどうですか」<br>「〜しませんか」 | **Why don't you join the party?**<br>（パーティーに参加しませんか。）<br><br>**Would you like to have a break?**<br>（休憩しませんか。） |
| 「〜はいかがですか」 | **Would you like some tea?**<br>（お茶はいかがですか。） |
| 「（いっしょに）〜しましょうか」 | **Shall we go to the movies?**<br>（映画を見に行きましょうか。）<br><br>**Why don't we go hiking?**<br>（ハイキングに行きませんか。） |

**★さらにくわしく！**

**電話**

・May［Can］I speak to Jim?
（ジムをお願いできますか。）

・Speaking.
（私です。）

・Hold on, please.
（このまま切らずにお待ちください。）

・Shall I take a message?
（伝言をうかがいましょうか。）

・May I leave a message?
（伝言をお願いできますか。）

**買い物**

・May I try this on?
（これを試着してもいいですか。）

・I'll take it.（それをください。／それを買います。）

・How much is it?
（いくらですか。）

**ファストフード店**

・For here or to go?
　— To go.
（こちらでお召し上がりですか、それともお持ち帰りですか。—持ち帰りで。）

## 3 助けを申し出るときや気づかうときなどの表現

| 「〜しましょうか」 | **May I help you?**<br>（お手伝いしましょうか。） |
|---|---|
| 「（私が）〜しましょうか」 | **Shall I carry your bag?**<br>（かばんを運びましょうか。） |
| 「どうしたのですか」<br>「大丈夫ですか」 | **What's wrong? / What's the matter?**<br>（どうしたのですか。）<br><br>**Are you OK［all right］?**<br>（大丈夫ですか。） |

**入試データ** 買い物や食べ物などをすすめる表現がよく出る。場面ごとによく使う表現をまとめておこう。

# 実戦トレーニング

➡ 解答・解説は別冊8ページ

**1** 次の英文が，それぞれの日本語と同じ意味になるように，（　　）に入る最も適する英語を語群から選んで書きなさい。　　[北海道]

正答率 **25.8%** (1) What's the （　　）?　　どうしたのですか。　　↩**3**

語群 [ time　　this　　matter　　up ]　　_____

お急ぎ! (2) （　　）we go shopping tomorrow?　　明日，買い物に行きましょうか。　　↩**2**

語群 [ Did　　Are　　Let's　　Shall ]　　_____

正答率 **90.8%** (3) This is your card. （　　）you are.　　これはあなたのカードです。はい，どうぞ。

語群 [ Give　　Here　　Please　　Yes ]　　_____

**2** 次の対話文の（　　）の中に入れるのに最も適するものを**ア〜エ**から選び，記号で答えなさい。

お急ぎ! (1) A : Everything was good, Mrs. Green.　I especially liked the cake.

B : I made it.　I'm glad you liked it.

A : May I have another piece?

B : Of course. （　　）yourself.　　[岩手県]

**ア** Eat　　　**イ** Have　　　**ウ** Help　　　**エ** Take　　[　　]

(2) A : What time do you usually get up?

B : I usually get up at seven o'clock, but I got up at six this morning.

A : Oh, （　　）you?　I got up at six, too.　　[岩手県]

**ア** are　　　**イ** were　　　**ウ** does　　　**エ** did　　[　　]

お急ぎ! (3) A : Are you all right?　How about going to bed early today?

B : OK, I （　　）.　Thank you.　　[宮崎県・改]

**ア** will　　　**イ** won't　　　**ウ** do　　　**エ** don't　　[　　]

**3** 次の対話文の（　　）の中に入れるのに最も適する英文を**ア〜エ**から選び，記号で答えなさい。

(1) A : I think young people should eat more vegetables.

B : （　　）.　Having fruits is also good for them.　　[沖縄県]

**ア** Thank you　　**イ** I agree　　**ウ** I'm sorry　　**エ** Let's go　　[　　]

**お急ぎ！** (2) *A* : May I help you?

*B* : Yes.  I want a hat.

*A* : OK.  (        )　　　　　　　　　↰**2** ↰**3** 北海道

　ア How about this one?　　　イ You'll help me a lot.

　ウ How much is this cap?　　エ You can come another day.  [        ]

(3) *Kimmy* : Let's write messages for him on *shikishi*.  I think he'll be glad to read our messages.

　*Ayako*　: (        )  It's a popular present and easy to make.　22 埼玉県

　　ア I don't believe it.　　　イ That sounds good.

　　ウ Don't worry about it.　　エ I'll give it to you.　　　[        ]

**HIGH LEVEL** (4) *Fumiko*　: Mr. Jones, I received some big news today.  Did you hear about Shelly?

　*Mr. Jones* : Big news about Shelly?  (        )

　*Fumiko*　: She decided to go back to Canada this winter.  I'm so sad.

　*Mr. Jones* : Oh, I didn't know that.　　　　　　　福岡県

　　ア What do you mean?　　　イ When will you get the news?

　　ウ OK.  Here you are.　　　エ Of course, you are.　　[        ]

---

**4** 2人の対話が交互に自然につながるように，次のア〜ウの文を正しく並べかえ，その並べかえた順に記号を書きなさい。　沖縄県

(1) You look sad.  What's wrong?　　　　　　　　↰**3**

　ア You're right.  Thanks.  I will.

　イ You should go to the police and tell them about that.

　ウ I have lost my bag that I bought yesterday.  Everything is in it.

　　　　　　　　　　　　　　[        ][        ][        ]

(2) May I help you?

　ア No problem.  Can I try it on?

　イ Yes.  I'm looking for a black jacket.

　ウ Let me see.  We have only a large size. [        ][        ][        ]

**5** 次の電話での対話文を読んで，（　　　）の中に入れるのに最も適する英文を**ア〜エ**から選び，記号で答えなさい。　　　　　　　　　　　　　　　　　千葉県

*Ms. *Evans* : Hello.

*Mika*　　　 : Hello.　This is Mika.　Thank you for the cake yesterday, it was really good.

*Ms. Evans* : I'm glad to hear that.　Do you need something?

*Mika*　　　 : （　1　）

*Ms. Evans* : Sorry, she's visiting her grandfather.　She'll be back tomorrow afternoon.

*Mika*　　　 : I see.　（　2　）

*Ms. Evans* : Sure.

*Mika*　　　 : Thank you.

　　　　(注)Evans：エヴァンズ(人名)

お急ぎ！
正答率
**75.8**%

(1)　**ア** Yes, I made it with Nancy.　　　　**イ** No, I don't think so.

　　　**ウ** Can I speak to Nancy, please?　　**エ** I'm good, how about you?

　　　　　　　　　　　　　　　　　　　　　　　　　　　　[　　　　　]

(2)　**ア** May I help you?　　　　　　　　　　**イ** May I leave a message?

　　　**ウ** Can I go with you?　　　　　　　　**エ** Can I take a message?

　　　　　　　　　　　　　　　　　　　　　　　　　　　　[　　　　　]

**6** 次の対話文の下線部の日本文を英語に直しなさい。　　　　　↱**2** 愛媛県

お急ぎ！

**HIGH LEVEL** *Saki* : Mary, I haven't eaten lunch yet because I want to eat it with you.　<u>昼食を食べませんか。</u>

*Mary* : OK.

# 7 いろいろな文

## 1 look, become などの文

**1** look の使い方
① look at ～ ➡「～を見る」
② 〈look ＋形容詞〉➡「～に見える」

例 **You look happy.** (あなたはうれしそうに見えます。)
　　　　形容詞

**2** become の使い方
…〈become ＋名詞〉〈become ＋形容詞〉で「～になる」。

例 **Tom became a teacher.** (トムは教師になりました。)
　　　　　　　名詞

## 2 give, tell, show などの文

**1** give の使い方…〈give ＋人＋物〉で「(人)に(物)をあげる」。

例 **I gave Lisa a book.** (私はリサに本をあげました。)
　　　　　　人　　物

**2** show, tell なども, 「人」➡「物」の順で目的語が 2 つ続く。

| 動詞 | 目的語 | 目的語 | 意味 |
|---|---|---|---|
| tell | 人 | 物 | (人)に(物・こと)を話す[教える] |
| show | | | (人)に(物)を見せる |

例 **Ms. Kato told us the way to the station.**
　　　　　　　　　　人　　　　教えること
(加藤さんは私たちに駅への道を教えてくれました。)

## 3 make, call の文

**1** make の使い方…make A B で「A を B にする」。

例 **The game made them excited.**
　　　　　　　　　　代名詞　　形容詞
(その試合は彼らをわくわくさせました。)

**2** call の使い方…call A B で「A を B と呼ぶ」。

例 **We call the girl Becky.**
　　　　　　　名詞　　呼び名
(私たちはその少女をベッキーと呼びます。)

## 4 There is[are] ～. の文

★**There is[are] ～.** …「～がある, ～がいる」の意味。否定文は There is[are] not ～., 疑問文は Is[Are] there ～? となる。

例 **There is a park near here.** (この近くに公園があります。)
　　　　　　　単数名詞

**There are two pens on the desk.**
　　　　　　　複数名詞
(机の上にペンが 2 本あります。)

---

★ミス注意！
**look like の使い方**
〈look like ＋名詞〉で「～のように見える」という意味になる。

例 **She looks like her mother.**
(彼女は母親に似ています。)

★狙われる！必出表現
**後ろに形容詞がくる動詞**

| sound | | ～に聞こえる |
|---|---|---|
| get | 形容詞 | ～になる |
| turn | | ～になる |
| feel | | ～と感じる |

・**That sounds good.**
(それはよさそうですね。)

・**It's getting hot.**
(暑くなってきました。)

★さらにくわしく！
**「人」「物」が続く動詞**

| send | (人)に(物)を送る |
|---|---|
| teach | (人)に(物・こと)を教える |
| buy | (人)に(物)を買ってやる |
| lend | (人)に(物)を貸す |
| ask | (人)に(物・こと)をたずねる |
| make | (人)に(物)を作ってやる |

**to や for を使った書きかえ**
give, show, tell は to を使って, buy や make は for を使って書きかえることができる。

・**I gave him a bike.**
= **I gave a bike to him.**
(私は彼に自転車をあげました。)

★ミス注意！
**make の使い方**
・**I'm making lunch.**
(私は昼食を作っています。)

・**He made me a ring.** (彼は私に指輪を作ってくれました。)

・**The song makes me happy.**
(その歌は私を幸せにします。)

・**She made me clean the room.** (彼女は私に部屋を掃除させました。)

---

**1** 次の英文や対話文の（　　）の中に入れるのに最も適するものを**ア～エ**から選び，記号で答えなさい。

お急ぎ！
正答率 **83.6%**

(1) The new library near the station (　　) great. ↻**1** 神奈川県

　　**ア** looks　　　**イ** sees　　　　**ウ** gives　　　　**エ** takes　　　[　　　]

(2) A : There (　　) a lot of children in the park.　Why?

　　B : They have a summer festival today. ↻**4** 沖縄県

　　　**ア** be　　　　**イ** am　　　　**ウ** are　　　　**エ** is　　　　[　　　]

(3) Ann : What's that?

　　Taro : It's a Japanese traditional soup dish for New Year's Day.　We

　　　　　 (　　) it *ozoni*. ↻**3** 山口県

　　　**ア** give　　　**イ** call　　　　**ウ** try　　　　**エ** show　　　[　　　]

お急ぎ！
正答率 **83.4%**

(4) My teacher, Ms. Watanabe, said to me, "You did a good job!　To keep

practicing is important."　Her words (　　) me happy. 栃木県・改

　　　**ア** made　　　**イ** gave　　　　**ウ** took　　　**エ** called　　　[　　　]

(5) On a sunny summer day, when I was taking a walk along a beach, I came

to a pretty small store and found works of art which looked (　　) sea

animals. 石川県

　　　**ア** at　　　　**イ** for　　　　**ウ** into　　　　**エ** like　　　[　　　]

**2** 次の対話文の（　　）の中に入れるのに最も適切な英文を**ア～エ**から選び，記号で答え

なさい。 ↻**4** 北海道

A : Excuse me.　Where can I find a library near here?

B : (　　)　You can go to the city library if you use a bus.

A : Thank you.　I'll go there by bus.

　　**ア** There are many parks around the city.

　　**イ** This isn't your book.

　　**ウ** This is mine.

　　**エ** There isn't one around here. [　　　]

**3** 次の対話文や英文の（　　）内の語句を意味が通るように並べかえなさい。

(1) *A :* Who introduced this book to you?

　　*B :* Roy did.　It ( made / interested / me / in / recycling ). ↩**3** 〔千葉県〕

HIGH LEVEL (2) Plastic waste on roads moves into rivers, and then they carry the waste to the sea.　So there ( in / is / our daily lives / from / plastic waste / a lot of ) the sea. ↩**4** 〔愛知県〕

お急ぎ！ (3) 〔*At a teachers' room*〕

　　*A :* What is your plan for the farewell party for Alex?

　　*B :* First, we'll sing a song for him.　After that, we'll ( some / to / give / him / presents ). 〔福島県〕

HIGH LEVEL (4) 〔*At home*〕

　　*A :* Do you know what we should put in this emergency kit?

　　*B :* Look at this list.　I think ( what / will / you / it / show ) you should put. 〔福島県〕

**4** (1), (2)の指示にしたがって，それぞれ英文を書きなさい。

(1) 「私はあなたたちに1枚の写真を見せましょう。」という内容になるように，下線部に英語3語を補って，英文を完成させなさい。 〔大阪府〕

　　I ＿＿＿＿＿＿＿＿＿＿＿＿＿＿＿＿＿＿＿＿＿＿＿ a picture.

お急ぎ！ (2) あなたは，オーストラリアから来た外国語指導助手(ALT)の Mr. Green と，学校の廊下で話をしているところです。「日本には訪れる場所がたくさんある」と伝えるとき，あなたはどのように英語で表しますか。6語以上の英文を書きなさい。 〔三重県・改〕

# 8 〈to＋動詞の原形〉 発展

## 1 how to ～など

★疑問詞のあとに〈to＋動詞の原形〉がくると，ひとまとまりで名詞の働きをして，**動詞の目的語**になる。

**1** 〈how to＋動詞の原形〉…「～のしかた」「どのように～したらよいか」

[例] I don't know how to use this camera.
(私はこのカメラの使い方がわかりません。)

**2** what, when, where などの疑問詞も同じように使われる。

〈what to＋動詞の原形〉➡「何を～したらよいか」
〈when to＋動詞の原形〉➡「いつ～したらよいか」
〈where to＋動詞の原形〉➡「どこで［へ］～したらよいか」

## 2 It is … to ～. の文

**1** 「～することは…だ」は，It is … to ～. で表す。

[例] It is important to study English. (英語を勉強することは大切です。)
└このitは形式的な主語。「それは」の意味はない。

**2** 動作をする人を表すときは，〈for＋人〉を to ～の前におく。

[例] It is easy for me to sing English songs.
(私にとって英語の歌を歌うことは簡単です。)

## 3 〈want＋人＋to ～〉など

★動詞のあとに〈人＋to＋動詞の原形〉がくると，次の意味になる。

〈want＋人＋to＋動詞の原形〉➡「(人)に～してほしい」
〈tell＋人＋to＋動詞の原形〉➡「(人)に～するように言う」
〈ask＋人＋to＋動詞の原形〉➡「(人)に～するように頼む」

[例] Do you want me to help you?
(あなたは私に手伝ってほしいですか。→手伝いましょうか。)

## 4 〈help＋人＋動詞の原形〉など

★help, let, make のあとに〈人＋動詞の原形〉がくると，次の意味になる。

〈help＋人＋動詞の原形〉➡「(人)が～するのを手伝う」
〈let＋人＋動詞の原形〉➡「(人)に～させる［させてやる］」
〈make＋人＋動詞の原形〉➡「(人)に(無理に)～させる」

[例] I helped Lisa wash the dishes.
(私はリサが食器を洗うのを手伝いました。)

---

★狙われる！必出表現

**「～への行き方」**

・Could you tell me how to get to the library?
(図書館への行き方を教えていただけますか。)

---

★さらにくわしく！

**It is … to ～. の文でよく使われる形容詞**

| | |
|---|---|
| easy | 簡単な |
| difficult | 難しい |
| interesting | おもしろい |
| important | 大切な |
| useful | 役に立つ |
| hard | 困難な |
| dangerous | 危険な |
| good | よい |

---

★ミス注意！

**代名詞の形**

〈for＋人〉の「人」が代名詞のときは**目的格**を使う。

・It was difficult for him to use the computer.
(そのコンピューターを使うことは彼には難しかった。)

---

★狙われる！必出表現

**「…すぎて～できない」**

〈too＋形容詞［副詞］＋to～〉で「あまりに…すぎて～できない」「～するにはあまりに…すぎる」という意味。

・I'm too tired to walk.
(私は疲れすぎて歩けません。)

**「十分…なので～できる」**

〈形容詞［副詞］＋enough to～〉で「十分…なので～できる」「～するのに十分…」という意味。

・It's hot enough to swim in the sea.
(海で泳ぐのに十分なほど暑い。)

---

入試データ how to ～，It is … to ～. はよく出る。形と使い方を押さえておこう。

# ［実戦トレーニング］

➡ 解答・解説は別冊10ページ

**1** 次の対話文や英文の（　）の中に入れるのに最も適するものを**ア〜エ**から選び，記号で答えなさい。

**お急ぎ！** (1) *A* : Do you know where we'll practice singing?

    *B* : No.　I'll ask our teacher and （　　） you know later.　↩**4** 熊本県

    **ア** show　　　**イ** let　　　　**ウ** tell　　　　**エ** want　　　［　　　］

(2) Her goal was to win a piano contest.　She practiced playing the piano every day, but she couldn't win.　So she tried to find out （　　） to do for her goal by using the internet.　↩**1** 宮崎県

    **ア** which　　　**イ** where　　　**ウ** when　　　**エ** what　　　［　　　］

**お急ぎ！** (3) Mr. Suzuki （　　） us to bring lunch this week.　↩**3** 神奈川県

    **ア** told　　　**イ** said　　　**ウ** spoke　　　**エ** talked　　　［　　　］

(4) *A* : We are going to have a meeting in the cafeteria tomorrow.　Please tell me （　　） to start.

    *B* : We should start the meeting at 3 p.m.　↩**1** 兵庫県

    **ア** what　　　**イ** where　　　**ウ** when　　　**エ** which　　　［　　　］

**2** 次は恵子（Keiko）と留学生のレオン（Leon）の対話です。2人の対話が成り立つように，下線部①と②のそれぞれの（　）内に最も適する語を入れて，英文を完成させなさい。ただし，（　）内に示されている文字で書き始めること。　↩**2** ↩**4** 愛知県

*Keiko* : Hi, Leon.　How are you enjoying your new life in Nagoya?

*Leon* : Hi, Keiko.　It's great.　I traveled a lot.　①<u>It's not （d　　　） to travel （b　　　） train.</u>　I can find some train stations near my host family's house, so it's convenient.

*Keiko* : I see your point.　How about your school life?

*Leon* : It's exciting because I have new classmates.　②<u>They often （h　　　） me （l　　　） Japanese.</u>　Thanks to them, I understand many Japanese words and enjoy my life here.

①　＿＿＿＿＿＿，＿＿＿＿＿＿　②　＿＿＿＿＿＿，＿＿＿＿＿＿

## **3** 次の対話文や英文の（ ）内の語句を意味が通るように並べかえなさい。

(1) *A :* The math test was very difficult.

 *B :* Really?  It was ( me / easy / answer / to / for ) all the questions.

 *A :* Oh, I didn't have time to finish the test. ↩**2** 沖縄県

---

**HIGH LEVEL** (2) *A :* How did you like my presentation?

 *B :* It was great.

 *A :* Thank you.  Actually ( finish / helped / it / me / my friend ).

 *B :* Oh, I see.  It's nice to study with a friend. ↩**4** 富山県

---

 (3) Her father always said to her, "I ( *furniture / to / people / my / use / want ) for many years.  So, I always choose the best *wood for my furniture."

 (注)furniture：家具  wood：木 ↩**3** 広島県

---

(4) *A :* Hello.  May I speak to Tom, please?

 *B :* Sorry.  He's out now.  I'll ( you / him / call / to / tell ) back. ↩**3** 宮崎県

---

 (5) *Kate :* I'd like to make a paper plane.  Please ( me / make / show / how / to ) it.

 *Mai :* Sure. ↩**1** 高知県

# 9 現在完了形・現在完了進行形

## 1 現在完了形〈have[has]＋過去分詞〉の3つの用法

**❶** 「継続」…「ずっと〜だ」「ずっと〜している」(状態の継続)

〔例〕 **I've lived here for a long time.**
└I've は I have の短縮形
(私は長い間ここに住んでいます。)

**❷** 「経験」…「〜したことがある」

〔例〕 **I've seen Lisa before.** (私は以前リサに会ったことがあります。)

**❸** 「完了」…「〜したところだ」「〜してしまった」

〔例〕 **She has just finished lunch.** (彼女はちょうど昼食を終えたところです。)
└主語が3人称単数のときは has を使う

## 2 現在完了形の否定文や疑問文

**❶** 否定文…have[has]のあとに **not** をおく。

〔例〕 **I haven't seen Tom for a week.**
(私はトムに1週間会っていません。)

〔例〕 **He has never played tennis.**
└「経験」の否定文では、「1度も〜ない」の意味の never をよく使う
(彼はテニスを1度もしたことがありません。)

〔例〕 **Sarah hasn't done her homework yet.**
(サラはまだ宿題をしていません。) └否定文では「まだ」の意味

**❷** 疑問文…Have[Has]で文を始める。

〔例〕 **Has he been busy since yesterday?**
— **Yes, he has. / No, he hasn't.**
(彼は昨日からずっと忙しいのですか。—はい。／いいえ。)

〔例〕 **Have you washed your hands yet? — No, not yet.**
疑問文では「もう」の意味┘
(あなたはもう手を洗いましたか。—いいえ，まだです。)

〔例〕 **Have you ever seen this movie?**
└「経験」の疑問文では、「今までに」の意味の ever をよく使う
(あなたは今までにこの映画を見たことがありますか。)

## 3 現在完了進行形

**❶** 〈have[has] been ＋動詞の ing 形〉…「ずっと〜し(続け)ている」(過去に始まった動作が今も進行中であることを表す)

〔例〕 **I have been running for an hour.**
(私は1時間ずっと走っています。)

**❷** 疑問文は Have[Has]で文を始める。

〔例〕 **Have they been swimming since this morning?**
— **Yes, they have. / No, they haven't.**
(彼らは今朝からずっと泳いでいるのですか。—はい。／いいえ。)

---

★さらにくわしく！

**for と since の使い分け**

**for** ➡期間の長さ

〔例〕 for ten years(10年間)

〔例〕 for a long time(長い間)

**since** ➡始まった時(起点)

〔例〕 since yesterday(昨日から)

〔例〕 since 2020(2020年から)

**経験した回数の言い方**

1回➡ once

2回➡ twice

3回➡ three times

何度も➡ many times

★ミス注意！

**注意すべき過去分詞**

be(〜である)➡ **been**

see(見る) ➡ **seen**

eat(食べる) ➡ **eaten**

write(書く) ➡ **written**

know(知っている)➡ **known**

★狙われる！必出表現

**期間のたずね方**

・How long have you lived in Japan?(あなたは日本にどれくらい住んでいますか。)

— For a year.(1年間です。)

— Since last month.
(先月からです。)

**「〜へ行ったことがある」**

・I have been to Canada before.(私は以前カナダへ行ったことがあります。)

---

**1** 次の英文や対話文の（　　）に最も適するものを**ア～エ**から選び，記号で答えなさい。

(1) My grandfather lives in Osaka, and I (　　) him for two months. 神奈川県

ア don't see　イ was seeing　ウ was seen　エ haven't seen　[　　]

(2) I have been reading this book (　　) 10 o'clock this morning. 神奈川県

ア at　　　　イ before　　　ウ for　　　　エ since　　　[　　]

お急ぎ! (3) *Mr. White* : Erik, have you ever (　　) the experience of the Japanese *tea ceremony?

*Erik*　　: No, I haven't, but I heard it's interesting.　↪**2** 大阪府

(注)tea ceremony：茶道

ア have　　　イ has　　　ウ had　　　エ having　[　　]

お急ぎ! (4) We can find various kinds of *slime molds in a forest.　Many scientists in the world have been (　　) this interesting *creature for many years.

(注)slime mold：変形菌　creature：生き物　↪**3** 大阪府

ア study　　　イ studied　　ウ studying　エ to study　[　　]

**2** 次の英文の（　　）内の語を適する形に変えて書きなさい。

(1) I have never ( hear ) of *netball, so please show me how to play it when you come to Japan.　(注)：netball：ネットボール(バスケットボールに似た球技) 茨城県

お急ぎ! (2) I'm happy that I can visit you this summer.　I have never ( be ) to Japan. Everything will be new to me.　茨城県

正答率 89.8%

(3) I have ( meet ) many people in my life, and there is a person who I will never forget among them.　京都府

お急ぎ! (4) *Taro* : Have you ever ( eat ) *ozoni*?

*Ann* : No.　What's that?　山口県

**3** 次の対話文の( )に適する語を書きなさい。ただし，(1)には1語，(2)には2語入ります。

(1) *Jenny* : I hear you and Ken are good friends.

　　*Shota* : Yes.　I have known him (　　　　) he was five years old.　[山形県]

────────────────────

お急ぎ！ (2) *Chloe* : Your English is very good, Osamu!

　　*Osamu* : Thank you, Chloe.　I've (　　　　) it for ten years.

　　*Chloe* : Wow!　That's a long time!　↩**3** [福島県]

────────────────────

**4** 次の対話文の( )の中に入れるのに最も適する英文をア〜エから選び，記号で答えなさい。

HIGH LEVEL (1) *Ryan* : Let's go to see the movie "My Dog."　It's a good movie from America.

　　*Kenta* : Sorry.　(　　　　)

　　*Ryan* : Then how about "Long River"?　↩**1** [富山県]

　　　ア I've been to America once.　　イ I've already seen it.

　　　ウ I've never touched dogs.　　エ I've had a dog since last year.

　　　　　　　　　　　　　　　　　　　　　　　　　　　[　　　　]

お急ぎ！ (2) *Yoshio* : This is the largest lake in Japan.　It is called Lake Biwa.　I went

正答率 **28.3**%　　　　　　 there with my aunt last Sunday.

　　*Sarah* : Oh, Yoshio.　Sounds nice.

　　*Yoshio* : Have you ever been there?

　　*Sarah* : (　　　　)　I want to go there someday.　↩**2** [大阪府・改]

　　　ア Yes, I did.　　　　イ Yes, he has.

　　　ウ No, you don't.　　エ No, I haven't.　　　　[　　　　]

(3) *A* : Did you see my dictionary?

　　*B* : No, I didn't.　(　　　　)

　　*A* : Yes.　I can't find it in my room.　[北海道]

　　　ア Are you ready?　　　イ Have you lost it?

　　　ウ May I use it?　　　エ How are you?　　　[　　　　]

**5** 次の英文や対話文の（　）内の語を意味が通るように並べかえなさい。

**お急ぎ！** (1) My ( has / eaten / cousin / never ) Japanese food before. 〔栃木県〕

 正答率 78.4％

_____

(2) *Yuki* : Do you play the piano?

*Emma* : Yes, I do.　But I ( not / a / chance / had / have ) to play it since I came to Japan. ↪**2** 〔岐阜県〕

_____

(3) *Eric* : ( you / joined / have / ever ) Blue Island *Marathon?

*Kento* : Yes.　It has beautiful *courses. 〔長崎県〕

　　　(注)marathon：マラソン　course(s)：コース

_____

**お急ぎ！** (4) I am going to play the guitar with Aki at the school festival.　We ( been / have / the / practicing ) guitar together every day after school.

↪**3** 〔22 埼玉県〕

_____

**HIGH LEVEL** (5) *Meg* : How ( been / have / playing / you / long ) that video game?

*Kenta* : For three hours. 〔高知県〕

_____

**6** (1)は指示にしたがって英文を完成させ，(2)は下線部の日本文を英語に直しなさい。

**HIGH LEVEL** (1) 下線部が「あなたはその2枚の貝殻を手で開けようとしたことがありますか。」という内容になるように，(　　)に英語5語を補って，英文を完成させなさい。 〔大阪府〕

・I want to ask your experience.　(　　　) the two *shells with your hands?

　　　(注)shell：貝殻

_____ the two shells with your hands?

**お急ぎ！** (2) *Haruto* : あなたはもうあなたの宿題を終えましたか。

*James* : No, I haven't.　Some of it is very difficult and new to me.

↪**2** 〔山梨県〕

_____

# 10 比較

## 1 比較級の文

**1** 「…よりも～」➡〈比較級＋ than …〉で表す。

[例] **Mary is older than Ed.** (メアリーはエドよりも年上です。)
 └比較級は形容詞・副詞の語尾に er をつける。

**2** 「A と B ではどちらのほうがより～か」

➡ **Which** か **Who** で始め，**A or B?** で終わる。

[例] **Which is longer, this bridge or that one?**
 (この橋とあの橋ではどちらのほうが長いですか。)

## 2 最上級の文

**1** 「…の中でいちばん～」➡〈**the ＋最上級＋ in/of** …〉で表す。

[例] **I'm the tallest of the four.**
 └最上級は形容詞・副詞の語尾に est をつける。
 (私は 4 人の中でいちばん背が高い。)

**2** 「何［どれ，だれ］がいちばん～か」➡ **What, Which, Who** で始める。

[例] **What is the longest river in Japan?**
 (日本でいちばん長い川は何ですか。)

## 3 比較級・最上級の作り方

| 語 尾 | つけ方 | 例（原級－比較級－最上級） |
|---|---|---|
| ふつうの語 | er, est | old － older － oldest |
| 語尾が e | r, st | large － larger － largest |
| 〈子音字＋ y〉 | y を ier, iest | busy － busier － busiest |
| 〈短母音＋子音字〉 | 子音字を重ねて er, est | hot － hotter － hottest |

★不規則に変化するものもある。

**good / well － better － best**

**many / much － more － most**

## 4 as ～ as … の文

**1** 「…と同じくらい～」➡〈**as ＋原級＋ as** …〉で表す。

[例] **I'm as tall as Ken.** (私は健と同じくらいの身長です。)
 └as と as の間には形容詞・副詞の原級（もとの形）が入る。

**2** **not as ～ as** …は「…ほど～ではない」の意味になる。

[例] **I'm not as tall as Ken.** (私は健ほど背が高くありません。)

---

★さらにくわしく！

**more, most をつける場合**

比較的つづりの長い語の場合は er や est をつけるのではなく，比較級は **more**，最上級は **most** を前につける。

[例] **This picture is the most beautiful of all.**

(この絵はすべての中でいちばん美しい。)

★ミス注意！

**in と of の使い分け**

| in | 場所・範囲を表す語句 | in the world<br>in my family |
|---|---|---|
| of | 複数を表す語句 | of all<br>of the ten |

★狙われる！必出表現

**そのほかの比較表現**

・Which do you like better, spring or winter?

 — I like winter better.

(あなたは春と冬では，どちらのほうが好きですか。一私は冬のほうが好きです。)

・What sport do you like the best?

 — I like soccer the best.

(あなたは何のスポーツがいちばん好きですか。一私はサッカーがいちばん好きです。)

※ like the best の the はつけないこともある。

・He's one of the most popular writers in Japan.

(彼は日本で最も人気のある作家の 1 人です。)

---

# [ 実戦トレーニング ]

➡ 解答・解説は別冊12ページ

**1** 次の(1)〜(3)は( )内の語を適する形に変えて書き，(4)は( )の中に入れるのに最も適する語を**ア〜エ**から選んで記号で答えなさい。

(1) Last month, our team won a tournament, and now we are practicing ( hard ) than before.  ⤴**1** 茨城県・改

正答率 **78.0%** (2) I think this *gamaguchi* is ( good ) than my old bag.  ⤴**3** 秋田県

お急ぎ! (3) *A* : I hear that tomorrow will be the ( hot ) day of this month.

*B* : Wow!  I don't like hot days.  ⤴**3** 千葉県

正答率 **75.7%** (4) I like music the best ( ) all my subjects.  ⤴**2** 栃木県

**ア** at  **イ** for  **ウ** in  **エ** of  [ ]

**2** 次の対話文の( )内の語句を意味が通るように並べかえなさい。

(1) *David* : Akito, look at those cherry blossoms!

*Akito* : They are beautiful.  I ( of / like / all / the best / spring ) seasons.

宮城県

**HIGH LEVEL** (2) *A* : This is ( interesting / most / movie / the ) that I have ever watched.

*B* : Oh, really?  I want to watch it, too.  ⤴**2** 栃木県

お急ぎ! (3) *A* : Yasuo sings very well, right?

*B* : Yes, but I think you can sing better.

*A* : Really?  ( as / as / cannot / I / sing / well ) Yasuo.  ⤴**4** 富山県

お急ぎ! (4) *A* : How about this bag?  It has a nice color.

*B* : It looks good, but it is ( than / expensive / one / more / that ).  千葉県

# 11 助動詞

## 1 can の文

**1** 〈can ＋動詞の原形〉で「～できる」の意味。

例 **Mike can swim fast.**（マイクは速く泳げます。）

**2** 否定文➡動詞（原形）の前に **can't[cannot]** をおく。

例 **I can't sing well.**（私は上手に歌えません。）

**3** 疑問文➡ **Can** で文を始める。

例 **Can Kate read Chinese? — Yes, she can. / No, she can't.**
（ケイトは中国語が読めますか。―はい。／いいえ。）

**4** 過去形➡ can の過去形は **could**

例 **She could run very fast when she was young.**
（彼女は若いころ，とても速く走ることができました。）

## 2 may の文

**1** **May I ～?** は「～してもいいですか」の意味。

例 **May I use this dish?**（この皿を使ってもいいですか。）

**2** 応じ方…**Sure.**（もちろん。）／ **OK.**（いいですよ。）など

## 3 must, have to の文

**1** 〈must ＋動詞の原形〉で「～しなければならない」の意味。

例 **You must study hard.**
（あなたは熱心に勉強しなければなりません。）

**2** 〈have to ＋動詞の原形〉も「～しなければならない」の意味。

例 **Tom has to help his father.**
└主語が 3 人称単数のときは has を使う。
（トムは彼の父親を手伝わなければなりません。）

**3** **don't[doesn't] have to ～** は「～する必要はない」
「～しなくてよい」の意味。

例 **We don't have to clean the classroom today.**
（私たちは今日，教室を掃除する必要はありません。）

## 4 should の文

★〈should＋動詞の原形〉で「～したほうがよい」「～すべきだ」
の意味。

例 **You should take that bus.**（あなたはあのバスに乗るべきです。）

---

★狙われる! 必出表現

**許可や依頼を表す can**

・<u>Can I</u> use your camera?
（あなたのカメラを使ってもいいですか。）〈**許可**〉

・<u>Can you</u> teach me English?
（私に英語を教えてくれますか。）〈**依頼**〉

★さらにくわしく!

**must と have to の疑問文**

・**Must I** go now?（私はもう行かなければなりませんか。）

・**Do I have to** wash the car?（私はその車を洗わなければなりませんか。）

― No, you **don't**（**have to**）.
（いいえ，その必要はありません。）

**be able to ～**

be able to ～も「～できる」の意味を表す。

・You will **be able to** speak French.（あなたはフランス語を話せるようになるでしょう。）

**推量を表す must**

must は推量を表し，「～にちがいない」の意味でも使われる。

例 That man **must** be a famous player.（あの男性は有名な選手にちがいありません。）

★ミス注意!

**must の否定文**

must not は禁止を表し，「～してはならない」の意味。

例 You **mustn't**[=**must not**] take pictures here.（あなたはここで写真を撮ってはなりません。）

**have to の過去形**

・I **had to** make breakfast yesterday.（私は昨日，朝食を作らなければなりませんでした。）

---

入試データ 適する助動詞を選ぶ問題がよく出る。意味と使い方を押さえておこう。

**1** 次の対話文の（　）の中に入れるのに最も適するものを**ア〜エ**から選び，記号で答えなさい。

正答率 **86.9%** (1) *A* : My father will take me to the zoo this Saturday.　Would you like to come with us?

　　*B* : I'd love to, but I can't.　I (　　) my homework.　↻**3** 福島県

　　**ア** have to do　　**イ** have done　　**ウ** have to play　　**エ** have played

　　　　　　　　　　　　　　　　　　　　　　　　　　　　　　　[　　　　]

お急ぎ！ (2) *A* : Should I bring something to the party?

　　*B* : Everything is ready, so you (　　) bring anything.　↻**3** 熊本県

　　**ア** must　　**イ** should　　**ウ** don't have to　　**エ** didn't　　[　　　　]

(3) *A* : You look sleepy.　How long did you sleep last night?　宮崎県・改

　　*B* : I (　　) sleep for a long time because I had many things to do.

　　**ア** can　　**イ** can't　　**ウ** could　　　**エ** couldn't　　[　　　　]

**2** 次の対話文の（　）の中に入れるのに適する英文を**ア〜エ**から選び，記号で答えなさい。

お急ぎ！ (1) *A* : Excuse me.　(　　　)

　　*B* : I'm sorry my friend is coming soon.

　　*A* : OK.　北海道

　　**ア** Can I use this seat?　　　　　　　**イ** Here's your ticket.

　　**ウ** It's important for me to go there.　　**エ** What can I do for you?

　　　　　　　　　　　　　　　　　　　　　　　　　　　　　　　[　　　　]

(2) *A* : Did you watch the weather report?　It will be rainy this afternoon.

　　*B* : Oh, no.　(　　　)

　　*A* : Well, why don't we watch a movie at home?

　　*B* : OK.　Then let's play tennis next Sunday.　↻**3** 徳島県

　　**ア** We have to leave home soon.　　**イ** We should play tennis at the park.

　　**ウ** We should cook at home.　　　　**エ** We have to change our plans.

　　　　　　　　　　　　　　　　　　　　　　　　　　　　　　　[　　　　]

お急ぎ！ (3) *Mike* : I feel very sick today.

*Akiko* : That's too bad.　Maybe you have a cold.　(　　　)

*Mike* : Thank you, Akiko.　I will.　　　　　　岐阜県

　　ア You should go home now.　　イ I have a cold, too.

　　ウ We can have fun together.　　エ You must not go to the hospital.

　　　　　　　　　　　　　　　　　　　　　　　[　　　　]

正答率 **78.1**% (4) *Kanako* : Can I use your umbrella, Mom?

*Mother* : Where is yours?

*Kanako* : I could not find it and I have to go to school now.

*Mother* : (　　　)

*Kanako* : Thank you.　　　　　　↻**1** 福岡県

　　ア I have to bring yours to work.

　　イ I can use yours today because you gave it to me.

　　ウ You can't go to school today.

　　エ I have two, so you can take this one today.　　[　　　　]

**3** 次の対話文の(　　　)内の語句を意味が通るように並べかえなさい。

お急ぎ！ (1) *A* : Excuse me.

*B* : What's the matter?

*A* : You ( not / drink / must ) in this room.　　　　岩手県

___

(2) *A* : I need to go to the hospital now, but it's raining.　Where is my umbrella?

*B* : Don't worry.　You don't ( to / it / take / have ).　I'll take you there by car.　　　　↻**3** 愛媛県

___

HIGH LEVEL (3) *A* : What's the matter?

*B* : I have lost my pen.

*A* : Is it in your bag?

*B* : No.　( am / for / I / looking / must / the pen ) be in my room.　　岩手県

___

# 12 関係代名詞（名詞を修飾する語句）

## 1 関係代名詞 who の使い方

**1** 「人」を修飾するときは **who** を使う。

（先行詞が「人」の場合，that も使えるがふつう who を使う。）

例 **a boy who plays soccer** （サッカーをする男の子）
　　 「人」 ↑＿＿＿ a boy を修飾

**2** **who** のあとには**動詞（助動詞）**が続く（主格）。

例 **This is my aunt who lives in Chiba.**
　　　　　　　 名詞　　　　　　動詞
（こちらは千葉に住んでいる私のおばです。）

### ★さらにくわしく！
**関係代名詞の働きと使い分け**
すぐ前の名詞（先行詞）に後ろから文の形で説明を加える働きをする。

| 先行詞 | 主格 | 目的格 |
|---|---|---|
| 人 | who<br>that | that |
| 物 | which<br>that | which<br>that |

## 2 関係代名詞 which, that の使い方

**1** 「物・動物・ことがら」を修飾するときは **which, that** を使う。

例 **the bus which goes to the station** （駅に行くバス）
　　 「物」 ↑＿＿＿ the bus を修飾

**2** **which, that** の使い方

**❶** あとに**動詞（助動詞）**が続く（主格）。

例 **I saw a cat that has white hair.**
　　　　　　　 名詞　　　　動詞
（私は白い毛のネコを見ました。）

**❷** あとに〈**主語＋動詞 〜**〉が続く（目的格）。（that は先行詞が「人」のときも使われる。）

例 **This is the movie which we saw yesterday.**
　　　　　　　　 名詞　　　　　　　　主語 動詞
（これは私たちが昨日見た映画です。）

例 **Ms. Brown is the teacher that I like.**
　　　　　　　　　　 「人」　　　　主語 動詞
（ブラウンさんは私が好きな先生です。）

**3** 目的格の関係代名詞は**省略**することができる。

例 **The book I bought was interesting.** （私が買った本はおもしろかった。）
　　　 └ which または that が省略されている

### ★ミス注意！
**動詞の形**
主格の関係代名詞のあとが現在の内容のとき，関係代名詞に続く動詞の形は先行詞の数によって決まる。

例 the cats that **are running** around
（走り回っているネコたち）

例 a girl who **has** short hair
（短い髪の女の子）

### ★さらにくわしく！
**ing 形・過去分詞を使う文**

| 進行形 | I'm **cooking** now.<br>私は今料理をしています。 |
|---|---|
| 動名詞 | I like **swimming**.<br>私は泳ぐのが好きです。 |
| 現　在<br>完了形 | He has **left** home.<br>彼は家を出ました。 |
| 受け身 | The car was **washed**.<br>その車は洗われました。 |

## 3 名詞を修飾する動詞の ing 形と過去分詞

★〈動詞の **ing 形＋語句**〉や〈**過去分詞＋語句**〉は，名詞のあとにおかれ，**後ろから名詞を修飾する**。

**1** 動詞の **ing 形**➡「〜している…」の意味を表す。

例 **The girl running in the park is Kate.**
　　　　　 名詞 └＿＿＿〈ing 形＋語句〉が後ろから修飾
（公園を走っている女の子はケイトです。）

**2** **過去分詞**➡「〜されている…」「〜された…」の意味を表す。

例 **This is a picture painted by Bill.**
　　　　　　　　 名詞 └＿＿＿〈過去分詞＋語句〉が後ろから修飾
（これはビルによって描かれた絵です。）

### 名詞を修飾する ing 形・過去分詞の位置
あとに語句を伴わない場合は，ふつう名詞の前におく。

例 a **sleeping** baby
（眠っている赤ちゃん）

例 a **broken** dish
（割れた皿）

入試データ 後ろから修飾する形はよく狙われる。修飾関係をつかむことが大事！

# ［実戦トレーニング］

➡ 解答・解説は別冊13ページ

**1** 次の英文や対話文の（　）の中に入れるのに最も適するものを**ア**〜**エ**から選び，記号で答えなさい。

お急ぎ！ (1) This is a camera （　　　） is popular in Japan. ↪**2** 神奈川県

正答率 **79.5**%

　　　　**ア** what 　　　**イ** it 　　　　**ウ** who 　　　**エ** which 　　［　　　］

(2) I think I can help you because my favorite thing to do is drawing.　I can tell you about some designs （　　　） will make your *symbol better. 山梨県

(注)symbol：シンボルマーク

　　　　**ア** it 　　　　　**イ** they 　　　**ウ** which 　　　**エ** who 　　［　　　］

お急ぎ！ (3) *Helen* : I'm interested in Japanese history, so I want to visit some *historical places here in Momiji City.　Do you have any ideas?

　　　　*Kyoka* : Yes, I can show you a website （　　　） in English. ↪**3** 広島県

(注)historical：歴史的な

　　　　**ア** write 　　　**イ** wrote 　　　**ウ** written 　　　**エ** writing 　　［　　　］

(4) There is a park for dogs near my house.　There are many dogs （　　　） all over the park on weekends.　They look very happy. 兵庫県

　　　　**ア** play 　　　**イ** played 　　　**ウ** playing 　　**エ** to play 　　［　　　］

**2** 次の英文の（　）の中に入れるのに最も適する語句を選び，記号で答えなさい。 大阪府

正答率 **93.3**% (1) The officer （　　　） to go. ↪**3**

　　　　**ア** standing there will show you which way

　　　　**イ** will you show which way standing there

　　　　**ウ** standing which way there you will show

　　　　**エ** will show you way there which standing 　　　　　　　　［　　　］

(2) The boy （　　　） is my brother. ↪**1**

　　　　**ア** who the contest won twice 　　**イ** won who the contest twice

　　　　**ウ** who won the contest twice 　　**エ** won the contest twice who

　　　　　　　　　　　　　　　　　　　　　　　　　　　　　　　　　［　　　］

**3** 次の対話文や英文の（　）内の語句を意味が通るように並べかえなさい。

お急ぎ！ (1) *A* : Do you ( who / know / drinking / is / the boy ) coffee over there?

*B* : Yes!　He is my cousin.　His name is Kenji.  栃木県

**HIGH LEVEL** (2) People say that Tokugawa Ieyasu was the first Japanese person to use a pencil.　In Shizuoka Prefecture, a ( he / protecting / shrine / has / that / been / the pencil ) used since 1617.  22 埼玉県

正答率 6.2% (3) There is another problem.　There are ( around / from / hunger / many / suffer / people / who ) the world. 滋賀県

お急ぎ！ (4) （放課後の教室で）

正答率 27%

*Bob*　　: I can't finish this homework by tomorrow.　I wish I had more time.

*Kumi* : Are you OK?　Well, ( anything / can / I / is / there ) do for you?

*Bob*　　: Thank you.　Can I call you tonight if I need your help?

*Kumi* : Sure. 岐阜県

**4** (1)は状況に合う英文を書き，(2)は下線部の日本文を英語に直しなさい。

お急ぎ！ (1) （オーストラリアから来た外国語指導助手(ALT)に）オーストラリアで撮った写真を見せてほしいと伝えるとき。  三重県・改

(2) *Takeshi* : I want to go to Australia in the future.

*Yuki*　　　: Why?

*Takeshi* : Because I can learn a lot about tennis there.　Many young people go there to learn it.　My dream is to be a world tennis \*champion.　Also, I have another \*reason.　私が会いたい選手が，そこに住んでいます。  愛媛県

(注)champion：チャンピオン　reason：理由

# 13 間接疑問・命令文・感嘆文

## 1 間接疑問

**1** **what** などの**疑問詞**で始まる疑問文が別の文の中に入ると，疑問詞のあとは〈**主語＋動詞**〉の語順になる。

もとの疑問文 **What is this?** （これは何ですか。）

**I don't know what this is.** （私はこれが何か知りません。）
　　　　　　　　　主語　be動詞

もとの疑問文 **Where does he live?** （彼はどこに住んでいますか。）
　　　　　　　　　　　　　　3単現に

**Tell me where he lives.**
　　　　　　　　主語　一般動詞
（彼がどこに住んでいるか私に教えて。）

**2** 疑問詞が主語のときは，**語順は変わらない**。

**Do you know who ate this cake?**
（だれがこのケーキを食べたのか知っていますか。）

## 2 命令文

**1** ふつうの命令文…**動詞の原形**で文を始める。

★「～しなさい」「～してください」の意味。

例 **Use this umbrella.** （このかさを使って。）

**2** 否定の命令文…〈**Don't ＋動詞の原形 ～.**〉の形。

★「～してはいけません」の意味で禁止を表す。

例 **Don't speak Japanese in this class.**
（このクラスでは日本語を話してはいけません。）

**3** 〈**Let's ＋動詞の原形 ～.**〉は，「～しましょう」の意味。

例 **Let's go fishing this weekend.**
（今週末，魚釣りに行きましょう。）

## 3 感嘆文

★〈**What ＋（a[an]＋）形容詞＋名詞 !**〉，〈**How ＋形容詞[副詞]!**〉の形で，驚きや感動などを表す。「**なんて～なのでしょう**」の意味。

例 **What a nice day!** （なんていい日なんでしょう！）
　　　　　　 形容詞　名詞

例 **How old!** （なんて古いんでしょう！）
　　　　　 形容詞

---

★さらにくわしく！

**間接疑問**

I don't know what this is. のように，疑問文が別の文の中に入った形を**間接疑問**という。

★ミス注意！

**動詞の形に注意**

間接疑問では，疑問詞のあとの一般動詞の形に注意。

| 現在 | 主語が3人称単数ならsやesをつける。 |
| --- | --- |
| 過去 | 過去形 |

※動詞の前に助動詞がある場合は，動詞は原形。

★狙われる！必出表現

間接疑問では，〈what ＋名詞〉や〈how ＋形容詞[副詞]〉なども使われる。

・I don't know how much this cap was.
（私はこの帽子がいくらだったか知りません。）

★さらにくわしく！

**please のある命令文**

命令の調子をやわらげるときには，命令文の最初か最後にpleaseをつける。

・Please come in.
= Come in, please.
（どうぞ入ってください。）

**be 動詞の命令文**

be 動詞の原形 be を使う。

・Be quiet.
（静かにして。）

・Don't be afraid.
（怖がらないで。）

---

入試データ 間接疑問では，〈疑問詞＋主語＋動詞 ～〉の語順に注意。並べかえ問題でよく出る。

# 実戦トレーニング

➡ 解答・解説は別冊15ページ

**1** 次の対話文の（　　）の中に入れるのに最も適するものを**ア**〜**エ**から選び，記号で答えなさい。

**お急ぎ!** (1) *A* : Here is your tea.

*B* : Thank you.

*A* : (　　　　) careful.　It is still hot.　　↪**2** 岩手県

　　　**ア** Aren't　　　**イ** Be　　　　**ウ** Do　　　　**エ** Don't　　　[　　　　]

(2) *A* : Oh, I'll be late!　I need more time to eat breakfast.

*B* : Get up earlier, (　　　) you'll have more time.　　福島県

　　　**ア** and　　　　**イ** or　　　　**ウ** but　　　　**エ** that　　　[　　　　]

**お急ぎ!** (3) *A* : Whose watch is this?

正答率 **80.8%**

*B* : It's mine.　My father bought it for me.

*A* : It's cool.　Please tell me (　　　) he bought it.

*B* : It was sold at a shop in Himuka Station.　　↪**1** 宮崎県・改

　　　**ア** what　　　**イ** where　　　**ウ** when　　　**エ** why　　　[　　　　]

**2** 次の対話文の（　　）の中に入れるのに最も適切な英文を**ア**〜**ウ**または**ア**〜**エ**から選び，記号で答えなさい。

正答率 **92.0%** (1) *Judy*　: I like *washi*, and my \*host family showed me an interesting video about it.

*Kyoko* : A video?　(　　　　)

*Judy*　: The video was about old paper \*documents in \*Shosoin.

(注)host family：ホストファミリー　document：文書　Shosoin：正倉院（東大寺の宝庫）　↪**2** 静岡県

　　　**ア** Here you are.　　**イ** You're welcome.　　**ウ** Tell me more.　[　　　　]

**お急ぎ!** (2) *Tom*　　: By the way, what's printed on the box of tomatoes?

*Kaoru* : It's the name of a farmer, Mr. Tanaka.　It also tells us that he grew his tomatoes without using \*agricultural chemicals.

*Tom*　: I see.　I feel safe if I know (　　　) and how they were grown.

*Kaoru* : I think so, too.　　(注)agricultural chemicals：農薬　兵庫県・改

　　　**ア** who made them　　　　　**イ** why he grew them

　　　**ウ** when they were sold　　　**エ** what made the price low　　　[　　　　]

**3** 次の対話文や英文の（　　）内の語句を意味が通るように並べかえなさい。ただし，(2)には不要な語が1語あります。

 (1) *A* : Do ( are / who / they / you / know )?

　　 *B* : They are popular dancers. 　↩**1** 千葉県

 (2) I'd like to buy a new computer, but I can't ( should / I / one / to / which / decide ) buy. 　神奈川県

(3) *Jane* : *Swallows eat *insects.　Before it starts raining, insects cannot fly *high because of *humidity.　To eat those flying insects, swallows also fly *low.

　　 *Ruri* : Wow, ( interesting / story / an / what )! 　↩**3** 新潟県・改

　　 (注)swallow：ツバメ　insect：昆虫　high：高く　humidity：湿気　low：低く

 (4) You love traditional Japanese things, so I wanted to make a special thing for you by using *washi*.　It was fun to ( how / think about / could / create / I ) a great *nengajo*. 　静岡県

**4** 次の下線部の日本文を英語に直しなさい。

HIGH LEVEL (1) When we were talking about kendo, John said to me, "When I was learning Japanese, I found that some Japanese words such as judo, shodo, and kendo have the same sound '*dou*'.　それが何を意味するのかを私に言うことはできますか。"　I said, "It means a 'way' in English." 　↩**1** 香川県

(2) *You* : Hi, Tim.　Next summer, you and I will *go on a trip with my family, right?　その計画を一緒に作りましょう。あなたは何か考えがありますか。

　　 *Tim* : Yes.　Now, I have two ideas: going to the beach, or going to the mountain. 　(注)go on a trip：旅行に行く　↩**2** 大阪府

# 14 受け身

## 1 受け身の文

**1** 形➡〈be 動詞＋過去分詞〉

**2** 意味➡「～される」「～されている」

**3** be 動詞は主語と時（現在か過去か）によって使い分ける。

❶ **現在**なら〈**am, is, are ＋過去分詞**〉の形。

[例] **English is used in this country.**
（この国では英語が使われています。）

❷ **過去**なら〈**was, were ＋過去分詞**〉の形。

[例] **These pictures were taken last year.**
（これらの写真は昨年，撮られました。）

**4** 「～によって」のように**行為者**をいうときは，**by ～**で表す。

[例] **This poem was written by Miyazawa Kenji.**
（この詩は宮沢賢治によって書かれました。）

## 2 受け身の否定文と疑問文

**1** **否定文**➡ be 動詞のあとに **not** を入れる。過去分詞はそのまま使う。

[例] **We weren't invited to the party.**
（私たちはそのパーティーに招待されませんでした。）

**2** 疑問文

❶ 形➡ **be 動詞**で文を始める。過去分詞はそのまま使う。

[例] **Is this room cleaned every day?**
（この部屋は毎日掃除されますか。）

❷ 答え方➡ **be 動詞**を使う。

[例] **Were these shirts made in China?**
— **Yes, they were. / No, they weren't.**
（これらのシャツは中国で作られたのですか。—はい。／いいえ。）

❸ 疑問詞があるときは，**疑問詞**で文を始める。

[例] **When was the tower built? — It was built in 2020.**
（そのタワーはいつ建てられましたか。—2020 年に建てられました。）

## 3 助動詞を使った受け身の文

★〈**助動詞＋ be ＋過去分詞**〉の形。

[例] **His book will be read by many people.**
（彼の本は多くの人に読まれるでしょう。）

---

★さらにくわしく！

**受け身の文の形のまとめ**

〈現在〉

| 主　語 | be 動詞 | |
|---|---|---|
| I | am | |
| 3 人称単数 | is | 過去分詞 |
| you や複数 | are | |

〈過去〉

| 主　語 | be 動詞 | |
|---|---|---|
| I | was | |
| 3 人称単数 | was | 過去分詞 |
| you や複数 | were | |

★ミス注意！

**受け身でよく使う過去分詞**

make（作る）➡ **made**
write（書く）➡ **written**
speak（話す）➡ **spoken**
see（見える）➡ **seen**
take（取る）➡ **taken**

★狙われる！必出表現

・The mountains were covered with[in] snow.
（山々は雪でおおわれていました。）

・This song is known to[by] many people.
（この歌は多くの人に知られています。）

・This chair is made of wood.
（このいすは木でできています。）

・Cheese is made from milk.
（チーズは牛乳から作られます。）

★さらにくわしく！

**call を使った受け身**

・What is this flower called in Japanese? — It is called asagao in Japanese.
（この花は日本語で何と呼ばれますか。—それは日本語でアサガオと呼ばれています。）

入試データ 動詞の形が狙われる。前に be 動詞があれば，～ing（進行形）か過去分詞（受け身）を考えよう。

# ［実戦トレーニング］

➡ 解答・解説は別冊15ページ

**1** 次の英文や対話文の（　　）の中に入れるのに最も適するものを**ア〜エ**から選び，記号で答えなさい。

(1) Look at this picture.　This is the largest lake in Japan.　It is （　　　）
Lake Biwa.　I went there with my aunt last Sunday. 　　　　大阪府

　　　**ア** called　　　**イ** joined　　　**ウ** liked　　　**エ** talked　　　[　　　]

(2) Can Mt. Fuji （　　　）from your classroom? 　　⮌**3** 神奈川県

　　　**ア** see　　　**イ** seen　　　**ウ** be seen　　　**エ** be seeing　　　[　　　]

お急ぎ! (3) *A* : You play the piano very well.

　　　*B* : Thank you.　Can you sing this song?

　　　*A* : Yes.　This song is often （　　　）in music class in Japan. 　⮌**1** 岩手県

　　　**ア** sang　　　**イ** sing　　　**ウ** singing　　　**エ** sung　　　[　　　]

**2** 次の対話文の（　　）内の語に必要な2語を加えて，英文を完成させなさい。ただし，

お急ぎ! （　　）の語は必要に応じて形を変えてもよい。 　　　　鹿児島県

正答率 33.7% *Lucy* : How old is the house?

　　　*Sota* : （ build ）more than 250 years ago. 　_____

**3** 次の対話文の（　　）内の語句を意味が通るように並べかえなさい。ただし，(2)には不要な語が1語あります。

お急ぎ! (1) *Fred*　　: I'm reading a Japanese novel.　It （ by / written / writer / was / a famous ）.

　　　*Daniel* : Wow!　Can you read Japanese?

　　　*Fred*　　: Yes. 　　⮌**1** 高知県

_____

(2) *A* : A lot of people use English all over the world.

　　　*B* : Yes.　English is （ by / people / as / many / uses / spoken ）their first language. 　⮌**1** 神奈川県

_____

# 15 いろいろな熟語

## 1 動詞を使った熟語

| | | | |
|---|---|---|---|
| get up | 起きる | go to bed | 寝る |
| get on ～ | ～に乗る | get off ～ | ～から降りる |
| look at ～ | ～を見る | look for ～ | ～をさがす |
| listen to ～ | ～を聞く | wait for ～ | ～を待つ |
| give up | あきらめる | put on ～ | ～を着る |
| look forward to ～ | ～を楽しみに待つ | | |
| take care of ～ | ～の世話をする，面倒をみる | | |
| have a good time | 楽しい時を過ごす | | |
| help 人 with ～ | (人)の～を手伝う | | |

〔例〕 **Please help me with** my work. (私の仕事を手伝ってください。)

## 2 be 動詞を使った熟語

| be interested in ～<br>～に興味がある | **I'm interested in** history.<br>(私は歴史に興味があります。) |
|---|---|
| be famous for ～<br>～で有名だ | Our city **is famous for** its temple.<br>(私たちの市はお寺で有名です。) |
| be good at ～<br>～が得意[上手]だ | They **are good at** cooking.<br>(彼らは料理をするのが得意です。) |
| be different from ～<br>～とは異なる | Her idea is **different from** mine.<br>(彼女の考えは私のとは違います。) |
| be afraid of ～<br>～を恐れる | Don't **be afraid of** making mistakes.<br>(まちがいをするのを恐れないで。) |

## 3 時や場所などを表す熟語

| | | | |
|---|---|---|---|
| at first | 最初は | at home | 家で |
| at last | ついに | after school | 放課後 |
| one day | ある日 | all over the world | 世界中で |
| over there | 向こうに | for the first time | 初めて |

## 4 数や量などを表す熟語

| | | | |
|---|---|---|---|
| a lot of ～ | たくさんの～ | a kind of ～ | 一種の～ |
| hundreds of ～ | 何百もの～ | thousands of ～ | 何千もの～ |
| a cup of ～ | カップ1杯の～ | a glass of ～ | コップ1杯の～ |

★狙われる！必出表現
- each other(お互い)
- 〔例〕 We smiled at each other.
  (私たちは互いにほほえみました。)
- for example(例えば)
- in front of ～(～の前に)

★さらにくわしく！

**そのほかの場所を表す熟語**
- from A to B
  (AからBまで)
- between A and B
  (AとBの間に)
- ※ from A to B と between A and B は「時」にも使う。

**そのほかの時を表す熟語**
- for a long time(長い間)
- 〔例〕 I haven't seen her for a long time.(私は長い間彼女に会っていません。)

**そのほかの熟語**
- because of ～(～のために，～の理由で)
- 〔例〕 The train stopped because of the storm.
  (その電車は嵐のために止まりました。)
- thanks to ～(～のおかげで)
- 〔例〕 Thanks to you, I passed the exam.
  (あなたのおかげで，私は試験に合格しました。)
- both A and B
  (AもBも両方とも)
- either A or B
  (AかBのどちらか)
- so ～ that …
  (とても～なので…)

入試データ 熟語は，適する語を補う問題でもよく出される。意味を覚えるだけでなく，正しく書けるようにしておこう。

**1** 次の対話文の（　）の中に入れるのに最も適するものを**ア〜エ**から選び，記号で答えなさい。

お急ぎ！ (1) *Beth* : I visited this *wagashi* shop for the first (　　　).

*Minami* : Really?　I bought "*sakuramochi*" in this shop last week.　It was very good. ↪**3** 山口県・改

ア house　　イ food　　ウ flower　　エ time　　　［　　　］

(2) *A* : Which would you like to drink, apple juice or orange juice?

*B* : Well, it's difficult for me to choose because I like (　　　) apple juice and orange juice. 神奈川県

ア between　　イ about　　ウ both　　エ than　　　［　　　］

お急ぎ！ (3) *Tom* : Let's watch a movie at my house this evening.

*Naoya* : Sorry, Tom.　I need to take care (　　　) my dog. ↪**1** 宮城県

ア after　　イ on　　ウ of　　エ in　　　［　　　］

**2** 次の対話文の（　）に適する語を書きなさい。ただし，(1)は（　）内に示されている文字で書き始めること。

お急ぎ！ (1) *Hayato* : You have visited many countries, right?

*Steven* : Yes.　For (e　　　), I've visited France, Spain and India. 宮城県

_____

HIGH LEVEL 正答率 5.1% (2) *Woman* : Sorry, Mr. Okada cannot go to the meeting tomorrow.

*Man* : Oh, really?　Well, we want someone to come to the meeting (　　　) of him. 山形県

_____

(3) *A* : Lisa's house is close to this park.　(　①　) don't we play together with Lisa?

*B* : Sure.　Before that, I want to return home and bring some drinks.　It'll take a few minutes.　Can you wait here (　②　) a while?

*A* : Yes, of (　③　). 宮崎県

① _____　② _____　③ _____

**3** 次の英文や対話文の( )内の語を意味が通るように並べかえ，記号で答えなさい。

**HIGH LEVEL** (1) Shall we（ ア of イ in ウ meet エ front ）the station?  〔栃木県〕

[ ][ ][ ][ ]

(2) I need（ ア at イ up ウ get エ to ）six o'clock tomorrow morning.

↩**1** 〔愛媛県〕

[ ][ ][ ][ ]

(3) A : What（ ア between イ is ウ color エ and オ red ）yellow?  〔千葉県〕

  B : I think it's orange.

[ ][ ][ ][ ]

**4** 次の対話文の下線部について，**ア〜カ**の語句を並べかえて正しい英文を完成させ，（ X ），（ Y ），（ Z ）にあてはまる語を，それぞれ記号で答えなさい。 〔山形県〕

**お急ぎ!** (1) *Rob* : I want to visit your house, but I don't like dogs.

  *Tomomi* : (     )( X )(     )( Y )(     )( Z ). It's very small.

   ア my イ of ウ be エ dog オ afraid カ don't

X [     ] Y [     ] Z [     ]

**HIGH LEVEL** (2) *Masaki* : I (     )( X )(     )( Y )(     )( Z )I borrowed.  Did you see it?

   *Lily* : No.  I'll help you find it.

   ア been イ the book ウ have エ for オ which カ looking

X [     ] Y [     ] Z [     ]

**5** 次の状況に合う英文を書きなさい。  〔三重県・改〕

(1) 日本の文化に興味があるか尋ねるとき。(6語以上)  ↩**2**

_____

**お急ぎ!** (2) あおぞら町(Aozora Town)はひかり山(Mt. Hikari)で有名だということを伝えるとき。(4語以上)

_____

**お急ぎ!** (3) 好きな歌手に会えるのを楽しみにしていることを伝えるとき。(5語以上)

_____

# 16 仮定法

## 1 仮定法の文

**1** 形➡〈**If＋主語＋動詞の過去形 ～, 主語＋ would［could］＋動詞の原形 ….**〉

**2** 意味➡「**もし～なら, …する［できる］だろうに**」

現在の事実とは異なることや, **実際にはありえないことを仮定**していうときに使う。if に続く文で動詞が過去形になることから, **仮定法過去**とも呼ばれる。

[例] **If I had time, I could join the party.**
　　　└過去形　　　└助動詞の過去形
（もし私に時間があれば, パーティーに参加できるのに。）
　➡実際には時間がないので, パーティーには参加できない。

**3** if ～の動詞が be 動詞の場合➡〈**If＋主語＋ were ～, 主語＋ would［could］＋動詞の原形 ….**〉

★仮定法の文では, 主語に関係なく be 動詞は **were** を使うのが原則。（主語が I や 3 人称単数のときは was が使われることもある。）

[例] **If I were a cat, I would sleep all day.**
　　　└主語がIでも were　└助動詞の過去形
（もし私がネコなら, 1 日中寝ているだろうに。）
　➡実際はネコではないので, 1 日中寝ていられない。

## 2 I wish ～. の文

**1** 形➡〈**I wish ＋主語＋動詞の過去形 ～.**〉
　　　〈**I wish ＋主語＋ were ～.**〉

**2** 意味➡「**～であればいいのになあ**」

現在の**事実とは異なる願望**を表す。

[例] **I wish I had a car.**
　　　　　　└動詞の過去形
（車を持っていればいいのになあ。）
　➡実際には車を持っていない。

[例] **I wish I were in Los Angeles.**
　　　　　　　└主語に関係なく were にするのが原則
（ロサンゼルスにいればいいのになあ。）
　➡実際にはロサンゼルスにはいない。

---

★さらにくわしく！

**「条件」を表す if**

「もし～なら」の意味で, 条件を表すときは, 動詞は**現在形**を使う。

条件 If I have enough money, I'll buy this book.
（もし十分なお金を持っていれば, 私はこの本を買うでしょう。）
➡本を買うだけのお金がある可能性があると話し手が考えている。

仮定法 If I had enough money, I would buy this castle.
（もし十分なお金を持っていれば, 私はこのお城を買うだろうに。）
➡お城を買うだけのお金がある可能性はほとんどないと話し手が考えている。

★ミス注意！

**助動詞の形に注意**

・if ～の仮定法の文で, if ～のまとまりで助動詞を使う場合は, 助動詞を過去形にする。

[例] If you could go to space, what would you do?
（もし宇宙に行くことができたら, あなたは何をしますか。）

・I wish ～. の文で助動詞を使う場合も, 助動詞は過去形にする。

[例] I wish I could swim faster.
（もっと速く泳げればいいのになあ。）

★さらにくわしく！

**実現可能な願望は I hope ～.**

I hope ～. は「～であることを願う」の意味。

・I hope it will be sunny tomorrow.
（明日晴れるといいな。）

---

# ［実戦トレーニング］

➡ 解答・解説は別冊17ページ

**1** 次の対話文の（　　）の中に入れるのに最も適するものを**ア～エ**から選び，記号で答えなさい。

(1) A : Look at the man over there!　He's playing basketball very well.

B : Right.　He's so cool!　I wish I (　　) play like him.　↩**2** 熊本県

**ア** will　　　　**イ** can　　　　**ウ** could　　　　**エ** should　　　[　　　]

お急ぎ！ (2) A : If you (　　) go back to the past, what would you do?

B : I would say to myself, "You should do everything you want to do."

岩手県

**ア** could　　　**イ** didn't　　　**ウ** had　　　　**エ** weren't　　　[　　　]

**2** 次の英文の下線部と同じ内容を表す英文として最も適切なものを**ア～エ**から選び，記号で答えなさい。　↩**2** 大分県

We are going to *graduate from this school next month.　I have spent a wonderful year with you.　I wish I could stay longer with all of you in this class.　(注)graduate from ～ : ～を卒業する

**ア** I'm glad that I will study in this school next year.

**イ** I'm happy to graduate from this school.

**ウ** I would like to meet new students in high school.

**エ** I would like to spend more time in this class.　　　　[　　　]

**3** 次の対話文の（　　）内の語を意味が通るように並べかえ，記号で答えなさい。

お急ぎ！ (1) A: From tomorrow, I have summer vacation for one week.

B: Great.　(**ア** were　**イ** you　**ウ** if　**エ** I ), I would go abroad.　↩**1** 徳島県

[　　　][　　　][　　　][　　　]

HIGH LEVEL (2) A : Can you play the piano?

正答率
**25.5%** B : Just a little.　But I ( **ア** better　**イ** wish　**ウ** were　**エ** I　**オ** could　**カ** at ) playing it.　(1語不要)　↩**2** 神奈川県

[　　　][　　　][　　　][　　　][　　　]

読解編

1 出題率 86% 内容について正しい英文を選ぶ問題 ……… 064
2 出題率 84% 語句を補う問題 ……… 068
3 出題率 70% 文を補う問題 ……… 072
4 出題率 68% 英語で答える問題 ……… 076
5 出題率 63% 内容に合う英文を完成させる問題 ……… 080
6 出題率 54% 絵や図・表を読み取る問題 ……… 084
7 出題率 39% 指示語の内容を説明する問題 ……… 088
8 出題率 38% 日本語で説明する問題 ……… 092
9 出題率 26% 文を並べかえる問題 ……… 096
10 出題率 21% 文が入る適切な場所を答える問題 ……… 100

# 1 内容について正しい英文を選ぶ問題

## 問題のポイント

### 1 形式を押さえる

❶ 英文や対話文全体について，内容に合う選択肢を選ぶ。

❷ 英文内の語句や短い文について，内容に合う選択肢を選ぶ。

➡ 選択肢は英文の場合が多いが，日本文や表，図，絵の場合もある。

### 2 答えの選び方

❶ 選択肢が英文の場合

・本文の内容を読み取ることはもちろんだが，選択肢の内容を読み取ることも大切。**本文中から選択肢の英文と同じ語句や似ている表現をさがして，内容が一致しているかどうかを確認していく。**

選択肢の英文が本文と似た意味の語句で言いかえられている場合もあるので注意。

❷ 選択肢が表や絵の場合

・表の場合は，**数や項目**を表す語句に注意。

・絵の場合は，選択肢を比べてどこがちがうのかをしっかり確認しよう。

---

**例題** 次の英文の内容と合うものを，**ア〜ウ**から1つ選びなさい。

　Mary is a student from Canada and now lives in Tokyo. 　She likes sports, for example, soccer and tennis. 　She's a member of the soccer team. 　She practices soccer very hard every day.

**ア** Mary lives in Canada now.

**イ** Mary belongs to the soccer team.

**ウ** Mary practices tennis every day.

> メアリーはカナダから来た生徒で，今は東京に住んでいます。彼女は，例えばサッカーやテニスのようなスポーツが好きです。彼女はサッカー部の一員です。彼女は毎日とても熱心にサッカーを練習します。

**ポイント！** 選択肢の中から合うものをさがしながら，合わないものは消していくようにしよう。**ア**は **in Canada** の部分が合わない。現在，住んでいるのは東京。**ウ**は **practices tennis** の部分が合わない。毎日練習しているのはサッカー。**イ**は「サッカー部の一員」を「サッカー部に所属している」と言いかえていることに注意。

**解答** イ

**入試データ** 段落やまとまりごとに，キーワードとなる語句を押さえながら読み取ろう。

# ［実戦トレーニング］

➡ 解答・解説は別冊18ページ

**1** 次の英文は，ふたば市（Futaba City）のウェブサイトの一部です。この記事が伝えている内容として最も適切なものを**ア**～**エ**から１つ選び，記号で答えなさい。 〔茨城県〕

Futaba City will start a *bike sharing service next spring!  You can *rent a bike from 30 *parking lots in the city at any time.  You don't have to return the bike to the same parking lot, and you only need one hundred yen to rent a bike for twenty-four hours.  You can pay with your smartphone or *in cash.  This bike sharing service will make your life in Futaba City easier.

(注)bike sharing service：貸し出し自転車サービス　rent ～：～を借りる　parking lot(s)：駐輪場
in cash：現金で

**ア** People must rent and return bikes at the same place.

**イ** The bike sharing service is good for the environment.

**ウ** To use the bike sharing service, smartphones are necessary.

**エ** In Futaba City, people can rent a bike when they like.　　　　〔　　　〕

**2** 次の英文の下線部が表す内容として最も適切なものを**ア**～**エ**から１つ選び，記号で答えなさい。 〔大分県・改〕

Each member had a different idea.  I felt that it was difficult for everyone to understand different ideas.

What should we do to improve the situation?  I think that words are important because they show our own feelings.  We use words to show what we really think or how we feel.  So we should tell our ideas with our own words.  Then we should also try to listen to the ideas of other people.  By doing so, we can understand what other people really want to say.  I think listening to different ideas is the first *step to communicate with other people better.  <u>This will improve the situation.</u>　　(注)step：一歩

**ア** If we try to listen to different ideas, we can make communication more successful.

イ If we have different ideas, we should not tell them to other people.

ウ If we want to show our feelings, we must speak to other people with a smile.

エ If other people tell us different ideas, we must ask questions about the ideas.　　　　　　　　　　　　　　　　　　　　　　　[　　　]

 次の対話文を読んで，内容と合うものを**ア～エ**から1つ選び，記号で答えなさい。

22 埼玉県

*Ayako* : How about singing some songs for Mr. Smith?  Do you know any good Japanese pop songs, Kimmy?

*Kimmy* : Yes, I do.  I'll think of some Japanese pop songs we can sing for him.

*Naoto* : Thanks.  I'm sure he'll like listening to Japanese pop songs because he wrote so on his *self-introduction sheet.

*Kimmy* : Well, I can play the piano, so I will play the piano for the songs.  I think we can use the music classroom at school if we ask our music teacher, Ms. Fukuda.  If we choose to sing songs for him, I'll ask her.

*Naoto* : Great.  Well, how about collecting pictures of us and making a photo album for him?

*Kimmy* : That's also a good idea.  We'll have to find a lot of pictures.  If we make a photo album, I can borrow a camera from my homeroom teacher, Mr. Kishi, to take new pictures.

(注)self-introduction：自己紹介

ア Kimmy thinks it is difficult to take a good photo Mr. Smith will like.

イ Naoto will ask Mr. Kishi to take pictures because he doesn't have enough pictures for the album.

ウ Ayako wants to practice singing songs, so she told Kimmy to play the piano for practice.

エ Kimmy will ask their music teacher to let them use the music classroom if they need.　　　　　　　　　　　　　　　　　[　　　]

**4** 次の英文は，高校生の真司(Shinji)が，中学生のときにカナダにホームステイ (homestay)したときのことについて書いたものです。これを読んで，内容と合うものを**ア**〜**エ**から1つ選び，記号で答えなさい。 [北海道]

Three years ago, I visited Canada and did a homestay there. On the first day, my host mother explained the family rules. I was surprised because they don't usually eat breakfast together. My host brother, Tim, said, "We usually eat a simple and *nutritious breakfast like some fruits and *oatmeal *by ourselves. I think that this *style is *common in Canada."

In my family in Japan, my mother makes breakfast for us almost every day. I often have rice, *miso* soup, and some small dishes with my family. She always says that breakfast is the most important to keep me in good health. I thought that my family's style was *normal, so I didn't think that the style of Tim's family was good.

I was interested in the difference, so I asked a girl from Taiwan in Tim's class about the breakfast in her hometown. Then, I was surprised again. She said to me, "In Taiwan, we usually don't eat breakfast at home. Some families don't even have a kitchen. Many people eat breakfast at some food stores or buy something and eat it at their companies or their schools."

After I learned that, I found there are many styles of having breakfast in the world and the style is a part of each culture. Now, I want to know various cultures in the world.

(注)nutritious：栄養のある　oatmeal：オートミール(オート麦を牛乳などで煮たもの)
by ourselves：自分たち自身で　style(s)：スタイル　common：一般的な　normal：普通の

**ア** Shinji ate breakfast with Tim's family every day when he did a homestay.

**イ** Both Shinji's family and Tim's family usually eat almost the same foods for breakfast.

**ウ** Tim's classmate said many people in Taiwan eat breakfast outside of their home.

**エ** Tim told Shinji about the difference of breakfast which people around the world eat.　[　　　]

# 2 語句を補う問題

## 問題のポイント

### 1 形式を押さえる

❶ 英文や対話文内の空所に適する語句を答える。

➡ 選択肢から語句を選ぶ形式と，語句を自分で考えて書く形式がある。

❷ あとに省略されている語句が何かを答える。

### 2 前後関係を読み取る

・適する語句を補う問題では，**空所の前やあととのつながりを読み取る**ことが必須。また，語句の用法や熟語を理解しておくことも大切。

> **例題** 次の英文を読み，(　　)に適する語を，あとの[　　]から選んで書きなさい。
>
> Ann and I (　①　) to the park to see cherry blossoms last week. There were a lot of cherry trees in the park. We (　②　) a very good time there.
> [ visited　　had　　went　　made ]
>
> アンと私は先週，桜の花を見に公園へ(行きました)。公園には桜の木がたくさんありました。私たちはそこでとても楽しい時間を(過ごしました)。
>
> > **ポイント！** 基本的な単語の意味や用法を押さえておくことが大切。①では空所のあとに **to** があるので，**visited** は入らない。visit は「～を訪問する」の意味なので，前置詞を必要としない。go の過去形 went が適切。②空所のあとの good time に着目する。**have a good time** で「楽しい時を過ごす」。
> >
> > **解答** ① **went** ② **had**

### 3 何が省略されているかを読み取る

・英語では，直前で述べられた内容のくり返しを避けるために，省略することがよくある。省略されている語句を答えるときは，**話の流れを押さえ**，文脈に合う語句を補う。

> **例題** 下線部のあとには語句が省略されています。適する3語を対話文から抜き出して書きなさい。
>
> *A*: Don't you think his songs are wonderful? I want to go to his concert.
> *B*: I love his songs, too. Shall we go to the concert? Can you get the tickets?
> *A*: OK. <u>I will.</u>
>
> A：彼の歌はすばらしいと思いませんか。私は彼のコンサートに行きたいです。
> B：私も彼の歌が大好きです。コンサートに行きましょうか。チケットを取ってくれますか。
> A：わかりました。そうします。
>
> > **ポイント！** Can you ～? は「～してくれますか」と頼むときの表現。この依頼に対して，A が OK. I will.(わかりました。そうします。)と答えている。依頼の内容は「チケットを取る」ことなので，この部分が省略されていると判断できる。
> >
> > **解答** **get the tickets**

**入試データ** 選択肢の語句をあてはめてみて，文意が通るかを確認すること。

# ［実戦トレーニング］

➡ 解答・解説は別冊19ページ

**1** 次の対話文の(1)から(4)に入る最も適切なものを**ア**〜**エ**から1つずつ選び，記号で答えなさい。　宮崎県

*A :* （　1　） you seen this movie yet?

*B :* Yes.　I saw it with my family（　2　）.

*A :* Wow, （　3　） was it?

*B :* It was fantastic!　You（　4　）watch it.

(1) **ア** Are 　　**イ** Did 　　**ウ** Do 　　**エ** Have 　　［　　］

(2) **ア** next week 　**イ** last week 　**ウ** tomorrow 　**エ** now 　　［　　］

(3) **ア** how 　　**イ** what 　　**ウ** which 　　**エ** who 　　［　　］

(4) **ア** could 　　**イ** couldn't 　　**ウ** should 　　**エ** shouldn't 　　［　　］

**2** 次の英文の(1)から(6)に入る最も適切な語を**ア**〜**エ**から1つずつ選び，記号で答えなさい。　栃木県

　Hello, everyone.　Do you like（　1　）movies?　Me?　Yes, I（　2　）.　I'll introduce my favorite movie.　It is "The Traveling of the Amazing Girl." The story is（　3　）a girl who travels through time.　Some troubles happen, but she can solve（　4　）.　The story is（　5　）, and the music is also exciting.　The movie was made a long time ago, but even now it is very popular.　It is a great movie.　If you were the girl, what（　6　）you do?

(1) **ア** watch 　　**イ** watches 　　**ウ** watching 　　**エ** watched 　　［　　］

正答率 **87.1**% (2) **ア** am 　　**イ** do 　　**ウ** is 　　**エ** does 　　［　　］

(3) **ア** about 　　**イ** in 　　**ウ** to 　　**エ** with 　　［　　］

(4) **ア** they 　　**イ** their 　　**ウ** them 　　**エ** theirs 　　［　　］

正答率 **83.3**% (5) **ア** empty 　　**イ** fantastic 　　**ウ** narrow 　　**エ** terrible 　　［　　］

(6) **ア** can 　　**イ** may 　　**ウ** must 　　**エ** would 　　［　　］

**3** 次の対話文は，留学生の John とクラスメートの Takuya が，学校で行われた避難訓練のあとに話をしている場面のものです。これを読んで，あとの問いに答えなさい。

*John* : Why was this *evacuation drill *held today?

*Takuya* : In the past, a big earthquake happened in the Kanto area. We have many *typhoons in this season too. So we must have the drills and think of what to do if *disasters happen.

*John* : I think so too. We must know ( ① ) to go when disasters happen. Look at that sign. That sign means we should come here.

*Takuya* : Yes. Many people will come to our school to stay when they can't live in their houses after the disasters.

*John* : Takuya, do you keep anything in a bag at home for the disasters?

*Takuya* : Yes. Food and water are necessary. The ( ② ) is also important because we can get information about the disasters.

*John* : I will soon keep them in a bag at home. Today, I learned important things to do for the disasters. I had the evacuation drill for the first time in Japan. We should ( ③ ) many times.

*Takuya* : I agree with you. If we practice many times, we can understand what to do. Is there anything else to do? What is your idea?

*John* : The signs help us understand what to do. I hope there are many signs around us.

*Takuya* : That's an interesting point. Let's find them together after school.

(注)evacuation：避難　held：行われた　typhoon：台風　disaster：災害

**お急ぎ!** (1) ( ① ）に入る最も適切なものを**ア**～**エ**から１つ選び，記号で答えなさい。

　　　**ア** what　　　**イ** when　　　**ウ** where　　　**エ** who　　　[　　　]

(2) ( ② ）に入る最も適切なものを**ア**～**エ**から１つ選び，記号で答えなさい。

　　　**ア** clothes　　　**イ** money　　　**ウ** blanket　　　**エ** radio　　　[　　　]

**HIGH LEVEL** (3) ( ③ ）に入る最も適切な連続する<u>英語３語</u>を，英文中から抜き出して書きなさい。

**4**

**HIGH LEVEL**

次の英文は，バスケットボール部に所属する中学生の直人（Naoto）が，祖母とのできごとを振り返って書いたものです。これを読んで，（　A　）と（　B　）に補う英語の組み合わせとして最も適切なものをア～エから1つ選び，記号で答えなさい。 静岡県・改

One day in spring, I saw a poster in my classroom. *The poster said, "Let's *plant *sunflowers in the town park together!" It was an event planned by a *volunteer group in our town. I didn't think it was interesting, so I took my bag and left the classroom.

Next Saturday morning, I went to school to practice basketball. When I was walking by the town park, I saw my grandmother was planting sunflowers with some people in the park. Then, I remembered that poster. I asked her, "Are you in this volunteer group?" She answered, "Yes. We *pick up *trash in this park every Saturday. But today, we came here to plant sunflowers. I planned this new event." I said to her, "Really? Why did you plan it?" She said, "Many young people in this town want to live in big cities in the future. It's sad to me. If beautiful sunflowers are in this large park, I think some of them will find this town is a wonderful place." She also said, "How about joining us, Naoto? I sent posters to many places, but we have only ten people now." I thought, "This park is large. Planting sunflowers with only ten people is hard. She （　A　）, but I have my basketball practice." So, I said to her, "Sorry, I have to go to school," and started （　B　）. She looked sad.

(注)The poster said：ポスターに〜と書いてあった　plant：〜を植える　sunflower：ひまわり
　　volunteer：ボランティアの　pick up：〜を拾う　trash：ごみ

**ア** A：needs more people　　　B：working in the park

**イ** A：needs more people　　　B：walking to school

**ウ** A：doesn't need any people　B：working in the park

**エ** A：doesn't need any people　B：walking to school

[　　　　]

読解編

2

語句を補う問題

実戦トレーニング

71

# 3 文を補う問題

## 問題のポイント

### ❶ 形式を押さえる

・英文や対話文内の空所に適する文を補う。

➡選択肢から英文を選ぶ形式と，英文を自分で考えて書く形式がある。

### ❷ 話の流れや場面の状況を押さえる

・対話の**つながり**や，**場面の状況**に注意して内容を読み取り，適する文を選ぶ。

---

**例題** 次の英文の（　　）内に適する英文を**ア〜ウ**から選びなさい。

　Mike had a lot of homework to do yesterday.　（　　），but he didn't study and went out to play soccer with his friends.

**ア** He had to play soccer

**イ** He had to go out

**ウ** He had to study

> マイクは昨日しなければならない宿題がたくさんありました。（　　）が，彼は勉強しないで，友達とサッカーをしに出かけてしまいました。

**ポイント!** 空所のあとの **but** に着目。but のあとには，（　　）とは反対の内容が続いていると判断できる。このように，**but** や **so** などの接続詞は文脈をつかむときのヒントになる。

**解答** **ウ**（彼は勉強しなければなりませんでした）

---

### ❸ 問いの文や答えの文から考える

・疑問文とその応答に関する問題では，疑問詞と答え方の組み合わせを押さえておくことが大切。

---

**例題** 次の対話文の（　　）内に適する英文を補いなさい。

*A:*（　　　　　）yesterday?

*B:* I went to Nara.　I had a very good time there.

> A：きのう（　　）？
> B：私は奈良へ行きました。私はそこでとても楽しい時を過ごしました。

**ポイント!** 応答の文（奈良へ行った。）から適する英文を考える。「場所」を答えているので，**where** の問いを考えて「どこへ行ったか」とたずねる。または B が行動を答えていると考えて，「何をしたか」とたずねることもできる。

**解答例** **Where did you go / What did you do**

---

**入試データ** 空所の直前や直後とのつながりに特に注意して，適する文を考えよう。

# [実戦トレーニング]

➡ 解答・解説は別冊20ページ

**1** 次の対話文の( 1 )～( 3 )に入る最も適切な文を**ア**～**オ**から選び，記号で答え

**お急ぎ!** なさい。 北海道

*Risa* : Hi, Jim.  I heard you're going to leave Hokkaido next month.

*Jim* : Yes, Risa.  Five months have already passed since I came to Hokkaido.  What should I do before I leave Japan?

*Risa* : Have you ever been to the art museum in our town?

*Jim* : Yes.  ( 1 )  It was great.

*Risa* : Oh, OK.  Then, have you ever watched a basketball game in Hokkaido?

*Jim* : No, I haven't.  Is there any stadium near here?

*Risa* : Yes!  ( 2 )  It takes one hour by train from this town, and many people in our town enjoy watching the games.

*Jim* : Good.  I want to watch it with you there.  ( 3 )

*Risa* : OK.  Let's go!

**ア** My father has been there before coming to Japan.

**イ** We have one in the next town.

**ウ** How about going there with me this weekend?

**エ** Should I take some pictures for you?

**オ** My Japanese friends took me there.

(1) [          ]  (2) [          ]  (3) [          ]

**2** ハルナ(Haruna)がヒューズ先生(Mr. Hughes)と話をしています。この対話文を読んで，( 1 )～( 3 )に入る最も適切な文を**ア**～**エ**から1つずつ選び，記号で答えなさい。また，対話文の内容に合うように，( 4 )に入る言葉を，<u>10語程度の英語</u>で書きなさい。 千葉県

*Haruna*     : Mr. Hughes, do you have time?

*Mr. Hughes* : Of course.  Do you have any questions?

*Haruna*　　: Yes, at the end of the class, you said, "Be the first penguin."
　　　　　　　( 　1　 )

*Mr. Hughes* : All right.　You know penguins, right?　Penguins are birds that
　　　　　　　cannot fly but can swim in the sea.

*Haruna*　　: Yes, of course.　I have seen them in an aquarium.

*Mr. Hughes* : Some people say that there is no leader in the world of
　　　　　　　penguins but that is not true.　When they catch food or run
　　　　　　　away to a safe place, one penguin moves first, and then the
　　　　　　　rest of them ( 　2　 ).

*Haruna*　　: Wow, that's very interesting.

*Mr. Hughes* : For example, ( 　3　 ) to jump into the sea to catch food
　　　　　　　because there is sometimes danger in the sea.　But when one
　　　　　　　brave penguin jumps into the sea, all the other penguins
　　　　　　　follow it quickly.

*Haruna*　　: I see.　I think being brave is important not only for penguins
　　　　　　　but also for us.

*Mr. Hughes* : Exactly!　It is important to be the first person to try
　　　　　　　something new, even if you don't know what is going to
　　　　　　　happen.　Don't you think that you can use that idea in your
　　　　　　　school life?

*Haruna*　　: Yes.　( 　4　 )

*Mr. Hughes* : I hope you can do that.


**お急ぎ!** (1)　ア　Can I talk about it one more time?

　　　イ　Will you talk about your pet?

　　　ウ　I didn't understand your question.

　　　エ　Can you tell me more about that?　　　　　　　　　[　　　]

(2)　ア　follow the first penguin　　イ　do something different

　　　ウ　do nothing after that　　　エ　wait for something special　[　　　]

(3)　ア　it is very fun for penguins　イ　it is very scary for people

　　　ウ　it is very fun for people　　エ　it is very scary for penguins　[　　　]

**HIGH LEVEL** (4)

次の英文の（ 1 ）と（ 2 ）に入る最も適切な文を**ア**〜**エ**から1つずつ選び，記号で答えなさい。 　〔長崎県〕

Risa is a junior high school student who likes to study English. She joins a lesson at the culture *center in her city every Saturday. She loves this lesson because she can talk to other people about different cultures in English. ( 1 ), so the members are very different from each other. They are students, people with jobs, older people, and people from other countries. The teacher is Tom. He is 30 years old and from Australia. He has been a *CIR in the city for two years. This lesson is also special and interesting work for him because he usually works in a *city hall. He makes English websites of the city with Japanese workers and helps them talk with people from foreign countries.

Tom chose Japan because his mother loved it. Many years ago, when she was a university student in Australia, she met a girl from Japan. They took the same classes, had lunch, and went shopping on weekends together. Soon they became good friends. Since then, Tom's mother has loved Japan and its culture. One of the words she really likes is *daijoubu. She gave him a Japanese *fan with that *kanji on it before he left Australia to start working in Japan. She said, "You may feel hot in summer in Japan, but ( 2 ) with this fan. When you don't feel happy, please look at this fan. *Daijoubu*."

(注)center：施設，センター　CIR：国際交流員　city hall：市役所　daijoubu：大丈夫　fan：扇子　kanji：漢字

**HIGH LEVEL** (1) **ア** All the people that take this lesson are younger than 18 years old

　**イ** People that come to this lesson have finished studying English at university

　**ウ** Only Japanese people that need English for their jobs can take this lesson

　**エ** People that are interested in languages and cultures are welcomed to this lesson 　　　　　　　　　　　　　　　　[ 　　 ]

(2) **ア** I want people here to feel cooler

　**イ** you don't have to worry about that

　**ウ** I wish I could go to Japan for you 　　**エ** you will forget life in Australia

　　　　　　　　　　　　　　　　　　　　　　　　　　[ 　　 ]

# 4 英語で答える問題

## 問題のポイント

### 1 形式を押さえる

❶ 英文の内容についての英語の質問に英語で答える。
　➡記述式のものが多いが，答えの英文を選んだり，答えの文を完成させたりする
　　ものもある。

❷ 「〜語以上で」や「主語と動詞を含む1文で」などの条件がある場合もある。条件に
　合っていない場合は減点されることもあるので，指示文をしっかりと読むこと。

### 2 質問の文と同じ語句や表現をさがす

・英語で答える問題では，**質問に使われている語句や表現を本文の中からさがして**，
　答えを見つけるとよい。本文中に同じ表現がない場合は，似た意味の語句や表現を
　さがしてみよう。

---

**例題** 次の英文を読んで，あとの質問に主語と動詞を含む英文で答えなさい。

　Amy went shopping with Kate yesterday.　Amy wanted to buy some books.　Kate looked for a new hat, but she didn't find a good one.　Amy bought a book and Kate bought nothing.

**質問1**：When did Amy and Kate go shopping?

**質問2**：Did Kate get a new hat?

> 　エイミーは昨日ケイトと買い物に行きました。エイミーは本を何冊か買いたいと思っていました。ケイトは新しい帽子をさがしましたが，よいものが見つかりませんでした。エイミーは本を1冊買って，ケイトは何も買いませんでした。
> 質問1：エイミーとケイトはいつ買い物へ行きましたか。
> 質問2：ケイトは新しい帽子を買いましたか。

**ポイント!** whenの問いには「いつ」かを答えればよい。特に指示がなければ，「時」だけを答えてもよい。Did〜?の問いにはYesかNoで答える。Didでたずねられているので，did, didn'tを使うことに気をつける。疑問文の形に合わせて適切に答えることが大切。また，本文のbuyが質問2の文ではgetに言いかえられていることにも気をつける。英語で答える問題では，現在・過去・未来の時制にも注意。問いの文の表す時に合わせて動詞の形を使いわけること。

**解答例**　質問1　**They went shopping yesterday.**
　　　　　質問2　**No, she didn't.**

**入試データ** 答えを記述する形式が多い。それぞれの疑問詞に対応する答え方をすること。

# 実戦トレーニング

**1** 次の英文を読んで，あとの質問に英語で答えなさい。 熊本県

I'll talk about "*fast fashion." Now, many kinds of clothes are sold at a low *price and people can buy them easily. Some people buy many popular clothes and enjoy the newest fashion as some *fashionable people often do. Those are examples of fast fashion. However, there are some problems. Many clothes are made to keep the prices lower, and some of them are not *worn and are *thrown away. People sometimes buy too many clothes, and some of them are also not worn and are thrown away. So, some *clothing companies are trying to solve these problems.

(注)fast fashion：ファスト・ファッション　price：値段　fashionable：おしゃれな　worn：wear の過去分詞
throw away ～：～を処分する　clothing：衣料品

・What do some people who want to be fashionable often do?

**2** 次の英文は，ある中学校の ALT のスミス先生(Mr. Smith)が，授業中に話している場面のものです。これを読んで，あとの質問に主語と動詞を含む英文1文で答えなさい。

北海道

First, you spend most of your time in the same classroom. You usually study here with your classmates, and teachers come here to teach you. In my country, America, teachers usually have their own classrooms, and students go to different classrooms to study. Students study with different classmates because *timetables are different among the students. Also, in Japan, you often use classrooms after school. A few days ago, I saw some students in a classroom after school. They were doing their homework together. I was surprised when I saw this. In America, we don't use the classroom after school like this.

Second, you clean your own classroom. I also see some teachers who clean with the students. At first, I didn't understand why students and teachers clean the school.

(注)timetable(s)：時間割

· Why was Mr. Smith surprised after school a few days ago?

**3** 次の英文を読んで，下線部についての質問に英語で答えなさい。 鹿児島県

**HIGH LEVEL**

正答率 **23.2%**

When Sarah became a first-year junior high school student, she started to play soccer in a soccer club for girls. Her life changed a lot. She became very busy. Sarah and her mother often went shopping together, but they couldn't after Sarah joined the club. She practiced soccer very hard to be a good player.

One morning, her mother looked sad and said, "We don't have enough time to talk with each other, do we?" Sarah didn't think it was a big problem because she thought it would be the same for other junior high school students. But later she remembered her mother's sad face again and again.

Sarah was going to have a soccer game the next Monday. She asked her mother, "Can you come and watch my first game?" Her mother checked her plan and said, "I wish I could go, but I can't. I have to go to work." Then Sarah said, "You may be a good nurse, but you are not a good mother." She knew that it was *mean, but she couldn't stop herself. (注)mean：意地の悪い

· Why did her mother look sad when she talked to Sarah?

**4** 次の英文を読んで，あとの(1)〜(3)の質問に対する答えとして最も適切なものをア〜エから１つ選び，記号で答えなさい。 山口県・改

Masato and Tom are junior high school students. They have been friends for a year and Tom has learned how to speak Japanese well during his stay in Japan.

Tom is interested in Japanese culture, especially *manga*. Masato also likes it and they often enjoy talking about the stories. Tom is also interested in *kendo*. He often practices it with Masato. They have had a great time together. But Tom is going to leave Japan and go back to London this July.

On Saturday in June, Masato and Tom went to school to practice *kendo*. After they finished practicing *kendo*, they talked about their homework. It was still difficult for Tom to do homework for Japanese classes alone, so they often did it together and Masato helped Tom. The homework for the weekend was to make *tanka*. They learned about *tanka* in a Japanese class. Tom said, "I don't know how to make *tanka* well. Show me your *tanka* first, please!" Masato said, "I wish I could show you a good one, but making *tanka* is also not easy for me."

Then, Ms. Oka, the teacher of *kendo*, came to them and said, "Are you talking about *tanka*?" Masato remembered that Ms. Oka loved making *tanka*. Masato sometimes saw her good *tanka* in the school newspaper. Masato said, "Yes. We're trying to make *tanka*, but we have no idea. Could you tell us how to make it? It's our homework!" Ms. Oka smiled and said, "OK. Making *tanka* is not so difficult. You can make *tanka* freely." "Freely? But *tanka* has a rule about *rhythm," Masato said. She said, "Of course it has some rules. But I think the most important thing is to make *tanka* freely with the words born from your *heart. Talk with your heart. Then, you can make good *tanka*."

(注)rhythm：リズム（ここでは短歌の5−7−5−7−7のリズムのこと）　heart：心

(1) What do Masato and Tom usually enjoy together?

　　ア Creating a story about *kendo*.　　イ Studying English.

　　ウ Talking about *manga*.　　　　　　エ Listening to *tanka*.　[　　　　]

(2) Why did Masato and Tom often do homework for Japanese classes together?

　　ア Because Tom needed Masato's help to do it.

　　イ Because Masato was interested in teaching.

　　ウ Because Tom liked Japanese classes very much.

　　エ Because making *tanka* was easy for Masato.　　　　[　　　　]

(3) How did Masato know that Ms. Oka made good *tanka*?

　　ア By buying Ms. Oka's book.　イ By learning about it in a Japanese class.

　　ウ By talking with Tom.　　　　エ By reading the school newspaper.

　　　　　　　　　　　　　　　　　　　　　　　　　　　[　　　　]

# 5 内容に合う英文を完成させる問題

## 問題のポイント

### 1 形式を押さえる

❶ 本文と同じ意味の英文になるように，空所に適する語句を入れる。

❷ 要約文の空所に適する語を入れて，英文を完成させる。

### 2 言いかえの表現に注意する

・本文の内容に合う英文を完成させる問題の場合，完成させる英文の**キーワードになっている語句**，**同じ内容を表す表現**を本文中からさがして，答えの手がかりにする。

・本文の表現が**別の表現で言いかえられている**こともあるので，内容が一致しているかどうかをよく確認する。

・指示語が含まれることも多いので，指示語が指す内容にも注意が必要。

---

**例題** 次のメールの一部を読み，あとの問いに答えなさい。

Dear Ms. Smith,

　How are you?　I'm Airi.　I'm happy to have a new English teacher from Australia.　I hear you are good at singing.　I'm in the chorus at school, so please join us after school. I'll teach you Japanese songs.

**問い**：本文の内容に合うように，（　　）に適する英語を書きなさい。

・Airi wants Ms. Smith to (　　　) (　　　) (　　　) together after school.

> スミス先生，
> 　ご機嫌いかがですか。私はアイリです。私はオーストラリアから新しい英語の先生を迎えてうれしいです。あなたは歌うのが得意だそうですね。私は学校で合唱部に入っているので，放課後，私たちに加わってください。日本の歌を教えます。
> ・アイリはスミス先生に，放課後いっしょに（日本の歌を歌って）もらいたいと思っている。

**ポイント!** 　空所のあとにある after school に着目する。アイリは「放課後」に合唱部に参加するように頼んでいる。また，空所のすぐあとの together にも注目。合唱部でいっしょにすることとしては「歌う」ことが適切。「あなたは歌うのが得意」と言っていることも手がかりになる。to のあとなので，動詞の原形の sing を入れる。また，最後の文に「日本の歌を教える」とあることから，「日本の歌を歌う」とする。

**解答例** 　**sing Japanese songs**

---

### 3 要約文に先に目を通す

・要約文を先に読んでおき，だいたいの内容をつかんでおくとよい。

・要約文の**空所の前後の語句に注目**し，本文のどの部分に書かれているかさがす。

・要約文でも，同じ内容を本文とは別の表現で言いかえている場合があるので，**言いかえの表現には注意**する。

　**入試データ** 完成した英文を読み，意味が通っているか，話の流れと合っているかを確認しよう。

# ［実戦トレーニング］

➡ 解答・解説は別冊23ページ

**1** 次の対話文を読んで，あとの問いに答えなさい。　　22 東京都

*Keita* : I want to be a *regular on the volleyball team. But I'm not sure that is a "goal." I think a "goal" is something bigger or more important.

*Ann* : I don't agree. If you think something is very important to you, that's a goal, Keita.

*Keita* : I love to play volleyball, and I really want to be a regular!

*Yume* : I think that's a goal! How about you, Shun?

*Shun* : I haven't decided yet. I'm looking for one, but it's difficult to find one.

*Ann* : I hope you do. Yume and Keita, are you doing something to *achieve your goals?

*Yume* : I read an English textbook every day at home.

*Keita* : I go running near my house every morning. I have been doing that since I started high school.

*Shun* : Is it hard for you to go running every day?

*Keita* : Yes. Sometimes I don't want to get up early, but I have to do that.

*Yume* : I know how you feel. I sometimes think that reading a textbook is not fun for me, but I have to do it. *Making an effort every day is hard.

*Keita* : Right. I want to know how to keep *motivated.

(注)regular：レギュラーの選手　achieve：達成する　make an effort：努力をする　motivated：意欲がある

・下線部 I know how you feel. のように Yume が言った理由を次のように書き表すとすれば，（　　）の中に次のどれを入れるのがよいですか。記号で答えなさい。

Yume understands how Keita feels because（　　）.

　ア　he hasn't found a goal yet

　イ　reading a textbook every day is fun for her

　ウ　he has been running since he started high school

　エ　she knows making an effort every day is difficult　　　［　　　］

**2** 高校生の涼真(Ryoma)が英語の授業で書いた作文の一部と，下線部 my speech に関して説明した□□□内の英文を読んで，あとの問いに答えなさい。 京都府

One day, every student made a speech in our English class. The topic was "What is the most important in your life?" Each speaker went to the front of the classroom. We made our speeches when our *turns came. Finally, my turn came after many speakers made their speeches. I started my speech. "I think friends are the most important in my life. I have three reasons. First, they *cheer me up when I am sad. Second, they help me solve problems that I have. Third, it is important for me to talk with them every day because we can share our opinions with each other." I was so nervous during my speech, but I *did my best.

(注)turn：順番　cheer 〜 up：〜を元気づける　do my best：最善を尽くす

---

Ryoma made a speech in his English class. The topic was "What is the most important in your life?" He felt (　i　) when he was making his speech, but he tried hard. He told his classmates that friends are the most important, and as one of the reasons, he told it is important for him to talk with his friends every day because (　ii　).

---

(1) 本文の内容から考えて，(　i　)に入る最も適切な語を，本文中から1語で抜き出して書きなさい。

(2) 本文の内容から考えて，(　ii　)に入る表現として最も適切なものをア〜エから1つ選び，記号で答えなさい。

　　ア he can give them his ideas and also get theirs

　　イ they cheer him up when he is sad

　　ウ he enjoys talking with them

　　エ they help him solve a problem　　　　　　　　　　　[　　　]

**3**

**HIGH LEVEL**

悠真(Yuma)のクラスでは，英語の授業で物を大切にすることをテーマに学習し，海外の姉妹校の生徒に向けて発表しています。次は悠真の発表の一部です。これを読んで，あとの問いに答えなさい。

長野県

Do you know *tsukumogami*?  When I was little, I thought it \*would be \*scary to see them.  However, I learned a lot from them and my grandfather.

My grandfather is a \*toy doctor.  Toy doctors are \*volunteers who repair broken toys.  I'm proud of him because he never says, "I can't repair it."  He helps children with \*valuing their toys more.  He gave me a bike as a birthday present and taught me how to care for it.  I can repair it by myself now, and it is becoming more and more important to me.

My grandfather often says, "If you don't take care of things, \*tool ghosts will come and do something bad."  A traditional Japanese story says that things will get \*spirits after a long time.  We call them *tsukumogami*.  They will become angry if people waste things.  Some people have told children about *tsukumogami* to teach them "don't waste."  This old story is interesting to me, and I want to tell younger people to keep using old things.

(注)would：～だっただろう　scary：怖い　toy(s)：おもちゃ　volunteer(s)：ボランティア
valuing ← value：価値があると考える　tool ghost(s)：道具のおばけ　spirit(s)：魂

・悠真の発表を聞いた姉妹校のロビンは，*tsukumogami* について次のようにまとめました。下線部(1), (2)の(　　)にあてはまる最も適切な英語を，それぞれ連続する2語で，悠真の発表の中から抜き出して書きなさい。

> It is said that *tsukumogami* may be seen if people (1)(　　　　)
> (　　　　).  Yuma was afraid to (2)(　　　　) (　　　　) when he was little,
> but now he is interested in *tsukumogami* and the old story.

(1) _____　　(2) _____

# 6 絵や図・表を読み取る問題

## 問題のポイント

### ① 形式を押さえる

❶ 英文や対話文の内容・説明に合う絵を選ぶ。選択肢の絵に描かれている内容をよく見ること。

❷ 英文や対話文につけられた表やグラフ，地図などの図表の内容を読み取り，英文に合う図表を選んだり，英文や図表中の空所に適する語句を入れたりする。

### ② 図の内容を整理してつかむ

・表やグラフ…何に関して表しているものなのか，読み取る。**項目名や数，割合**に注意する。

・地図…**どの場所に何があるのか**に注意する。建物内の配置図なども注意する点は同じ。地図や配置図に書きこみながら読みすすめるとよい。

---

例題 次の英文とグラフの内容に合うように，（　　）に適する語をそれぞれ1語ずつ入れなさい。

Last year, we had forty students who studied abroad at our college.　Look at this graph.　It shows the top five countries for studying abroad.　（　①　）students chose Italy.　The most popular country was（　②　）.

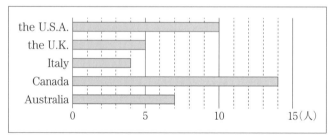

昨年，私たちの大学では留学した学生が40人いました。このグラフを見てください。これは留学先の上位5か国を示しています。（　①　）人の生徒がイタリアを選びました。いちばん人気のある国は（　②　）でした。

▶ポイント!　グラフは留学先の国名とその国へ留学した学生の人数を示している。グラフをよく見て，適切な人数と国名を答える。①は「イタリア」に留学した人数をグラフから読み取る。また，②の「いちばん人気がある国」は留学した学生の人数がいちばん多い国のことなので，Canada を入れる。

▶解答　① **Four**　② **Canada**

---

入試データ 空所に語句を入れる形式が多い。絵や図の内容を正確に読み取ろう。

# 実戦トレーニング

➡ 解答・解説は別冊24ページ

**1**  次の英文は，アメリカのオレゴン(Oregon)州ポートランド(Portland)出身のネイサン(Nathan)が故郷を紹介したものの一部です。これを読んで，あとの問いに答えなさい。

〔千葉県〕

　　Buses are also easy ways to go around the city.　There are many bus lines, so you can go to the places that you want to go without cars.　You can even ride the bus with your bicycle.　Before you get on the bus, you can put your bicycle on the front of the bus.　When you get off, you can take it down.　This means you don't have to look for a *bicycle parking and you can go anywhere in the city with your bicycle.

　(注)bicycle parking：駐輪場

・本文で述べられているバスを表した絵として最も適切なものを，**ア〜エ**から1つ選び，記号で答えなさい。

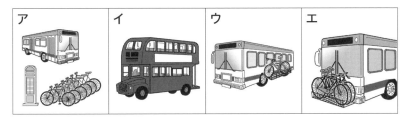

[　　　　]

**2** 東京都内のある地域を訪れることにした Hiroto と Mike は，インターネットの画面を見ながら話をしています。　A　と　B　に，それぞれ入る語句の組み合わせとして正しいものを**ア〜エ**から1つ選び，記号で答えなさい。ただし，下のグラフは，2人が見ている，東京都内のある地域の施設別来訪者数を示したものである。

〔23 東京都〕

*Hiroto* : There are many places to visit in the Mountain Area.

*Mike*　 : They all look interesting.

*Hiroto* : Yes.　Here is a *guide book about this area.　It recommends the　A　.　The book says we can buy fresh vegetables and also enjoy eating *grilled fish there.

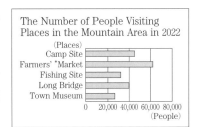

The Number of People Visiting Places in the Mountain Area in 2022

*Mike* : Grilled fish?  That sounds delicious.  And the *graph says it is the most popular place in this area.  Let's go there.

*Hiroto* : Yes, let's.  And I think we can visit two more places after that.  What other places shall we visit?

*Mike* : I want to visit the Long Bridge.  I've heard it's the most exciting place in this area.

*Hiroto* : The book also recommends that place.  I want to go there, too.

*Mike* : OK.  Let's go there.  Look at the graph again.  There are three other places.

*Hiroto* : Yes.  How about going to the *Camp Site?  It's the most popular of the three.

*Mike* : That sounds nice, but I'm very interested in the history of this area.  Shall we visit the  B  ?

*Hiroto* : Sure.  The building was built in the *Edo* period.  It looks interesting.

(注)guide：案内  grilled：焼いた  graph：グラフ  camp：キャンプ  market：市場

ア （A）Farmers' Market　（B）Long Bridge

イ （A）Fishing Site　　　（B）Town Museum

ウ （A）Farmers' Market　（B）Town Museum

エ （A）Fishing Site　　　（B）Long Bridge　　　　　　　　[　　　]

次の英文は，真衣(Mai)が，平均睡眠時間(average sleep hours)について，英語の授業で発表したときのものの一部です。これを読んで，あとの問いに答えなさい。

岐阜県

Sleep is important for all of us.  We can't live without sleeping.  But many Japanese people say that they want to sleep longer if they can.  How many hours do people sleep in Japan and around the world?

Look at the graph.  This is the average sleep hours in Japan and the four other countries in 2018.  You can see that people in Japan sleep 7 hours and 22 minutes *on average.  You may think that 7 hours of sleep is enough, but when you look at the graph, you will find that it is very short.  The graph shows that people in China sleep the longest of all, and people in

India sleep almost as long as people in America.　People in Germany sleep shorter than people in those three countries, but I was surprised that they sleep about *one hour longer than us.

Now look at the *table.　This is the average sleep hours of people in Japan in 2007, 2011 and 2015.　What can you see from this table?　In 2007, about one third of the people sleep 7 hours or longer.　But in 2015, almost 40% of the people sleep less than 6 hours, and only about a quarter of the people sleep 7 hours or longer.　It means that more people in Japan sleep (s　　) than before.

You may watch TV or use the Internet until late at night.　But we need to sleep longer especially when we are young.　Sleep is important not only for our bodies but also for our *minds.

**Graph**

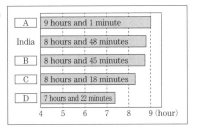

**Table**

|  | Less than 6 hours | Between 6 and 7 hours | 7 hours or longer |
|---|---|---|---|
| 2007 | 28.4% | 37.8% | 33.8% |
| 2011 | 34.1% | 36.7% | 29.2% |
| 2015 | 39.4% | 34.1% | 26.5% |

(注)on average：平均して　one hour longer：1時間長く　table：表　mind：心

お急ぎ！

正答率 83%

(1) Graph の　B　に入る最も適切なものを**ア**〜**エ**から1つ選び，記号で答えなさい。

　　**ア** America　　**イ** China　　**ウ** Germany　　**エ** Japan　　　　　[　　　　]

(2) 本文中の（　　）に入る最も適切な英語を，本文中から1語で抜き出して書きなさい。
　　ただし，（　　）内に示されている文字で書き始め，その文字も含めて答えること。

HIGH LEVEL (3) 本文の内容に合うものを**ア**〜**エ**から1つ選び，記号で答えなさい。

　　**ア** Mai is surprised that people in China sleep the shortest in the five countries.

　　**イ** Mai says that people need to sleep longer especially when they are young.

　　**ウ** Mai thinks that watching TV and using the Internet are more important than sleeping.

　　**エ** Mai uses the table which shows how long people in the five countries sleep from 2007 to 2015.　　　　[　　　　]

# 7 指示語の内容を説明する問題

## 問題のポイント

### 1 形式を押さえる

**❶** 指示語が指す内容を本文中から抜き出したり，日本語で説明したりする。

**❷** 指示語が指す内容を表す英文として適切なものを選ぶ。

### 2 指示語の前後に注目する

・指示語は，**this** や **it** などの代名詞であることが多い。代名詞はふつう**前に出たものの代わりに使われる語**なので，指示語の指すものはそれよりも前にある。**前の部分を特に注意して読む**ことが大切。

・指示語の前後の文も読んで話の流れを押さえておくことも大事。

・**so** が表す内容が問われることもある。so は「そのように」という意味で，**前の文の内容を受ける**こともある。

### 3 単数か複数かに注意する

・指示語が指すものが**単数**なのか**複数**なのかに注意する。**that**，**this**，**it** などなら単数，**they**，**them** などなら複数のものを指している。

| that<br>this | 前に出た単数の人・ものを指す<br>前にある語句や，文全体を指す |
|---|---|
| it | 前に出た単数のものを指す<br>形式上の主語として，あとの〈to ＋動詞の原形〉を指す |
| they | 前に出た複数の人・ものを指す |
| these<br>those | 前に出た複数の人・ものを指す<br>前にある語句や，文全体を指す |

---

**例題** 次の英文の下線部 that が指していることを日本語で書きなさい。

**Thank you for the e-mail. I'm looking forward to seeing you next month. Is it true Japanese anime is popular in Canada? I didn't know that! I'll bring my favorite anime DVDs. Let's watch them together.**

> メールをありがとう。来月，あなたに会えるのを楽しみにしています。カナダで日本のアニメが人気だというのは本当ですか。私はそれを知りませんでした！　私のお気に入りのアニメの DVD を持っていきます。それをいっしょに見ましょう。

**ポイント！** that の前の文に着目する。「私が知らなかったこと」は何かを前の部分からさがす。直前の文の「カナダで日本のアニメが人気だ」ということが当てはまる。

**解答例** カナダで日本のアニメが人気であるということ。

---

**入試データ** 代名詞が「だれ」または「何」を指しているかを押さえながら読むとよい。

# 実戦トレーニング

➡ 解答・解説は別冊25ページ

**1** 次の対話文の下線部 they が指すものとして最も適切なものを**ア～エ**から１つ選び，記号で答えなさい。　[沖縄県]

**お急ぎ！**

*Mike :* Koji, your speech was great!　How did you choose your topic?

*Koji :* Thank you, Mike sensei.　Actually, I didn't know what to do in the future, so I decided to talk about my mother's job.　My mother works as a social worker in my town.　I realized that being a social worker is very interesting, and I learned more about it.

*Mike :* That's great.　Can you tell me more about your mother's job?

*Koji :* She said that social workers help many kinds of people such as children, adults, and old people, with many kinds of problems in life. They work at different places, such as schools, hospitals, or *nursing homes.　They also help parents.　Parents need a lot of help because *raising children is very hard, so they need someone to give them advice about that.　(注)nursing homes：高齢者介護施設　raising children：子育て

ア children　　イ parents　　ウ old people　　エ social workers　　[　　　　]

**2** 次の英文の下線部 them が指すものを，３語で本文中からそのまま抜き出して書きなさい。　[愛媛県]

**お急ぎ！**

We can see *projects to *protect *marine ecosystems also in Japan.　In Aichi, people have started their *amamo project.　*Amamo* is a kind of *plant.　It is very important for small sea animals.　It gives them *oxygen. Also, it helps them stay away from bigger sea animals.　We can say that it is home for them because it is a *safe place.　However, the *amount of *amamo* got smaller.　So people have started to put *amamo* at the *bottom of the sea.　They hope that it will give a good life to small sea animals. Many projects like this are done in other parts of Japan, too.

(注)project(s)：計画　protect ～：～を守る　marine ecosystem(s)：海洋生態系　*amamo*：アマモ
plant(s)：植物　oxygen：酸素　safe：安全な　amount：量　bottom：底

次の英文の下線部 <u>I thought this was amazing!</u> の this は何を指していますか。その内容を日本語で書きなさい。

22 埼玉県

　There are several *merits of pencils. Do you know how long you can write with just one pencil? I read an article on the Internet. It said you can draw a line about 50 km long! <u>I thought this was amazing!</u> You can write with a pencil longer than many other *writing tools. A pencil can be used in many different environments, too. For example, if you use a *ball-point pen in a very cold place like the top of a mountain in winter, writing will probably be very difficult. In Japan, pencils are the first writing tools elementary school students use to learn how to write because pencils are hard to break.　　(注)merit：長所　writing tool：筆記用具　ball-point pen：ボールペン

（　　　　　　　　　　　　　　　　　　　　　　　　　　　）

 次は真理(Mari)さんのスピーチの原稿の一部です。英文の下線部 <u>That</u> は何を指していますか。その内容を日本語で書きなさい。

富山県・改

　Hello, everyone. Last year an American girl stayed with my family for three weeks. Her name was Jennifer. When she was in Japan, both of us were surprised to learn a lot of *cultural differences between the U.S. and Japan. Today, I'll talk about two of them.

　First, when Jennifer went to a Japanese restaurant with my family, she was surprised to get a warm *oshibori* and said, "This is very nice! I've never seen this in the U.S." We usually get *oshibori* at a restaurant in Japan, but that was a special thing for Jennifer. She said, "American restaurants think that *customers should wash their hands so there are no *oshibori*. *Instead, there are *napkins to clean their mouth and hands when customers eat." When I told her that *oshibori* is warm in winter and cold in summer, she said, "Great! <u>That</u> shows Japanese *hospitality. I love *oshibori* so much. I hope to use it in the U.S." I was glad to hear that.

　　(注)cultural difference：文化の違い　customer：客　instead：その代わりに
　　　　napkin：テーブルナプキン　hospitality：おもてなし

（　　　　　　　　　　　　　　　　　　　　　　　　　　　）

**5** 次の対話文の下線部 Those stories について，その具体的な内容を本文から2つさがして，それぞれ英文1文で抜き出して書きなさい。 新潟県・改

**HIGH LEVEL**

*Jane :* Look, a *swallow is flying.

*Ruri :* Oh, that swallow is flying *low. Well, if my grandmother were here, she would say, "Go home before it rains." She really loves *superstitions.

*Jane :* Ruri, your grandmother may be right. It will rain when a swallow flies low.

*Ruri :* What?

*Jane :* I read it in a science book. Swallows eat *insects. Before it starts raining, insects cannot fly *high because of *humidity. To eat those flying insects, swallows also fly low.

*Ruri :* Wow, what an interesting story! That's not a superstition.

*Jane :* Your grandmother may know other useful stories.

*Ruri :* Yes, I will ask her.

*Jane :* I know another interesting story. Ruri, what will you do if your little brother *hits his *foot on a *table leg and starts crying?

*Ruri :* Well, I think I will say, "Are you OK?" and touch his foot with my hand.

*Jane :* You are a good sister. But do you think it *reduces *pain?

*Ruri :* No. It is a superstition, right?

*Jane :* Ruri, some scientists say it's not a superstition. By touching an *aching body part, you can reduce pain. I heard this story from my teacher.

*Ruri :* Really? That's amazing!

*Jane :* Those stories are two examples of things humans have learned from experience.

(注)swallow：ツバメ　low：低く　superstition：迷信　insect：昆虫　high：高く　humidity：湿気
hit 〜 on …：〜を…にぶつける　foot：足　table leg：テーブルの脚　reduce 〜：〜を減らす
pain：痛み　aching：痛む

# 8 日本語で説明する問題

## 問題のポイント

### 1 形式を押さえる

❶ 下線部の語句などについて，その内容や理由を日本語で説明する。

➡内容を説明した日本文の空所に適する日本語を書き入れる場合もある。

❷ that や it などの指示語が含まれている場合は，その内容も明らかにして日本語で説明する。

### 2 英文の内容や文脈を読み取る

・下線部の語句について，その内容や理由などを日本語で説明する問題では，**下線部の前後の文を中心に読み取ること**が大切。また，説明の中心となる動詞をさがすことも，読み取りのポイントとなる。

> **例題** 次の英文の下線部で，リサが心配していることを日本語で説明しなさい。
>
> Lisa asked her father to take her to the amusement park. "All right," said her father. "We can go if it's sunny tomorrow." That night it began to rain and the rain continued to fall. <u>Lisa worried so much</u>, and she couldn't sleep well.
>
> リサは父親に遊園地へ連れていってくれるように頼みました。「いいよ。」と父親は言いました。「明日晴れたら行けるよ。」その夜，雨が降り始め，雨は降り続きました。リサはとても心配で，よく眠れませんでした。
>
> **ポイント!** 下線部の前後を中心に，内容をていねいに読み取る。父親の「晴れたら遊園地へ行ける」という発言と，雨が降り続いているという状況を押さえる。雨がやまなかったらどうなるかを考えること。
>
> **解答例** 雨のために遊園地に行けなくなるかもしれないということ。

### 3 指示語が指す内容に注意する

・下線部の語句に指示語や代名詞が含まれていることもある。これらのものやこと，または人が指す語を具体的に説明すること。

・指示語がある文の前後の 2，3 文を特に注意して読み取るようにする。

**入試データ** 語数の指示がある場合もあるので，条件に合う答え方をすること。

# [ 実戦トレーニング ]

➡ 解答・解説は別冊26ページ

**1** 次は中学生の美弥(Miya)が英語の授業で行ったスピーチの原稿の一部です。これを読んで,なぜ父が下線部 It's hard for you to have a dog. のように言ったのか,その理由を日本語で書きなさい。 〔佐賀県〕

　One day, I visited my friend Aki's house and met her dog, Koko.　Koko was a very small and cute *female *teacup poodle, and her brown *fur was very soft.　She didn't *bark very much.　She ran to me and *sat on my lap. I was very happy to meet her.　That evening, I talked to my family about Koko.　My parents smiled and listened to my story, so I said to them, "I want to have a dog like Koko."　Then their smiling faces changed, and my father said, "No."　He said, "It's hard for you to have a dog.　You don't do anything by yourself, right?"　I couldn't say anything.　The next day, I started to wake up by myself, cook my breakfast and clean my room.　It was very difficult, and I became tired sometimes, but I tried to do many things by myself.

(注)female：メスの　teacup poodle：ティーカッププードル(犬種の1つ)　fur：(動物の)毛
bark(ed)：ほえる　sit(sat) on one's lap：〜のひざに乗る

(　　　　　　　　　　　　　　　　　　　　　　　　　　　　　　　　　　)

**2** 次の英文を読んで,下線部 You don't have to pay. の具体的な理由を,日本語で書きなさい。 〔秋田県〕

正答率 **28.9**%

　My host mother and I went to a *drive-through restaurant.　When my host mother *ordered some hamburgers there and was going to *pay, the *cashier said, "You don't have to pay."　She was surprised and asked why. He answered, "The man before you has already *paid."　She said, "I don't know about that customer, but he paid for me!"　My host mother and I talked a little and she said, "We will pay for the next family."　We felt satisfied with our decision.　A few days later, I read an article in the newspaper and learned that many other customers did the same thing after us.　About fifty people paid for other people's food!

(注)drive-through：ドライブスルー　order：注文する　pay (paid)：支払う（支払った）　cashier：店のレジ係

(　　　　　　　　　　　　　　　　　　　　　　　　　　　　　　　　　　　　)

 **3** 次の英文を読んで，下線部 she talked about her problem to a nurse, John に関して，Sarah が John から学んだことを本文の内容に合うように 40 字程度の日本語で書きなさい。　[鹿児島県]

正答率 18.1％

Sarah had work experience at a hospital for three days.　It was a hospital that her mother once worked at.　The nurses helped the *patients and talked to them with a smile.　She wanted to be like them, but she could not communicate with the patients well.

On the last day, after lunch, <u>she talked about her problem to a nurse, John</u>.　He was her mother's friend.　"It is difficult for me to communicate with the patients well," Sarah said.　"It's easy.　If you smile when you talk with them, they will be happy.　If you are kind to them, they will be nice to you.　I remember your mother.　She was always thinking of people around her," John said.　When Sarah heard his words, she remembered her mother's face.　She thought, "Mom is always busy, but she makes dinner every day and takes me to school.　She does a lot of things for me."

(注)patient(s)：患者

| | | | | | | | | | | | | | | | | | | | |
|---|---|---|---|---|---|---|---|---|---|---|---|---|---|---|---|---|---|---|---|
| | | | | | | | | | | | | | | | | | | | |
| | | | | | | | | | | | | | | | | | | | |
| | | | | | | | | | | | | | | | | | | | |

**4** 次は，中学生の絵美(Emi)と彼女の住む町で作られている「あおい焼(Aoi-yaki)」という陶器に関する英文です。これを読んで，あとの問いに答えなさい。　[長崎県]

One day, when Emi was washing the dishes at home, she *dropped a *cup and it was broken.　Her mother said to her, "Actually, that was your father's favorite cup.　He bought it and kept using it for more than ten years. It was *Aoi-yaki*." Emi didn't know (a)that. Emi said to her father, "Sorry. I broke your cup. I will buy a new cup for you." "That's OK. (b)You don't have to do that," he said to Emi. He wasn't angry but looked sad. *Aoi-yaki* is the *pottery made in her town. Her town is famous for it. There are many people who like it. But Emi thought it was just old pottery and didn't know why it was so famous.

Two weeks later, the students in her class had a *field trip. They were going to visit some places in their town and make a report about the trip. Emi chose an *Aoi-yaki* pottery. It was because she *remembered her father's cup and wanted to understand (　　　　　).

(注)drop：〜を落とす　cup(s)：カップ，ゆのみ　pottery：陶器，陶器製造所
field trip：校外学習　remember 〜：を覚えている

 (1) 次は，下線部(a)の内容を説明したものです。文中の(　)に入るものとして最も適切なものを**ア**〜**エ**から1つ選び，記号で答えなさい。

> そのカップは，あおい焼で(　　　　　　　　　　　　)こと。

**ア** 母親が10年以上前に父親にあげたものだった

**イ** 父親が気に入って10年以上使っていたものだった

**ウ** 父親が長い時間をかけて自分で作ったものだった

**エ** 父親にとってお気に入りのものだと母親が知らなかった　　　[　　　]

 (2) 次は，下線部(b)の具体的な内容を説明したものです。空欄に，15字以上20字以内の日本語を書きなさい。

> 絵美が(　　　　　　　　　　　　　　　　)ということ。

|  |  |  |  |  |  |  |  |  |  |  |  |  |  |  |
|---|---|---|---|---|---|---|---|---|---|---|---|---|---|---|
|  |  |  |  |  |  |  |  |  |  |  |  |  |  |  |

(3) 本文中の(　)に入る英語として最も適切なものを**ア**〜**エ**から1つ選び，記号で答えなさい。

**ア** why her father didn't like *Aoi-yaki*

**イ** what made her father angry

**ウ** why her town didn't have a pottery

**エ** what was so good about *Aoi-yaki*　　　[　　　]

# 9 文を並べかえる問題

## 問題のポイント

### ① 形式を押さえる

❶ 空所に入る英文を，話の流れに合うように並べかえる。

❷ 対話がつながるように英文を並べかえて，対話文を完成させる。

❸ 本文の流れに合うように，英文を並べかえる。

➡ いずれの場合も，英文を並べかえたら，必ず読み直して，自然な流れになっているかを確認する。

### ② 文のつながりを表す語句や，指示語に注意する

・so，but，however など，文のつながりを表す語句に注目して，文の流れをつかむようにする。

| so(それで) | 前の文を理由として，その結果を表す内容が続く |
| because(〜なので) | 前の文の理由を表す内容が続く |
| but(しかし)<br>however(しかしながら) | 前の文とは反する内容が続く |
| after that(そのあと)<br>then(それから) | 前の文のあとで起こる内容が続く |
| for example(例えば) | 具体的な例が続く |

・与えられた英文に指示語や代名詞がある場合，それが何を指しているかを読み取ることが大切。**指示語・代名詞が指すものを具体的に述べている文→指示語・代名詞を含む文**という順序になる。

---

**例題** 次の英文の ___ には**ア〜ウ**の英文が入ります。意味が通るように並べかえなさい。

　Tim said, "Can you tell me about *kabuki*, Kumi?" ___ Now she can explain about it in English well.

**ア** So, she only said, "It is wonderful."

**イ** Kumi tried to explain about it in English, but she didn't know what to say.

**ウ** After that, she looked it up on the internet at home.

> ティムは「歌舞伎について教えてくれる，クミ？」と言いました。(クミはそれについて英語で説明しようとしましたが，何と言っていいかわかりませんでした。それで，彼女は「それはすばらしい。」とだけ言いました。そのあと，彼女は家でそれをインターネットで調べました。)今では，彼女はそれについて英語でうまく説明できます。

**ポイント!** so や after that などの語句に注目して，話の流れを整理する。「歌舞伎について説明しようとしたが，言えなかった」→「それで『すばらしい』とだけ言った」→「そのあとインターネットで調べた」という流れに。

**解答例** イ → ア → ウ

---

**入試データ** 接続詞や指示語などのほかに，時を表す表現も手がかりとなることがある。

# 実戦トレーニング

➡ 解答・解説は別冊27ページ

**1** 次の英文中の □ には，下の**ア**〜**ウ**の3つの文が入ります。意味の通る英文になるように並べかえて，記号で答えなさい。 茨城県

正答率 26.8%

People have tried to create new things to make life better.　At the same time, they have been interested in the *natural world, and many scientists have been watching it *carefully.　□　Scientists used this idea to make the Shinkansen go into *tunnels like those birds.

(注)natural：自然の　carefully：注意深く　tunnel(s)：トンネル

**ア** Sometimes they get useful ideas from animals like birds.

**イ** As a result, they have got a lot of new ideas from it.

**ウ** Some birds go into water with quiet movements.

[　　　] → [　　　] → [　　　]

**2** 次の英文を読んで，あとの問いに答えなさい。 栃木県

How many times do you look at a clock or a watch every day?　To ( A ) is difficult today.　Now, we can find many kinds of clocks and watches around us.　It's very interesting to see them.

People in *Egypt used the sun to know the time about 6,000 years ago.　They put a *stick into the ground and knew the time from its *shadow.

| B |
|---|

They knew the time by *measuring the speed of dropping water and how much water was used.　After that, a clock with sand was invented.　It was good for people who were on *ships.

(注)Egypt：エジプト　stick：棒　shadow：影　measure 〜：〜を計る　ship：船

**HIGH LEVEL** (1) 本文中の（　A　）に入る語として，最も適切なものを**ア**〜**エ**から1つ選び，記号で答えなさい。

**ア** study them 　　　　　**イ** wear them

**ウ** take care of them 　　**エ** live without them 　　[　　　]

(2) 本文中の　B　には，次の**ア**～**エ**の４つの文が入ります。意味の通る英文になる
ように並べかえて，記号で答えなさい。

**ア** The people couldn't use this kind of clock when they couldn't see the shadow.

**イ** It was useful because they could know the time when it was cloudy or night time.

**ウ** However, there was one problem.

**エ** To solve the problem, they invented a clock that used water.

[　　　] → [　　　] → [　　　] → [　　　]

**3** 次の英文は，高校生の奈菜(Nana)が英語の授業で行ったスピーチの原稿の一部です。
これを読んで，あとの問いに答えなさい。　　　　　　　　　和歌山県・改

Today, I'd like to talk about my dream. But before telling you what my dream is, 　A　 There are seven members in my family. The oldest member of the seven is my *great-grandfather. He is now 98 years old. When he was young, he was in the *battlefields overseas for two years during *World War II. A few months ago, my great-grandfather and I were watching TV news about wars in foreign countries. Then he told me about his own sad experiences in World War II. He also told me, "Wars make many people sad. Please try to imagine their feelings. It's something everyone can do."

After talking with my great-grandfather, I began to learn about wars in the world. I visited many websites for world peace. I also read many newspaper articles about wars. I was surprised to learn there are so many people feeling sad because of wars. And I have realized I should think about wars more. 　B　

I've also learned there are many kinds of *online activities to support world peace. Even high school students can join some of them. Actually, I joined an online international *forum for peace last week. Many foreign high school students joined it. We talked about peace and shared our ideas. After the forum, I told my great-grandfather about my good experience in the forum. He looked very happy.

Now my friends, my dream is to make the world more peaceful. Some of you may think it's very difficult for high school students to do something for world peace. But that's not true. After the forum, I received many e-mails from the high school students who joined the forum. In the e-mails, some of the students say they have groups for peace in their schools. The members of the group work together to take actions for peace, such as making messages and songs. Some groups have peace events at their school festivals. It's cool! Even high school students can do many things for world peace.

Joining the forum was just the first action to reach my dream. And my next action is to make a group for peace in our school. These actions may be small, but I believe even a small action can make the world better if many people try. Why don't we work together?

(注)great-grandfather：祖父母の父　battlefield：戦場　World War II：第二次世界大戦
　　online：オンラインで行われる　forum：フォーラム，討論会

(1) 本文の流れに合うように，文中の　A　，　B　に入る最も適切なものを，それぞれア〜エから1つずつ選び，記号で答えなさい。

A　ア let me ask you about a member of your family.

　　イ let me ask you about your dream.

　　ウ let me tell you about a member of my family.

　　エ let me tell you about my dream.　　　　　　　[　　　]

B　ア This is an interesting message from the TV news.

　　イ This is an important message from my great-grandfather.

　　ウ This is an international experience in our daily lives.

　　エ This is sad experience in World War II.　　　　[　　　]

**お急ぎ!** (2) 次のア〜エの英文を，奈菜のスピーチの流れに合うように並べかえると，どのような順序になりますか。その記号を順に書きなさい。

ア She joined an online international forum for peace.

イ She received e-mails about peace actions from high school students.

ウ She was surprised to learn so many people were feeling sad because of wars.

エ She watched TV news about wars with her great-grandfather.

[　　　] → [　　　] → [　　　] → [　　　]

# 10 文が入る適切な場所を答える問題

## 問題のポイント

### 1 形式を押さえる

❶ 英文が入る適切な場所を選ぶ。

➡長文中に空所が4か所程度あり、その中から適切な場所を選ぶ場合が多い。

❷ 空所が複数あり、その中に適する英文を選択肢の中から選ぶ。

### 2 話の流れが自然につながる場所をさがす

・空所の前後に特に注意して、話の流れを読み取るようにする。それぞれの空所に英文を当てはめてみて、**自然につながるかどうかを確認**する。

・与えられた英文に指示語や代名詞がある場合、それが指すものが前の文にあるかどうかも手がかりになる。**指示語や代名詞が指すものが何かを読み取る**ことが大事。

---

**例題** 次の英文を入れるのに最も適切な場所を、[ **ア** ]〜[ **ウ** ]から選びなさい。

・**You don't have to speak perfect English.**

Haruka said, "I met a girl from Canada at the library yesterday. I helped her find a book. [ **ア** ]" Mr. Kato said, "You had a good experience. [ **イ** ] Did you talk with her in English?" Haruka answered, "Yes, but I couldn't speak it well." Mr. Kato said, "That's OK. [ **ウ** ] It is important to try to communicate in English. Be confident." Haruka was happy to hear that and she wanted to speak English more with many people.

> ハルカは「昨日、図書館でカナダ出身の女の子に会いました。私は彼女が本をさがすのを手伝いました。」と言いました。カトウ先生は「いい経験をしましたね。彼女とは英語で話したのですか。」と言いました。ハルカは「はい、でもうまく話せませんでした。」と答えました。カトウ先生は「大丈夫です。(完ぺきな英語を話す必要はありません。)英語でコミュニケーションを取ろうとすることが大切なのです。自信を持って。」と言いました。ハルカはそれを聞いてうれしく思い、彼女はたくさんの人ともっと英語を話したいと思いました。

**ポイント!** 挿入する英文は、「あなたは完ぺきな英語を話す必要はありません。」という意味。英語がうまく話せなかったというハルカに対するアドバイスとして、「大丈夫です。」のあとに入れるのが適切。あとの「英語でコミュニケーションを取ろうとすることは大切です。」という発言とも自然につながる。

**解答** ウ

---

**入試データ** 空所の前後の内容をしっかり読み取り、自然につながる場所をさがすようにする。

# 実戦トレーニング

➡ 解答・解説は別冊28ページ

**1** 次の英文を読んで，あとの問いに答えなさい。 [千葉県]

Sometimes, dictionaries must be *revised. When a dictionary is revised, many new words are added to it and also some old words are *deleted from it. There are usually more new words than old words. As a result, the revised paper dictionary becomes thicker than the old one.

In 2014, when an English-Japanese paper dictionary was revised, the new dictionary had 5,000 new words and 200 more pages were added. [ ア ] However, surprisingly, the new dictionary was as thick as the old one. What kind of new *techniques were used to make the new dictionary?

If you want to make a book really thin, one way is to make the words on each page smaller, or the spaces between the words smaller. [ イ ] However, if the word size and the spaces between the words in the dictionary are smaller, they cannot be printed clearly or be read easily.

Another way is to make each piece of paper thinner. If you made a dictionary with the paper which your school teachers give you during class, it could become really thick and hard to use. However, if you use thinner paper, it is possible for words to *show through. [ ウ ] So, dictionary companies tried to produce better paper many times and finally invented thin paper which does not show through.

When you look for a word in your dictionary, you have to *turn many pages, so the pages cannot be too *stiff. Also, if the pages of the dictionary are too stiff, it closes *on its own and it is not helpful for people when they study with it. Companies have tried to make dictionaries thin and light and also useful for studying. One company solved the problem with a new technique. Now, when you turn the page, the paper is soft *enough that the pages turn easily and two pages or more are never turned at the same time. [ エ ]

(注)revise：～を改訂する　delete：～を削除する　technique：技術　show through：裏に文字が透ける
turn：めくれる／～をめくる　stiff：かたい　on its own：ひとりでに　～ enough that …：…ほど十分～

(1) 次の英文を入れるのに最も適切な場所を，本文中の[　**ア**　]～[　**エ**　]から1つ選び，記号で答えなさい。

It is also hard to print on that kind of paper.　　　　　　[　　　]

(2) 本文の内容に関する次の質問に，英語で答えなさい。

Why is a revised dictionary usually thicker than an old one?

---

**2**　次は，アイルランド(Ireland)のセント・パトリックス・デー(Saint Patrick's Day)について Ayumi がクラスで発表した英文です。これを読んで，あとの問いに答えなさい。

〔23 埼玉県・改〕

　　There are a lot of national holidays *related to *religion in Ireland.　One is Saint Patrick's Day.　Do you know it?　It is celebrated every year on March 17.　These are the pictures of the day.　In the pictures, people are wearing green clothes and are dancing on the street.　So, the streets become green. 　　A　　 Why do people wear green clothes on Saint Patrick's Day?

　　One of the reasons is related to another name for Ireland. 　*The Emerald Isle. 　　B　　 This name means that the whole country is covered in green, because it rains a lot, and is warm and wet in summer. So, green is the *symbol of Ireland and used on Saint Patrick's Day.

　　On the day, I wore green clothes and joined the *parade with my family. It was a wonderful time because I enjoyed traditional *Irish music, clothes, and food. 　　C　　 The sound of Irish music was interesting. 　I wish I (　　　) a traditional Irish *instrument.

(注)relate to ～：～と関連がある　religion：宗教　*The Emerald Isle*：エメラルドの島　symbol：象徴
　　parade：行進　Irish：アイルランドの　instrument：楽器

**お急ぎ!** (1) 次の英文を入れるのに最も適切な場所を，本文中の　A　～　C　から1つ選び，記号で答えなさい。

At first, that looked very strange to me.　　　　　　[　　　]

(2) 下線部について，(　　)に当てはまる最も適切なものを**ア**～**エ**から1つ選び，記号で答えなさい。

**ア** could play　　**イ** will play　　**ウ** are playing　　**エ** have played

[　　　]

次の英文は，高校生のミズキ(Mizuki)が書いたスピーチの原稿の一部です。これを読んで，あとの問いに答えなさい。 [茨城県]

When I was a junior high school student, I learned that our city was going to hold a big sports event.  My mother said, "How about joining the event?  It sounds interesting, right?"  I thought so, too.  In that event, people were going to have lessons and experience various sports.  I wanted to play *blind soccer because I was a member of the soccer team in junior high school.  I asked my friend, Jun, to come with me.

The next weekend, Jun and I went to the event.  We saw some famous players.  ㅤア ㅤ When we arrived at the soccer field, Ms. Tanaka, a blind soccer player, was there.  I was surprised because I often watched her games on TV before.  ㅤイ ㅤ When the lesson began, Jun and I were so nervous that we did not know what to do.  However, she was friendly and said, "Don't worry.  You will have fun."

When my eyes *were covered, I felt very scared.  I felt I could not move or run on the field.  I could hear the sound of the ball, but it was too difficult to know where the ball was.  ㅤウ ㅤ

When the lesson ended, Ms. Tanaka told us that we should keep *covering our eyes and walk around outside the soccer field.  She said, "You will learn more."  I wanted to buy something to eat, so Jun took off his *blindfold and took me to the shop.  I had to go down the stairs and walk through the hallway which was full of people.  I became tired but *discovered a lot of things.  ㅤエ ㅤ

I thought my life would be hard if I couldn't see *clearly.  Then I asked Ms. Tanaka how I could help people who can't see clearly.  She told me that I should just help them when they need help.

(注)blind soccer：ブラインドサッカー(視覚に障がいのある人のために考案された競技)　be covered：おおわれる　cover ～：～をおおう　blindfold：目かくし　discover ～：～を発見する　clearly：はっきりと

HIGH LEVEL ・次の英文を入れるのに最も適切な場所を，本文中の ア ～ エ から1つ選び，記号で答えなさい。

We got very excited to see them.　　　　　　　[　　　]

103

# よく出る語形変化

## 《1》 動詞の過去形・過去分詞
→ 問題 P.13 など

過去形は過去の文で，過去分詞は現在完了形や受け身の文で使われます。

### ポイント

規則動詞は ed で終わる形にする。
過去形と過去分詞は同じ形。
study → studied などのつづりに注意。

| 規則動詞の変化　基本ルール | |
|---|---|
| 大部分の動詞<br>（例）play | ➡ 語尾に ed をつける<br>played |
| e で終わる動詞<br>（例）live | ➡ d だけをつける<br>lived |
| 〈子音字＋y〉で終わる動詞<br>（例）study<br>carry<br>try | ➡ y を ied にする<br>studied<br>carried<br>tried |

### ポイント

不規則動詞は，次の語の過去形・過去分詞が特によく出る。

| 過去形・過去分詞がよく出る不規則動詞 | | |
|---|---|---|
| 〈原形〉 | 〈過去形〉 | 〈過去分詞〉 |
| ① say（言う） | said | said |
| ② go（行く） | went | gone |
| ③ have（持っている） | had | had |
| ④ come（来る） | came | come |
| ⑤ think（考える） | thought | thought |
| ⑥ get（手に入れる） | got | got / gotten |
| ⑦ make（作る） | made | made |
| ⑧ see（見える） | saw | seen |
| ⑨ read（読む） | read | read |
| ⑩ tell（伝える） | told | told |
| ⑪ find（見つける） | found | found |
| ⑫ begin（始める） | began | begun |
| ⑬ take（持っていく） | took | taken |
| ⑭ give（与える） | gave | given |
| ⑮ become（～になる） | became | become |

## 《2》 動詞のing形
→ 問題 P.13 など

動詞の ing 形は，現在進行形・過去進行形のほか動名詞や，名詞を修飾するときにも使われます。

### ポイント

run → running などのつづりに注意。

| ing のつけ方　基本ルール | |
|---|---|
| 大部分の動詞<br>（例）play | ➡ 語尾に ing をつける<br>playing |
| e で終わる動詞<br>（例）make | ➡ e をとって ing<br>making |
| 〈短母音＋子音字〉で終わる動詞<br>（例）run<br>swim<br>sit | ➡ 語尾を重ねて ing<br>running<br>swimming<br>sitting |

## 《3》 形容詞・副詞の比較級と最上級
→ 問題 P.46 など

「より～だ」は比較級を使って表し，「いちばん～だ」は最上級を使って表します。

### ポイント

more, most を使う語に注意。

| 比較変化　基本ルール | | |
|---|---|---|
| 大部分の語 ➡ 語尾に er, est をつける | | |
| 〈原級〉 | 〈比較級〉 | 〈最上級〉 |
| （例）long | — longer | — longest |
| e で終わる語 ➡ r, st だけをつける | | |
| （例）large | — larger | — largest |
| 〈子音字＋y〉で終わる語 ➡ y を ier, iest にする | | |
| （例）easy | — easier | — easiest |
| 〈短母音＋子音字〉で終わる語 ➡ 語尾を重ねて er, est | | |
| （例）big | — bigger | — biggest |

beautiful など ➡ 原級の前に more, most

（例）beautiful－more beautiful－most beautiful
ほかに famous, important, interesting,
difficult, popular, useful など

# リスニング編

☑ **弱点チェック** ……………………………………… 106

**1** 出題率 **86%** 英語の質問に答える問題 ……………………… 108

**2** 出題率 **70%** 正しい絵・図・表を選ぶ問題 …………………… 112

**3** 出題率 **47%** 英語の応答を選ぶ問題 ……………………… 116

**4** 出題率 **37%** 表やメモを完成させる問題 …………………… 120

**5** 出題率 **33%** 自分の考えなどを答える問題 ………………… 124

**6** 出題率 **30%** 図や表を見て答える問題 …………………… 127

## 1 英語の質問に答える問題

 ● 英文や対話と，内容に関する質問を聞いて，その質問に対する答えとして最も適切なものをア～ウの中から1つ選び，記号で答えなさい。

□① ア Because Koji lived in London.

イ To get some advice.

ウ He just came back from London. [    ]

□② ア He'll go to see a movie.

イ He'll meet Miki at the station.

ウ He'll do his homework. [    ]

## 2 正しい絵・図・表を選ぶ問題

● 英文を聞いて，その内容に最も適する絵をア～ウの中から1つ選び，記号で答えなさい。

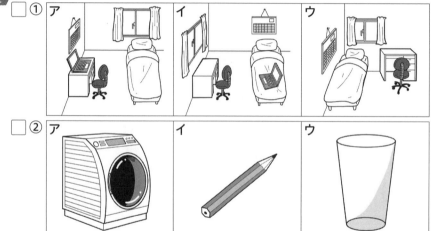

□①                                                    [    ]

□②                                                    [    ]

## 3 英語の応答を選ぶ問題

 ● 対話を聞いて，対話の最後に続ける応答として最も適切なものをア～エの中から1つ選び，記号で答えなさい。

□① ア OK.  Here you are.      イ Sorry.  I didn't eat them.

ウ No, thanks.  I'm full.    エ That's too bad. [    ]

□② ア It was great.          イ I didn't know that.

ウ It was raining.          エ I had a bad cold. [    ]

## 4 表やメモを完成させる問題

 ● 英文や対話を聞いて，メモの空所に適切な日本語または数字を書きなさい。

☐①

・借りられる本
1度に[　　　]冊まで
・借りられる期間
[　　　]週間
・開館時間
午前[　　]時～午後[　　]時

☐②

・エマの[　　　　]パーティー
日時：今度の[　　　]曜日
[　　]時[　　]分開始
持ってくる物：[　　　　]を書い
たカード
→ゲームで使う。

## 5 自分の考えなどを答える問題

 ● 英文を聞いて，質問に対して自分自身の答えを英語で書きなさい。

☐① _____

☐② _____

## 6 図や表を見て答える問題

 ● ①，②の指示にしたがって答えなさい。

☐① 対話を聞いて，郵便局の場所を右の地図のア
～オの中から1つ選び，記号で答えなさい。

★は対話している場所，→は進行方向を表します。

[　　　　]

☐② 英文と質問を聞いて，その質問に対する答え
として最も適切なものを右の絵のア～ウの中
から1つ選び，記号で答えなさい。

[　　　　]

### 弱点チェックシート

正解した問題の数だけ塗りつぶそう。
正解の少ない項目があなたの弱点部分だ。

弱点項目から取り組む人
は，このページへGO！

| | | | | |
|---|---|---|---|---|
| 1 | 英語の質問に答える問題 | 1 | 2 | →108 ページ |
| 2 | 正しい絵・図・表を選ぶ問題 | 1 | 2 | →112 ページ |
| 3 | 英語の応答を選ぶ問題 | 1 | 2 | →116 ページ |
| 4 | 表やメモを完成させる問題 | 1 | 2 | →120 ページ |
| 5 | 自分の考えなどを答える問題 | 1 | 2 | →124 ページ |
| 6 | 図や表を見て答える問題 | 1 | 2 | →127 ページ |

# 1 英語の質問に答える問題

## 1 問題のポイント

### 1 形式を押さえる

❶ 英文や対話文とその内容に関する英語の質問文が読まれ，その質問に答える。
➡答えは選択肢の中から選ぶ場合や，英語で書く場合などがある。

❷ 単独で英語の質問文が読まれ，その質問に答える。

### 2 選択肢から選ぶ場合

・**選択肢を前もって読んでおくこと**が大切。どこに注意して聞き取ればよいかの手がかりとなる。

### 3 質問文の出だしを特に注意して聞く

・質問文の出だしに注意して聞き，疑問詞の疑問文かふつうの疑問文かをとらえる。ふつうの疑問文の場合は，一般動詞の疑問文か，be 動詞の疑問文かに注意する。それによって答えの文で，**do**, **does**, **did** を使うか，**be 動詞**を使うかが決まるので，選択肢をしぼることができる。

## 2 疑問詞と答え方をつかむ

| | |
|---|---|
| When 〜?（いつ） | 「時」を答える |
| Where 〜?（どこ） | 「場所」を答える |
| Who 〜?（だれが） | 「人物」を答える |
| What 〜?（何を，何が） | 「物」「事がら」を答える |
| How 〜?（どうやって，どのようで） | 「手段・方法」「様子」を答える |
| Why 〜?（なぜ） | 「理由」を答える |

**What time 〜?**（何時）や **How many 〜?**（いくつ），**How long 〜?**（どのくらい長く［長い］）など，疑問詞のあとに名詞や形容詞・副詞が続く形にも注意。

 **例題** 英文と，英文の内容に関する質問を聞き，その質問の答えとして，最も適切なものを**ア〜ウ**から選びなさい。

07

読まれる英文 Taro got an e-mail from Amy.　They are classmates.　Amy came to Japan two years ago.　In the e-mail, she asked Taro to help her with her homework.
Question : How long has Amy been in Japan?

**ア In Japan.　　イ To help with her homework.　　ウ For two years.**

> タロウはエイミーからメールをもらいました。2 人は同級生です。エイミーは 2 年前に来日しました。メールで，彼女はタロウに宿題を手伝ってくれるように頼みました。
> 質問：エイミーは日本にどのくらいいますか。
> ア 日本で。　　イ 彼女の宿題を手伝うため。　　ウ 2 年間。

**ポイント！** 質問の文は疑問詞で始まることが多い。質問文の出だしを気をつけて聞き，たずねられていることは何かを押さえよう。**How long 〜?**（どのくらい長く）には期間を答える。

**解答** ウ

入試データ 読まれた英文の内容についての質問を聞き，答えを選ぶパターンがよく出る。

# 実戦トレーニング

➡ 解答・解説は別冊31ページ

**1** 対話文とその内容についての質問が読まれます。質問の答えとして最も適切なものを
🔊 08 ア〜エから選び，記号で答えなさい。 栃木県

正答率 **91.4**%
(1) ア Clean the table. イ Finish his homework.
　　 ウ Wash the dishes. エ Watch the TV program. [　　]

正答率 **90.5**%
(2) ア In the garden. イ In the factory.
　　 ウ In the city library. エ In the convenience store. [　　]

**2** 対話文とその内容についての質問が読まれます。質問の答えとして最も適切なものを
🔊 09 ア〜エから選び，記号で答えなさい。 22 東京都

お急ぎ！
(1) ア This afternoon. イ This morning.
　　 ウ Tomorrow morning. エ This evening. [　　]

正答率 **89.7**%
(2) ア To the teacher's room. イ To the music room.
　　 ウ To the library. エ To the art room. [　　]

(3) ア One hundred years old. イ Ninety-nine years old.
　　 ウ Seventy-two years old. エ Sixty years old. [　　]

**3** 留守番電話のメッセージとその内容についての質問が読まれます。質問の答えとして
🔊 10 最も適切なものをア〜エから選び，記号で答えなさい。 宮崎県

お急ぎ！
(1) ア Because he was sick. イ Because he was fine.
　　 ウ Because he had a chorus contest. エ Because he had homework.

[　　]

⚠ 正答率 **31.3**%
(2) ア 12:55 イ 1:15 ウ 1:20 エ 1:35 [　　]

**4** Kazuki が宇宙センター(space center)で働く父親について授業で行ったスピーチと，その内容についての質問が2つ読まれます。(1)は質問の答えとして最も適切なものをア～エから選び，記号で答えなさい。(2)は英文が質問に対する答えとなるように，＿＿＿＿に入る適切な英語を書きなさい。 鹿児島県

🔊 11
お急ぎ!

正答率 78.8%
(1) ア For five years.　　　　イ For eight years.
　　ウ For ten years.　　　　エ For eleven years.　　　[　　　]

(2) He has learned it is important to ＿＿＿＿＿＿＿＿＿＿＿＿＿＿＿＿＿＿.

**5** 智也(Tomoya)の冬のある日の出来事についての英文と，その内容についての質問が2つ読まれます。(1)，(2)の質問の答えとなるように，＿＿＿＿に入る適切な英語を書きなさい。 北海道

🔊 12

正答率 21.2%
(1) Question：(放送で読まれます)

　　Answer：He enjoyed it in a tent on ＿＿＿＿＿＿＿＿＿＿＿＿＿＿＿＿＿.

正答率 17.5%
(2) Question：(放送で読まれます)

　　Answer：He ＿＿＿＿＿＿＿＿＿＿＿＿＿＿＿ and ate them with Tomoya.

**6** ガイドによる科学館の案内と，その内容についての質問が2つ読まれます。質問の答えとして最も適切なものをア～エから選び，記号で答えなさい。 京都府

🔊 13

HIGH LEVEL (1) ア 自然や，科学の歴史を学ぶことができる。
　　イ 科学についての本を買うことができる。
　　ウ 科学の映画を見ることができる。
　　エ 食事をすることができる。　　　　　　　　　[　　　]

(2) ア 1本　　　　イ 2本　　　　ウ 3本　　　　エ 4本　　　[　　　]

**7**

高校に入学した香菜(Kana)さんは，アメリカ合衆国からの留学生であるトム(Tom)さんとどの部活動に入るかを話しています。(1)から(3)は対話文とその内容についての3つの質問を聞いて，質問の答えとして最も適切なものを**ア**〜**エ**から選び，記号で答えなさい。

また，(4)はあなたも2人といっしょに話しているとして，あなたなら最後の香菜さんの質問にどのように答えますか。香菜さんとトムさんのやり取りの内容をふまえて，解答欄に5語以上の英語で書きなさい。　　　　　　　　　　　　　　　滋賀県

Kana　　　You　　　Tom

(1) **ア** Yes, he is.　　　　　　　**イ** No, he isn't.

　　**ウ** Yes, he does.　　　　　**エ** No, he doesn't.　　　　[　　　]

**HIGH LEVEL** (2) **ア** One.　　　　　　　　　　**イ** Two.

　　**ウ** Three.　　　　　　　　　**エ** Four.　　　　　　　[　　　]

(3) **ア** She will make a lot of friends.

　　**イ** She will watch more club activities.

　　**ウ** She will sing songs with Tom.

　　**エ** She will practice hard to sing better.　　　　　　[　　　]

(4) _____

# 2 正しい絵・図・表を選ぶ問題

## 1 問題のポイント

### 1 形式を押さえる

・放送された英文や対話文の内容に合う絵や図・表を選んだり，英文や対話文の内容に関する質問の答えとして適する絵や図・表を選んだりする。

### 2 問題用紙の絵や図・表に目を通しておく

・選択肢の絵や図・表の中で**異なる部分が聞き取りのカギ**となるので，その点に注意して放送を聞く。

 **例題** 対話文を聞き，その内容に最も合う絵を選びなさい。

**読まれる対話文**

*A*：What is Lisa doing?

*B*：She is reading a book.

A：リサは何をしていますか。
B：彼女は本を読んでいます。

ア  イ  ウ

**ポイント！** 絵の人物はそれぞれ違う行動をしている。動作を表す語に注意して聞き取り，適切な絵を選ぶ。

**解答** ウ

## 2 聞き取りの着目点

### 1 絵の中から，適するものや人物を選ぶ場合

| 絵の内容 | 聞き取りで注意する語句 |
|---|---|
| 位置が異なる場合 | **on, under, by, near** などの前置詞 |
| 数が異なる場合 | **数量や値段を表す語句** |
| 人物が異なる場合 | 背の高さや髪の長さなどの特徴を表す語句<br>「走っている」「立っている」などの動作を表す語句 |

### 2 適する時刻，日付を選ぶ場合…数や序数に注意

| 絵の内容 | 聞き取りで注意する語句 |
|---|---|
| 時計（時刻） | **数の聞き分け** |
| カレンダー（日付） | **月，日（序数），曜日の聞き分け** |

### 3 英文の説明に合うものを選ぶ場合…絵のものと結びつくキーワードに注意

| 絵の内容 | キーワードの例 |
|---|---|
| camera（カメラ） | take a picture（写真を撮る） |
| cup（カップ，湯のみ） | drink tea（お茶を飲む） |
| pencil（鉛筆） | write something（何かを書く） |

**入試データ** 似た絵が数枚並ぶ場合，大きさ，数，位置などのちがいに注意して聞き取る。

# 実戦トレーニング

➡ 解答・解説は別冊34ページ

**1**  英文を聞いて，その内容に最もよく合うものを**ア〜エ**から選び，記号で答えなさい。

茨城県

 お急ぎ！

(1)

| ア | | イ | | ウ | | エ | |
|---|---|---|---|---|---|---|---|
| 今日 | 明日 | 今日 | 明日 | 今日 | 明日 | 今日 | 明日 |
| ☀ | ☁ | ☁ | ☀ | ☂ | ☁ | ☀ | ☂ |
| 15℃ | 20℃ | 20℃ | 15℃ | 20℃ | 15℃ | 15℃ | 15℃ |

[　　]

正答率 **28.6**%

(2)

ア
勉強のスケジュール
| 英語 | 8:00－10:00 |
|---|---|
| 数学 | 10:00－11:00 |

イ
勉強のスケジュール
| 英語 | 10:00－12:00 |
|---|---|
| 数学 | 12:00－13:00 |

ウ
勉強のスケジュール
| 英語 | 8:00－10:00 |
|---|---|
| 数学 | 10:00－13:00 |

エ
勉強のスケジュール
| 数学 | 10:00－12:00 |
|---|---|
| 英語 | 12:00－13:00 |

[　　]

**2** ジョンとホストファミリーの恵子との対話文が読まれます。恵子が住んでいる地域の
ごみの回収予定を表したものとして，最も適切なものを**ア〜エ**から選び，記号で答え
なさい。

大阪府

HIGH LEVEL

ア
| 火曜日 | 水曜日 | 木曜日 | 金曜日 |
|---|---|---|---|
| 古紙 | プラスチックペットボトル | | 燃えるごみ |

イ
| 火曜日 | 水曜日 | 木曜日 | 金曜日 |
|---|---|---|---|
| 燃えるごみ | プラスチックペットボトル | | 古紙 |

ウ
| 火曜日 | 水曜日 | 木曜日 | 金曜日 |
|---|---|---|---|
| 燃えるごみ | | プラスチックペットボトル | 古紙 |

エ
| 火曜日 | 水曜日 | 木曜日 | 金曜日 |
|---|---|---|---|
| 燃えるごみ | 古紙 | | プラスチックペットボトル |

[　　]

**3** 質問の答えとして最も適切なものを**ア〜エ**から選び，記号で答えなさい。放送はすべ
て英語で行われます。

22 埼玉県

 お急ぎ！

(1)
 ア    イ    ウ    エ

[　　]

(2) ア  イ  ウ  エ

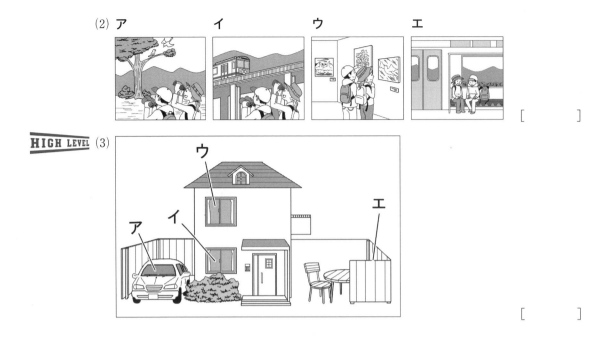

**HIGH LEVEL** (3)

[  ]

**4** 健太(Kenta)とメアリー(Mary)の対話文とその内容についての質問が読まれます。
質問の答えとして最も適切なものをア〜エから選び、記号で答えなさい。　静岡県

お急ぎ! (1) ア  イ  ウ  エ

正答率 **88.7**%

[  ]

正答率 **80.2**% (2) ア  イ  ウ  エ

[  ]

お急ぎ! (3)

正答率 **94.3**%

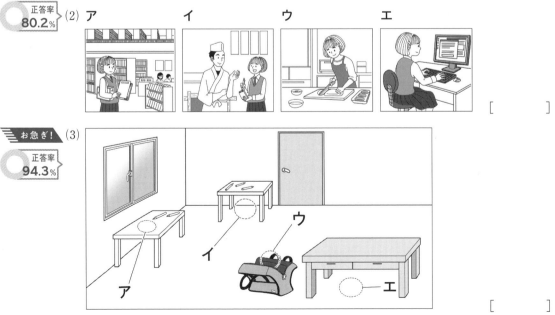

[  ]

(4)

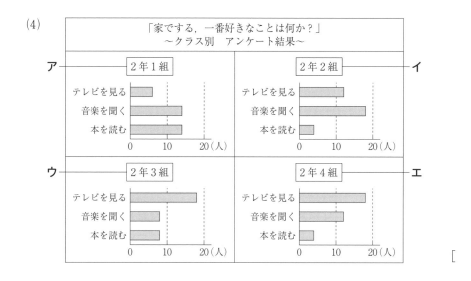

| 「家でする，一番好きなことは何か？」〜クラス別　アンケート結果〜 | |
|---|---|
| ア　2年1組 | イ　2年2組 |
| ウ　2年3組 | エ　2年4組 |

[　　　]

**5** 香織(Kaori)とベン(Ben)の対話文とその内容についての質問が読まれます。質問の答えとして最も適切なものを**ア〜エ**から選び，記号で答えなさい。　福島県

正答率 99.5%　(1) ア　イ　ウ　エ　[　　　]

正答率 99.3%　(2) ア　イ　ウ　エ　[　　　]

正答率 99.5%　(3) ア　イ　ウ　エ　[　　　]

(4) ア　イ　ウ　エ　[　　　]

正答率 90.8%　(5) ア　イ　ウ　エ　[　　　]

115

# 3 英語の応答を選ぶ問題

## 1 問題のポイント

### 1 形式を押さえる

・放送を聞き，対話の最後の文に続ける応答として，適切なものを選ぶ。

・応答の文の選択肢は，問題用紙に書かれている場合と放送される文を聞き取る場合がある。

### 2 選択肢に目を通しておく

・あらかじめ選択肢に目を通しておき，**場面設定や内容をある程度予測しておくと**，聞き取りの手がかりとなる。

**例題** 対話文を聞き，最後の文に対する応答として最も適切なものをア〜ウから選びなさい。

[ 読まれる対話文 ]

*A :* It's hot today, isn't it?

*B :* Yes, it is.　Why don't we go swimming?

**ア** That's too bad.　　**イ** That sounds good.　　**ウ** Here you are.

> A：今日は暑いですね。　B：そうですね。泳ぎに行きませんか？
> ア それはお気の毒に。　イ それはいいですね。　ウ はい，どうぞ。

**ポイント！** この形式では，依頼や誘う表現に対する応答の文を選ばせるものがよく出る。基本的な会話表現をしっかり覚えておこう。

**解答** イ

## 2 依頼や誘う表現

**依頼の表現**

| Can[Will] you 〜? | 〜してくれますか。 |
| --- | --- |
| Could[Would] you 〜? | 〜してくださいますか。 |

**誘う表現**

| Shall we 〜? | 〜しましょうか。 |
| --- | --- |
| Why don't we 〜? | （いっしょに）〜しませんか。 |
| Would you like to 〜? | 〜しませんか。 |

**すすめるときの表現**

| Would you like 〜? | 〜はいかがですか。 |
| --- | --- |
| How about 〜? | 〜はどうですか。 |

**応じ方の例**

**I'd love to.** （ぜひ。）

**Sure.** （もちろんです。）

**Good idea.** （いい考えですね。）

**OK.** （いいですよ。）

**Of course.** （もちろんです。）

**All right.** （いいですよ。）

**Yes, please.** （はい，お願いします。）

**No, thank you.** （いいえ，結構です。）

**入試データ** 日常的な会話表現がよく出る。応答のパターンを覚えておこう。

# ［実戦トレーニング］

→ 解答・解説は別冊37ページ

 **1** 2人の対話が読まれます。対話の最後のチャイム音のところに入る表現として最も適切なものを**ア～エ**から選び，記号で答えなさい。 京都府

(1) **ア** I agree.　I'm sure she will be happy.

　　**イ** Don't worry.　I think she likes Japan.

　　**ウ** Thank you.　You're always kind to me.

　　**エ** Really?　I miss you so much.　　　　　　　　　[　　　]

**HIGH LEVEL** (2) **ア** I'll be happy to know where I can find her.

　　**イ** I'll go shopping to buy a birthday present for you.

　　**ウ** I'll introduce you to her when they finish talking.

　　**エ** I'll talk with the teacher about you after school today.　　[　　　]

  **2** 直子(Naoko)とニック(Nick)の対話文が読まれます。対話の最後のチャイム音のところに入る直子の言葉として最も適切なものを**ア～エ**から選び，記号で答えなさい。 北海道

(1) ［昼休みの対話］

　　**ア** Yes, I am.　　　　　　　**イ** You're welcome.

　　**ウ** No, it's not mine.　　　　**エ** Here you are.　　　[　　　]

**お急ぎ！** (2) ［放課後の対話］

　　**ア** No, you can't answer the question.

　　**イ** I'm sorry, but I have a piano lesson.

　　**ウ** Sure, let's go to the teachers' room.

　　**エ** Yes, you can come to see me now.　　　　　　　[　　　]

**お急ぎ！** (3) ［店での対話］

　　**ア** I'll buy the white shoes.

　　**イ** How much is it?

　　**ウ** How many T-shirts do you have?

　　**エ** I'll ask the price of the yellow one.　　　　　　　[　　　]

(4) ［下校時の対話］

 **ア** Then, I'll take my lunch box, too.

 **イ** So, you can eat lunch with me.

 **ウ** Yes, I enjoyed badminton.

 **エ** OK, see you in the gym.        [   ]

**3**   2人の対話文が読まれます。対話の最後の英文に対する受け答えとして最も適切なものを**ア**～**ウ**から選び，記号で答えなさい。   三重県

**24**

お急ぎ! (1) **ア** About five minutes.

  **イ** Two hours ago.

  **ウ** Three times.           [   ]

(2) **ア** The train stopped suddenly.

  **イ** I'll take you to the hospital.

  **ウ** The bus usually stops at the station.   [   ]

お急ぎ! (3) **ア** I'd like to help you.

  **イ** Here you are.

  **ウ** Orange juice, please.        [   ]

(4) **ア** I have been there twice.

  **イ** My brother liked it, but I didn't.

  **ウ** We went there by bus.       [   ]

**4**   2人の対話文が読まれます。対話の最後の英文に対する受け答えとして最も適切なものを**ア**～**エ**から選び，記号で答えなさい。   千葉県

**25**

正答率 **77.0%** (1) **ア** Yes, she is.      **イ** Yes, I did.

  **ウ** No, she doesn't.    **エ** No, I'm not.   [   ]

お急ぎ! (2) **ア** Sure.        **イ** It's mine.

正答率 **76.1%**   **ウ** I agree.      **エ** It's on the table.   [   ]

(3) **ア** Dad was there.    **イ** There were oranges.

  **ウ** Mom says "OK."    **エ** Yes, I ate cookies.   [   ]

**5** ジャックとナオミの対話文が読まれます。対話の最後のチャイム音のところに入るナオミの言葉として最も適切なものをア〜エから選び，記号で答えなさい。　神奈川県

◀))
26

(1)　ア　I have been to my guitar lesson three times.

　　イ　I play the guitar with my brother on weekends.

　　ウ　I usually play the guitar in the park.

　　エ　I got a nice guitar last Saturday.　　　　　　　　　[　　　]

お急ぎ！ (2)　ア　I have already made my speech about India.

　　イ　I live in Japan to learn about the Japanese language.

　　ウ　I'll write about Australia because I want to see its animals.

　　エ　I want to listen to other students' speeches.　　　[　　　]

HIGH LEVEL (3)　ア　Sure.　Your friends in your country will help you.

　　イ　Sure.　My friends said the video was interesting.

　　ウ　OK.　I told you why I wanted to make it.

　　エ　OK.　I think I have some good ideas.　　　　　　[　　　]

**6** 2人の対話文が読まれます。対話のあとに読まれる選択肢a〜cから，その対話に続く応答として最も適切なものをそれぞれ1つ選び，記号で答えなさい。　兵庫県

◀))
27

(1)（場面）客が店員と会話している　　　　　　　　　　[　　　]

お急ぎ！ (2)（場面）駅の忘れ物センターで会話している　　　　　[　　　]

HIGH LEVEL (3)（場面）生徒と先生が会話している　　　　　　　　[　　　]

# 4 表やメモを完成させる問題

## 1 問題のポイント

### 1 形式を押さえる

・放送を聞き，問題用紙に示された表やメモなどの空所にあてはまる英語や日本語を書く。

　➡英語や日本語の選択肢の中から合うものを選ぶ場合もある。

### 2 表やメモの内容，選択肢に目を通しておく

・目を通しておくことで，**聞き取るべき内容がある程度予測できる**。解答の手がかりにしよう。

### 3 キーワードを書きとめる

・長めの英文が放送されることが多いので，数や行動などの**キーワードを必ずメモするようにしよう**。

**例題** 英文を聞き，【メモ】の（　　）に適する日本語を入れなさい。

【読まれる英文】

　Hi, Miki.　This is Kate.　I found a nice café near the park.　It opens at eleven in the morning.　Why don't we have lunch there tomorrow?　How about meeting in front of the park at twelve?

　こんにちは，ミキ。ケイトです。公園の近くですてきなカフェを見つけました。午前11時に開店します。明日そこでお昼を食べませんか？　12時に公園の前で待ち合わせるのはどうですか？

【メモ】ケイトからの電話：いいカフェを見つけたので，（　　　）を食べに行こうという誘い。明日（　　　）時に（　　　）の前で待ち合わせるのはどうか。

 時刻や場所などに注意。

 **昼食，12，公園**

## 2 メモの取り方のポイント

| ① 問題や表・メモの内容を確認 |
| :---: |
| ↓ |
| ② 英文を聞きながらメモを取る |
| ↓ |
| ③ 2回目の放送で，英文の内容を確認する |

・放送が始まる前に，表やメモに目を通す。

・情報を整理して，どんな点に注意して聞き取ればよいか押さえる。

・時刻，曜日，場所，行動など，聞き取ったキーワードをメモする。英文はたいてい2回放送されるので，1回目で聞き取れなくてもあわてないこと。

・2回目の放送で，必要なことが聞き取れているかメモを見て確認する。

# 実戦トレーニング

➡ 解答・解説は別冊40ページ

 **1**

中学生の史織(Shiori)さん，真奈(Mana)さん，そして留学生のウィリアム(William)さんの話し合いを聞いて,「史織さんが使っているホワイトボード」の,（　1　）〜（　3　）にそれぞれあてはまる数字や日本語を書きなさい。　山形県

〈史織さんが使っているホワイトボード〉

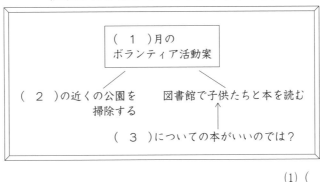

（　1　）月の
ボランティア活動案

（　2　）の近くの公園を
掃除する

図書館で子供たちと本を読む

（　3　）についての本がいいのでは？

(1) (　　　　　　　　　)

(2) (　　　　　　　　　)

(3) (　　　　　　　　　)

**2**

ALT (外国語指導助手)の Ms. Scott が，町で開催される英語イベントについて，授業の中で紹介している場面です。英文の内容に合うように，メモの中の(1), (2)にはそれぞれ適切な1語の英語を，(3)には適切な数字を書きなさい。　山梨県

お急ぎ！

〈メモ〉

・This English event will be held (　1　) month.
・We will enjoy watching a movie after (　2　).
・(　3　) students can join this event.

(1) ＿＿＿＿＿＿＿＿

(2) ＿＿＿＿＿＿＿＿

(3) ＿＿＿＿＿＿＿＿

**3** あなたは，カナダの語学学校へ留学しています。語学学校のオリエンテーションで説明を聞きながら，メモを取っています。メモ用紙の(1)〜(4)のそれぞれにあてはまるものを，**ア**〜**エ**から，1つずつ選んで，記号で答えなさい。 高知県

---

**メ　モ**

**グリーン語学学校について**

○もらったカードについて　・校舎に入るときに必要

　　　　　　　　　　　　　・　(1)

○学校が開く時間　　　　　・　(2)

○時間割　　　　　　　　　・月，火，木：午前 3 時間授業　午後 2 時間授業

　　　　　　　　　　　　　・水，金　　：午前 3 時間授業　午後　(3)

○英語テストについて　　　・毎週月曜日の 1 時間目

　　　　　　　　　　　　　・テストの結果は　(4)　に返される

---

(1) **ア** 市バスの料金が平日無料になる　　**イ** 市バスの料金が週末無料になる

　　**ウ** 市バスの料金が平日半額になる　　**エ** 市バスの料金が週末半額になる

[　　　]

お急ぎ！ (2) **ア** 午前 7 時 15 分　　　　　　　　**イ** 午前 7 時 50 分

　　**ウ** 午前 8 時 15 分　　　　　　　　**エ** 午前 8 時 30 分　　[　　　]

正答率 87.9% (3) **ア** 3 時間授業　　　　　　　　　　**イ** テスト勉強

　　**ウ** 農業体験　　　　　　　　　　　**エ** 歴史学習　　　　[　　　]

(4) **ア** 試験の直後　　　　　　　　　　**イ** 試験の翌週

　　**ウ** 月曜日の放課後　　　　　　　　**エ** 火曜日の朝　　　[　　　]

**4** 対話文のあとに，その内容についての質問と質問に対する答えが読まれます。質問の答えとして正しいものは「正」の文字を，誤っているものは「誤」の文字を，それぞれ○で囲みなさい。正しいものは，各問いについて 1 つしかありません。 愛知県

お急ぎ！

(1) a 正　　誤　　　b 正　　誤　　　c 正　　誤　　　d 正　　誤

(2) a 正　　誤　　　b 正　　誤　　　c 正　　誤　　　d 正　　誤

(3) a 正　　誤　　　b 正　　誤　　　c 正　　誤　　　d 正　　誤

**5** あなたは留学先の学校に到着し，周辺施設の地図を見ながら，説明を聞いてメモを取っています。英語の説明を聞いて，(1)，(2)，(3)の空所に入る最も適切なものをア〜エから選び，記号で答えなさい。 〔岩手県〕

【地図】

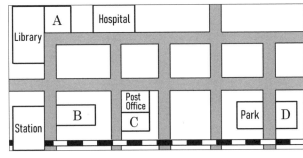

【メモ】

| Shop's Name | Place | Memo |
|---|---|---|
| Shop King | （　1　） | |
| Shop Moon | | （　2　） |
| Shop Star | | （　3　） |

(1) ア A 　　　　イ B 　　　　ウ C 　　　　エ D 　　　　[ 　　 ]

(2) ア ice cream and chocolate 　　イ ice cream and pizza
　　ウ pasta and chocolate 　　エ pasta and pizza 　　　　[ 　　 ]

(3) ア I can visit there to get a bicycle.
　　イ I can buy many kinds of cheap foods there.
　　ウ I can show a present to my family there.
　　エ I can find a book which has many pictures there. 　　[ 　　 ]

**6** あなたは今，アメリカの高校とのオンラインによる交流会で，高校生のジョンの話を聞いています。英文を聞いて，「メモ」の　(1)　には適切な数字を，　(2)　と　(3)　には適切な英語1語を書きなさい。また，「ジョン(**John**)の質問に対する答え」では，Yes. または No. のうち適切なものを選んで◯で囲み，　(4)　に適切な英語を4語以上で書いて，あなたの答えとなる文を完成させなさい。 〔熊本県〕

「メモ」

About John
・He is 　(1)　 years old now. 　　・He plays soccer well.
・His mother is a 　(2)　 teacher at a high school.
・His brother is in Japan to 　(3)　 .

「ジョンの質問に対する答え」【 Yes. / No. 】Because 　(4)　 .

(1) _____ 　(2) _____ 　(3) _____

(4)【 Yes. / No. 】 Because _____ .

# 5 自分の考えなどを答える問題

## 問題のポイント

### 1 形式を押さえる

❶ 放送を聞き，質問に対する答えや自分自身の考えを書く。

➡相手にどんなアドバイスをするか，自分がその立場だったらどうするか，どちらが好きかなどがよく出題される。

❷ 絵を見ながら質問を聞き，場面に合う発言を考えて書く。

### 2 状況や設定を正確に押さえる

・読まれた英文・対話を聞き，どのような場面なのか，与えられている条件は何かを聞き取り，**状況や設定に合う英文を考えて書く**こと。

・将来の夢，思い出に残っていること，留学生におすすめしたいことなど，身近なテーマが多い。自分ならどうするか，どんなことを伝えたいかなどを，英語で書けるように日ごろから練習しておくとよい。

・イベントについての説明や自己紹介などのまとまった英文や対話文を聞き，最後に質問が読まれる場合もある。話の内容をふまえて答えることが大事。

**例題** カレンさんからのメッセージを聞いて，あなたならどのように答えますか。内容をふまえて，2文以上の英文を書きなさい。

[読まれる英文]

　Hello, I'm Karen.　I'm going to visit your school next month and study with you for two weeks.　Can you tell me about your school?　I'm looking forward to school life in Japan.

> こんにちは，私はカレンです。私は来月あなたの学校を訪れ，2週間あなたといっしょに勉強する予定です。あなたの学校について私に教えてくれますか。私は日本での学校生活を楽しみにしています。

**ポイント！** カレンさんが知りたいことは，「あなたの学校について」なので，学校で人気があること，どんな部活動があるか，どんな場所にあるのかなど，自分の学校を紹介する文を書けばよい。

**解答例** **In our school, many students like sports.　Basketball is especially popular.　Let's play it together.** （私たちの学校では，多くの生徒がスポーツが好きです。バスケットボールが特に人気です。いっしょにプレーしましょう。）

入試データ 語数や文の数などが指定されている場合があるので，条件に合うように答えること。

# 実戦トレーニング

➡ 解答・解説は別冊43ページ

 中学生の Naoko と ALT の Paul 先生との対話が読まれます。その中で，Paul 先生が Naoko に質問をしています。Naoko に代わって，その答えを英文で書きなさい。2文以上になってもかまいません。 鹿児島県

正答率 30.7%

_____

_____

 あなたは，海外の中学生とのオンライン交流会の最後に，海外の中学生からのメッセージを聞いているところです。メッセージの内容を踏まえて，あなたのアドバイスを英語で簡潔に書きなさい。 佐賀県

HIGH LEVEL

_____

_____

 英文を聞いて，あなたの考えを英語で書きなさい。英文はいくつでも構いませんが，それぞれ主語と動詞を含んだ英文で書きなさい。 宮崎県

HIGH LEVEL

正答率 13.4%

_____

_____

 この絵について，英語で質問をします。質問に対する答えを，英語で書きなさい。 岩手県

**5**  次の【ワークシート】は，Mizuki が，英語の授業でクラスメイトの Shota とディスカッションをするために書いたものです。今から，2人のディスカッションが読まれます。その内容に合うように，下線部(A)，(B)，(C)に，それぞれ対話の中で用いられた英語1語を書きなさい。また，あなたが Mizuki ならば，Shota の最後の質問に対して何と答えますか。(D)に4語以上の英語を書きなさい。　　　山口県

【ワークシート】

## Let's Talk!

**If some foreign students come to our school, what can we do for them?**

〈 My Idea 〉

★ Make an English _____(A)_____

 ① _____(B)_____ them our favorite places
          ↳shops
           restaurants ...
 ② Put some photos on it

→ It can be a good _____(C)_____ when we talk with them.

(A) _____ (B) _____ (C) _____

【Shota の最後の質問に対する答え】

(D) I _____ .

# 6 図や表を見て答える問題

1

## 問題のポイント

### 1 形式を押さえる

・図や表を見ながら放送を聞き，英文や対話文の内容に合うものを図や表の中から選んだり，図や表に関する質問の答えとして適するものを選んだりする。

### 2 問題用紙の図表に目を通しておく

・前もって図や表に目を通し，**内容をしっかりと確認しておく**ことが大切。複数の図や項目で一致している点や，違っている点を押さえて，それらに注意しながら聞き取る。

・グラフの問題では，比較表現に注意する。何と何が比べられているのかをしっかり聞き取る。

**例題** 英文を聞き，グラフの内容に最も合う英文を**ア〜エ**から選びなさい。

読まれる英文

**ア** In this class, math isn't as popular as music.

**イ** In this class, the most popular subject is Japanese.

**ウ** In this class, Japanese is more popular than science.

**エ** In this class, English is as popular as math.

> **ア** このクラスでは，数学は音楽ほど人気がありません。
> **イ** このクラスでは，最も人気のある教科は国語です。
> **ウ** このクラスでは，国語は理科よりも人気があります。
> **エ** このクラスでは，英語は数学と同じくらい人気があります。

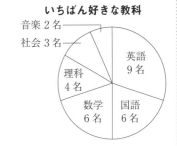

いちばん好きな教科

音楽2名
社会3名
英語9名
理科4名
数学6名
国語6名

**ポイント!** グラフの内容をよく見て，英語の説明を聞き取る。教科名に注意。比べられているものは何かを正しくつかむことが大切。

**解答** **ウ**

2

## 地図の問題で注意する表現

・地図の中から適する場所を選ぶ問題では，位置や方向，指示の表現に注意。

| | |
|---|---|
| next to 〜 | 〜の隣に |
| between A and B | A と B の間に |
| in front of 〜 | 〜の前に |
| turn left | 左に曲がる |
| turn right | 右に曲がる |
| go straight | まっすぐ行く |
| go down this street | この道に沿って行く |
| on your left | （向かって）左側に |
| on your right | （向かって）右側に |

> 「最初の角を[で]」は
> **at the first corner**，
> 「2つ目の角を[で]」は
> **at the second corner** と言う。

# 実戦トレーニング

→ 解答・解説は別冊44ページ

**1** 日本語の質問のあとに英文が読まれます。日本語の質問の答えとして最も適切なものを**ア**〜**エ**から選び，記号で答えなさい。

岐阜県

(1)

| Hospital | | | | Supermarket | Bank **ア** |
| --- | --- | --- | --- | --- | --- |

| | Bank **イ** | Supermarket **ウ** | | Hospital | **エ** | Book store |
| --- | --- | --- | --- | --- | --- | --- |

You are here.

Station

[    ]

正答率 **84**%

(2)

| | Flight number is... | The weather in London now is... | Flight time will be... |
| --- | --- | --- | --- |
| **ア** | Flight 735 | ☁ | 10 hours and 12 minutes |
| **イ** | Flight 735 | ☂ | 12 hours and 10 minutes |
| **ウ** | Flight 753 | ☁ | 10 hours and 12 minutes |
| **エ** | Flight 753 | ☂ | 12 hours and 10 minutes |

[    ]

**2** (1)と(2)について，それぞれ英文 A，B，C が順番に読まれます。説明として正しいか，誤っているかを判断して，解答例のように○で囲みなさい。なお，正しいものはそれぞれ１つとは限りません。

富山県

解答例　A. ⓪正　誤　　B. ⓪正　誤　　C. 正　⓪誤

(1) 路線図

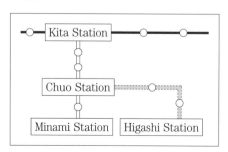

A.　正　　誤

B.　正　　誤

C.　正　　誤

**お急ぎ！** (2) 太郎さんの学校のアンケート結果

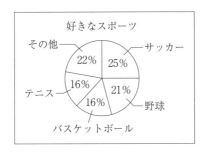

好きなスポーツ

- その他 22%
- サッカー 25%
- テニス 16%
- 野球 21%
- バスケットボール 16%

A. 正　誤

B. 正　誤

C. 正　誤

 **3** 対話文とその内容についての質問が読まれます。質問の答えとして最も適切なものを**ア～エ**から選び，記号で答えなさい。 [新潟県]

**44**

**お急ぎ！**

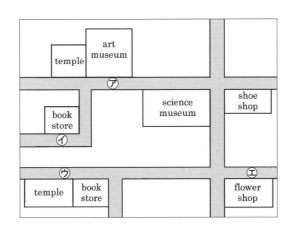

[　　　]

 **4** 英語の説明とその内容についての質問が読まれます。質問の答えとして最も適切なものを**ア～エ**から選び，記号で答えなさい。 [富山県]

**45**

**お急ぎ！**

Number of Visitors to Japan

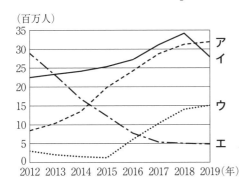

[　　　]

**5** ある生徒の発表が読まれます。発表の内容の順番に合うように，**ア**〜**エ**のイラストを並べかえなさい。

〔宮崎県〕

お急ぎ！

ア

イ

ウ

エ

[　　　]→[　　　]→[　　　]→[　　　]

**6** 英文とその内容についての質問が読まれます。質問の答えとして最も適切なものを表の中から抜き出して答えなさい。

〔福岡県〕

(1)

| Enjoy Your Vacation in 2022! | | | | |
|---|---|---|---|---|
| Course | A | B | C | D |
| How long | 2 weeks | 1 week | 1 week | 1 week |
| Where | London | Kyoto | Sydney | Okinawa |
| What to do | | | | |

[　　　　　]

HIGH LEVEL (2)

| Weekend Events at City Animal Park | | |
|---|---|---|
| Time ＼ Day | Saturday | Sunday |
| 9:00〜10:00 | Birds | Cats |
| 10:30〜11:30 | | Dogs |
| 13:00〜14:00 | | Birds |
| 14:30〜15:30 | Dogs | |

英作文編

1　出題率 **55%**　語句を並べかえる問題 ……………………… 132

2　出題率 **46%**　場面・条件に合う英文を作る問題 …………… 135

3　出題率 **44%**　自分の考えを書く問題 ……………………… 139

4　出題率 **35%**　絵・図・表を見て英文を作る問題 ………… 143

5　出題率 **14%**　日本語を英文に直す問題 …………………… 146

# 1 語句を並べかえる問題

## 1 語句を並べかえる

**1 形式**…英文や対話文の話の流れに合うように，与えられた語句を並べかえて意味の通る英文を完成させる。

➡ 対話文の場合は，どんな内容の応答文や疑問文になるかを考えるとよい。

**2 注意点**…不要な語句が含まれている場合もある。また，並べかえた順番どおりに記号を書くのではなく，指定された位置にくる語句の記号のみを答える場合もある。

➡ 記号だけを答える場合でも，できあがった英文を書いてみて，**正しい英文になっているかどうか確認する**とよい。

---

**例題** 次の英文が完成するように，( )内の語を並べかえて記号で答えなさい。ただし，不要な語が1つ含まれています。

*A*：I（ ア spring イ than ウ best エ better オ like ）winter.　How about you?
*B*：I like winter the best.

**ポイント！** 使わない語があることに気をつけながら，完成させる文を考える。Bが「冬がいちばん好きだ」と答えていることと，betterやthanがあることから，比較級の文を作ると推測できる。不要な語は最上級の**ウ** best。残りの語を並べかえると，I like spring better than winter.（私は冬より春のほうが好きです。）という文ができる。ここでは，記号で答えるとあるので，それぞれの語を記号に置きかえる。

**解答** オ→ア→エ→イ

---

## 2 動詞に着目する

・語句を並べかえる問題では，動詞，助動詞を手がかりとして，文を組み立てるとよい。

**❶ 動詞のing形**…be動詞があれば進行形の文を考える。be動詞がなければing形が名詞を後ろから修飾する文を考える。

**❷ 過去分詞**…be動詞があれば受け身の文，have[has]があれば現在完了形の文を考える。be動詞，have[has]がない場合は，過去分詞が名詞を後ろから修飾する文を考える。

**❸ 助動詞**…canやwillなどがあれば，あとに動詞の原形がくる。

---

**例題** 次の英文が完成するように，( )内の語を並べかえなさい。

（ finished / homework / have / your / doing / you ）yet?

**ポイント！** finished, have, doingがあることに着目する。haveとfinishedから現在完了形の文と判断する。また，最後に？（クエスチョンマーク）があるので，疑問文。Haveから文を始める。doingはfinishedのあとに続けて，finished doingとする。このように，小さなまとまりを作って，文を組み立てていくとよい。

**解答** **Have you finished doing your homework（yet?）**

（あなたはもう宿題をし終わりましたか。）

---

**入試データ** 間接疑問や〈want＋人＋to＋動詞の原形〉など，語順に注意するものがよく出る。

実戦トレーニング　　　　　　　➡ 解答・解説は別冊47ページ

**1**　次の対話文の（　　）内の語句を意味が通るように並べかえなさい。

**お急ぎ！** (1) *Yuki* : Mary, what are you doing here?

　　　　*Mary* : I'm ( at / boy / looking / playing / the ) soccer over there.　〔岐阜県〕

**お急ぎ！** (2) *A* : Are you looking for something?

　　　　*B* : Yes.　I ( my father / for / lost / bought / have / the watch ) me.　〔富山県〕

(3) *A* : Can you help me with my homework?

　　*B* : Sure.

　　*A* : The last question is ( can't / so difficult / I / that ) answer it.

　　*B* : OK.　Please show it to me.　〔岩手県〕

**HIGH LEVEL** (4) *Naoto*　: We should give him *shikishi* and one more thing, but I cannot think of any good ideas right now.

　　　　*Kimmy* : I *wonder what he would like.

　　　　*Ayako*　: Let's tell the other members of our club about our ideas.　I think ( him / us / everyone / present for / help / will / choose / a good ).　(注)wonder ～：～だろうかと思う　〔22 埼玉県〕

**HIGH LEVEL** (5) *Mr. Miller* : What do you think about these *questionnaire results, Naoya?

　　　　*Naoya*　　: I really liked learning about the ideas given by my classmates.　I think all of the ideas in the questionnaire results are important.　The graph ( are / that / interested / us / we / shows ) in becoming better English speakers.　〔滋賀県〕

　　　(注)questionnaire：アンケート

**2** 留学生のエマ(Emma)が，クラスメイトのアズサ(Azusa)とタケル(Takeru)に次の2つのウェブサイトを見せながら旅行について相談しています。対話の流れに合うように，(1)〜(4)の（　）内の英語を並べかえて，記号で答えなさい。ただし，それぞれ不要な語句が1つずつあります。

茨城県

*Emma* : Summer vacation starts next week!  I'm going to *take a day trip with my friends next Wednesday.  Which is better to do on the trip, wearing a *yukata* or *painting on a *wind chime?

*Azusa* : If I (1)(ア I would　イ choose　ウ painting on a wind chime　エ wearing a *yukata*　オ were　カ you,).  Walking around the city *in traditional clothes sounds great!

*Takeru* : Painting on a wind chime sounds nice.

*Emma* : Why do you think so?

*Takeru* : Because you can take it home with you.  You can enjoy the sound of the wind chime at home.  The staff members (2)(ア wear　イ you　ウ will　エ paint on　オ show　カ how to) a wind chime.

*Azusa* : Well, if you wear a *yukata* and take some pictures of yourself, you can enjoy them later, too.

*Emma* : That's true....  I can't decide which activity I should choose.

*Takeru* : Well... (3)(ア you　イ do　ウ a wind chime　エ why　オ don't　カ paint on) in the morning?  Then you can wear a *yukata* in the afternoon.

*Emma* : That's a good idea.  I'll do that.  I don't (4)(ア my *yukata*　イ clean　ウ to　エ want　オ dirty　カ make).

(注)take a day trip：日帰り旅行をする　paint on 〜：〜に絵をかく　wind chime：風鈴　in 〜：〜を着て

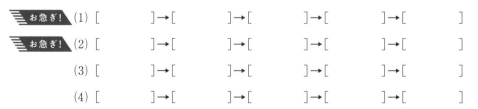

お急ぎ！ (1) [　　　]→[　　　]→[　　　]→[　　　]→[　　　]

お急ぎ！ (2) [　　　]→[　　　]→[　　　]→[　　　]→[　　　]

(3) [　　　]→[　　　]→[　　　]→[　　　]→[　　　]

(4) [　　　]→[　　　]→[　　　]→[　　　]→[　　　]

# 2 場面・条件に合う英文を作る問題

## 1 指示された状況に合う文を作る

**1** 「次のようなとき，どう言いますか」など，指示された場面・条件に合う英文を作る。

> **例題** 次のような場合，相手にどのように言えばよいか。英語で書きなさい。
>
> 「留学生に京都へ行ったことがあるかをたずねるとき。」
>
> > **ポイント!** 「～したことがあるか」という経験をたずねる英文を書けばよい。**現在完了形**を使って疑問文を作る。
> > **解答例** **Have you ever been to Kyoto?**

**2** メモなど，箇条書きで示された内容に合う英文を作る。

> **例題** 次のメモの下線部の内容を英語で書きなさい。
>
> ・メールへのお礼。
> ・知らせを聞いてうれしかったこと。
> ・会えるのを楽しみにしていること。
>
> > **ポイント!** メモの内容から，どのような意味の文にすればよいかを考えて英文を作る。「知らせを聞いてうれしかったです。」という英文を作る。「～してうれしい」は，**I'm happy [glad] to ～.** を使う。日本文では「私は」という主語が省略されているので，英文では主語を補うことに注意。
> > **解答例** **I'm[I was] happy[glad] to hear the news.**

## 2 対話や絵の内容に合う文を作る

・対話の空所に適する文を補ったり，絵の場面に合う文を作ったりする。

> **例題** 次の対話文を読み，(　　)内に適する英文を書きなさい。
>
> *A* : Excuse me.　I'm looking for an umbrella.
> *B* : (　　　　)
> *A* : I don't like blue.　Do you have another color?
>
> > **ポイント!** 場面の状況や話している人物の関係などを読み取って，話の流れをつかもう。(　)の前後の内容から，買い物の場面とわかる。Aが「青は好きではない」と答えているので，Bは「この青いかさはいかがですか」とすすめていると考えられる。
> > **解答例** **How about this blue umbrella[one]?**

**入試データ** 条件英作文はよく出る。教科書の基本文は書けるようにしておこう。

**1**  次は，彩香(Ayaka)とニック(Nick)との対話です。対話の流れが自然になるように，次の( 1 )，( 2 )の中に，それぞれ7語以上の英語を書きなさい。 〔静岡県〕

*Ayaka* : Hi, Nick.　You look nice in that shirt.

*Nick*　: My mother got it for me on the Internet.

*Ayaka* : Buying clothes on the Internet is useful, because (　　1　　).

*Nick*　: Last week, I visited a store near my house and got a shirt.　Buying clothes in stores is sometimes better than on the Internet, because (　　2　　).

*Ayaka* : I see.

(1) _____

正答率 28.9% (2) _____

**2** **HIGH LEVEL** 次のメールは，あなたが，10月にハワイから北海道にホームステイに来る予定のマイク(Mike)に送るものです。あなたは，このメールの▢にどのような英文を書きますか。条件にしたがって，30語以上の英語で自由に書きなさい。 〔北海道〕

メール

> Hello, Mike.
>
> Thank you for your e-mail.　Now I'll answer your questions.
>
> ┌─────────────────────────────┐
> │                             │
> └─────────────────────────────┘
>
> See you soon.

条件

> ① 迎えに行く場所と，誰と迎えに行くかを伝える。
>
> ② どのような服装を用意したらよいかを，理由とともに伝える。

**3** あなた(You)とジム(Jim)が，次のような対話をするとします。あとの条件1と2に
したがって，（ 1 ），（ 2 ）に入る内容を，それぞれ15語程度の英語で書きなさ
い。 　　　　　　　　　　　　　　　　　　　　　　　　　　　　　　　　　　　大阪府

*You* : Jim, it's Monday today, and our
tennis match will be on Saturday.
（ 1 ）

*Jim* : Of course!  Let's do it, but I don't
think one day is enough.  If it is
possible, we should do it on other
days, too.  What do you think?

*You* : （ 2 ）

*Jim* : OK.

【あなたの放課後の予定】

| Days of the Week | Plans |
|---|---|
| Monday | |
| Tuesday | Shopping |
| Wednesday | Dance Lesson |
| Thursday | Piano Lesson |
| Friday | |

〈条件1〉(1)に，テニスの試合まで5日だということと，今日の放課後テニスが
できるかということを書くこと．

〈条件2〉(2)に，ジムの発言に対する応答を書き，その理由となる【あなたの放課
後の予定】についても書くこと．

**お急ぎ!** (1)

**HIGH LEVEL** (2)

**4** あなたは，英語の授業で，自分の関心のあることについて発表することになり，次のメモを作成しました。メモをもとに，原稿の（　1　），（　2　）には適切な英語を書きなさい。また，（　3　）には，【あなたが参加したいボランティア活動】をAまたはBから1つ選んで記号を書き，【その理由】について，あなたの考えを，次の《注意》にしたがって英語で書きなさい。

お急ぎ！

岐阜県

《注意》・文の数は問わないが，10語以上20語以内で書くこと。

　　　　・短縮形（I'm や don't など）は1語と数え，符号（, や . など）は語数に含めないこと。

---

〈メモ〉（導　　入）先週，ボランティア活動についてのポスターを見た。

　　　　　　　　　　長い間ボランティア活動に興味があったので参加したい。

　　　　（活動内容）A　公園でごみを拾う。　　B　図書館で，子どもたちに本を読む。

　　　　【あなたが参加したいボランティア活動とその理由】

| あなたの考え |
|---|

　　　　（ま　と　め）参加の呼びかけ

---

〈原稿〉　　Last week, I saw a poster about volunteer activities.　I'd like to join one of them because （　1　） volunteer activities for a long time.

　　　　　In the poster, I found two different activities, A and B.　If I choose A, I will *pick up trash in the park.　If I choose B, I will （　2　）.　I want to join （　3　）.

　　　　　Would you like to join me?　　　　　　　　（注）pick up trash：ごみを拾う

---

正答率 **28**%

(1) _____

(2) _____

(3)【あなたが参加したいボランティア活動】[　　　　　]

　　I want to join [　　] _____

_____ .

# 3 自分の考えを書く問題

## 1 自分のことを説明する

・**テーマ**…**将来の夢，中学時代の思い出，学校や地域の紹介，春休みにしたいこと，好きな季節**など，身近なテーマがよく出題される。

> **例題** 「高校生になったらしたいこと」について，20語以上の英語で書きなさい。2文または3文で書くこと。
>
> > **ポイント！** まずしたいことを述べ，次にその理由や説明を書くようにするとまとめやすい。
> > **解答例** **I will study English hard because I'd like to work as a volunteer guide. I think it will be great if I can help tourists from abroad.** (27語)
> > (私はボランティアガイドとして働きたいので，熱心に英語を勉強するつもりです。私は外国からの旅行者を助けられたら，すばらしいだろうと思います。)

## 2 意見や考えについて述べる

・**形式**…ある意見や考えに対して，賛成か反対かを示し，それについての自分の意見を述べる。2つの意見に対して，どちらがよいかを述べるものもある。

> **例題** 次の意見に対して，あなたはどう思いますか。「そう思う」「そうは思わない」のいずれかの立場に立ち，自分の考えを英語で書きなさい。
>
> ・**Using the internet is good for us.**
> (インターネットを使うことは私たちにとってよいことだ。)
>
> > **ポイント！** よい点，悪い点を考え，自分の書きやすいほうを選ぶようにする。
> > **解答例** **We can learn many things and get useful information by using the internet. So I think it is good for us.**
> > (インターネットを使うことで，私たちは多くのことを学び，有益な情報を得ることができます。だから，私たちにとってよいことだと思います。)

## 3 覚えておくと便利な表現

| | |
|---|---|
| I agree. / I don't agree. | 私は賛成です。／私は賛成ではありません。 |
| I think (that) 〜. | 私は〜だと思います。 |
| I want to 〜. / I'd like to 〜. | 私は〜したい。 |
| I like 〜 the best. | 私は〜がいちばん好きです。 |

**1**

あなたは，英語の授業で，「将来の夢」というテーマについて英語で話し合うことになりました。あなたならこのテーマについて何と言いますか。また，その夢を実現するために何をしますか。下の条件にしたがい，（　1　），（　2　）にそれぞれ適切な英語を書き，**あなたの伝える内容**を完成させなさい。 熊本県

**あなたの伝える内容**　My dream is to （　1　）.　To *realize my dream,
I （　2　）.　　　　　　　　　　　　　　(注)realize ～：～を実現する

**条件**

・（　1　）には，2語以上の英語を書く。

・（　2　）には，4語以上の英語を書く。

・短縮形(I'm や isn't など)は1語と数え，コンマ( , )などの符号は語数に含めない。

(1)＿＿＿＿＿＿＿＿＿＿＿＿＿＿＿＿＿＿＿＿＿＿＿＿＿＿＿＿

(2)＿＿＿＿＿＿＿＿＿＿＿＿＿＿＿＿＿＿＿＿＿＿＿＿＿＿＿＿

 **2**

正答率 **18.9%**

次の英文は，香奈(Kana)さんの学級で英語のブラウン先生(Mr. Brown)が問いかけた内容です。あなたが香奈さんならどのように答えますか。問いかけに対する答えを，15語以上35語以内の英語で書きなさい。2文以上になってもかまいません。 滋賀県

**【ブラウン先生の問いかけ】**

> Hello, everyone.
>
> You will graduate soon.　I think you have a lot of wonderful *memories
> of your school life.　Can you tell me about one of your best memories?

(注)memories：memory(思い出)の複数形

＿＿＿＿＿＿＿＿＿＿＿＿＿＿＿＿＿＿＿＿＿＿＿＿＿＿＿＿＿＿

＿＿＿＿＿＿＿＿＿＿＿＿＿＿＿＿＿＿＿＿＿＿＿＿＿＿＿＿＿＿

＿＿＿＿＿＿＿＿＿＿＿＿＿＿＿＿＿＿＿＿＿＿＿＿＿＿＿＿＿＿

**3**

英語の授業で，次のテーマについて意見を書くことになりました。あなたなら，田舎と都会のどちらを選び，どのような意見を書きますか。あなたの意見を，あとの〔**注意**〕にしたがって，英語で書きなさい。

〔香川県〕

---

将来，あなたが暮らしたい場所は，田舎と都会のどちらか。

田舎　the country

都会　a city

---

〔**注意**〕 ① the country または a city のどちらかを○で囲むこと。

② I think living in【 the country / a city 】is better. の文に続けて，4文の英文を書くこと。

③ 1文の語数は5語以上とし，短縮形は1語と数える。ただし，ピリオド，コンマなどの符号は語として数えない。

④ 田舎または都会を選んだ理由が伝わるよう，まとまりのある内容で書くこと。

I think living in【　the country　/　a city　】is better.

_____

_____

_____

_____

 **4**

正答率 **15.9**%

日本への旅行を計画している海外の友人から次の[**質問**]を受けた場合，あなたならどのように答えますか。Summer または Winter のいずれかを○で囲み，その理由を8語以上の英語で書きなさい。なお，英語は2文以上になってもかまいません。ただし，コンマ( , )やピリオド( . )などは語数に含めない。

〔長崎県〕

[**質問**] I have long holidays in summer and in winter.

Which season is better to visit Japan?

【　Summer　/　Winter　】is better because _____

_____

_____ .

**5** 次の〔質問〕に対して，〔条件〕にしたがって，まとまった内容の文章を5文以上の英文で書きなさい。

正答率 **3.5%**

19 埼玉県

〔質問〕What is the best way to learn English for you?

〔条件〕① 1文目は〔質問〕に対する答えを，(1)に書きなさい。

② 2文目以降は，その理由が伝わるように，4文以上で(2)に書きなさい。

(1) _____

(2) _____

_____

_____

_____

**6** 次の英文は，あなたが友人のマイク(Mike)からもらったメールの一部です。マイクの質問に対するあなたの答えを英語30語以上で書きなさい。なお，符号( , . ?！など)は，語数には含まないものとします。

HIGH LEVEL

正答率 **4.2%**

茨城県

【あなたがマイクからもらったメールの一部】

I am doing my homework and I have to write about "the most important thing in my life."  For example, my father said that friendship is the most important in his life because he and one of his friends often helped each other when they *were in trouble.  The most important thing in my life is my watch.  My grandfather gave it to me when I entered junior high school.  Now, I am more interested in this *topic and I want to know about other people's important things.  What is the most important thing in your life?  Why do you think so?

(注)be in trouble：困っている　topic：話題，トピック

_____

_____

_____

_____

# 4 絵・図・表を見て英文を作る問題

## 1 絵を見て，場面に合う対話になるように，適切な英文を書く

**1 形式**…与えられた絵と英文から，だれが，どこで，何をしている場面なのかを押さえ，状況に合う英文を作る。

➡ 与えられる絵は1枚の場合もあれば，連続する場面を表す複数の絵が与えられる場合もある。

相手の発言が示されており，それに対する応答の文を話の流れに合うように作る問題が多い。

**2 注意点**…難しい表現を使っていても，**正しく書けていなければ減点**となってしまう。簡単な表現でも，**文法的に正しく書けている**ことが大切。言おうとすることを表す英語の文が作れなさそうな場合は，ほかの表現で言いかえることができるかどうか考えてみよう。

---

**例題** 次の絵はジェーン(Jane)と健太(Kenta)が話している場面です。場面に合う対話になるように，( )に適する英文を書きなさい。

*Jane :* **You look sleepy, Kenta.**
　　　　**What's wrong?**

*Kenta :* ( 　　　　　　 )

**ポイント!** Jane は Kenta に「眠そうだね」と言っている。眠い理由として適切な英文を考える。例として，前日の夜に勉強をしていた，宿題をしていたなどが考えられる。過去のことなので，過去形で表すことにも気をつける。

**解答例** **I studied until late last night.** (私は昨夜，遅くまで勉強しました。) /
**I went to bed late because I didn't finish my homework.**
(私は宿題が終わらなかったので，寝るのが遅くなりました。)

---

## 2 図・表を見てわかることを，英語で表す

**1 形式**…アンケートの結果，天気などの表やグラフ，イベントのお知らせのポスターなどを見て，読み取った内容を表す英文を作る。

**2 注意点**…図・表の情報を正しく読み取ることが大事。**人数や日付などの数**や，イベントなどのお知らせでは，**どんなことができるか**などをしっかりと読み取ること。

---

**入試データ** 「○語以上で」や「2文以上の英文で」などの条件に合わせて英文を作ること。

# 実戦トレーニング

➡ 解答・解説は別冊49ページ

**1** 次の(1)，(2)の絵において，2人の対話が成り立つように，質問に対する答えを，主語と動詞を含む英文1文でそれぞれ自由に書きなさい。 〔北海道〕

(1)

> What did you do after dinner yesterday?

(2)

> I made this sweater. What do you think?

(1) _____

(2) _____

**2** 次のイラストを見て，あとの問いに答えなさい。 〔愛知県〕

**お急ぎ！**

対話文(A：外国人の同級生，B：あなた)

A : What are you doing?

B : I (  1  ).

A : Why?

B : Because (  2  ).  I'll go back to Japan tomorrow.

A : Oh, really?  I feel so sad, but I hope to see you again.

(問い) 2週間の海外研修の最終日に，あなたはこれまで使用していた机を掃除しています。そこに，親しくなった外国人の同級生がやって来て，あなたに話しかけてきました。対話文の(  1  )と(  2  )に，それぞれ4語以上の英語で書き，対話を完成させなさい。ただし，(  1  )には desk(机)，(  2  )には last (最後の)を必ず使うこと。なお，下の語を参考にしてもよい。

〈語〉掃除する，きれいな  clean    使う，使用  use

(1) _____

(2) _____

**3** 留学生の Linda があなたに SNS 上で相談しています。添付されたカタログを参考に，あなたが Linda にすすめたい方を○で囲み，その理由を 2 つ，合わせて 25〜35 語の英語で書きなさい。英文は 2 文以上になってもかまいません。　　　　　　［鹿児島県］

お急ぎ！

正答率
**28.7**%

Linda 13:35

Hi! I want to buy a bag. Which should I buy, X or Y? Please give me your advice!

|  | X | Y |
|---|---|---|
| 価格 | ~~8,600 円~~ 4,300 円 | 2,900 円 |
| 特徴 | 化学繊維（防水） | 綿（天然素材） |
| 重さ | 970g | 590g |
| 容量 | 30L | 20L |

You should buy 【　X　・　Y　】because _____

_____

**4** 留学生のスティーブン（Steven）さんが，富山県の魅力を海外にアピールするポスターの案を 2 種類作成しました。下の A と B のポスターのうち，あなたがよいと思う方について，下の指示にしたがって書きなさい。　　　　　　　　　　　　［富山県］

HIGH LEVEL

【A】
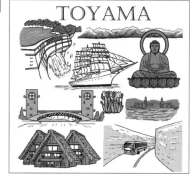
TOYAMA

【B】

TOYAMA

指示

・【　　】には，あなたが選んだポスターの記号 A，B いずれかを書く。
・あなたの考えを理由とともに 25 語以上の英語で書く。
　ただし，I think 【　　】 is better. の 1 文は語数には含めない。
・英文の数は問わないが，前後つながりのある内容の文章にする。
・短縮形（I'm / don't など）は 1 語として数える。
・符号（, / . / ? / ! など）は語数には含めない。

I think 【　　　　】 is better. _____

_____

# 5 日本語を英文に直す問題

## 1 日本語を英文に直す

**1 形式**…英文中に示された日本語や，与えられた日本語を英文に直す。

長文読解の小問として出ることも多い。

➡与えられた状況をふまえて，日本語を英文に直す場合もある。

**2 注意点**…日本語では**明確に示されていない内容を補って**考えなければならないことも

ある。

日本語では主語が示されていないこともあるので注意。

例）ケン，この映画見たことある？

➡日本語では，主語の「あなたは」が抜けているので，主語 you を補う。

---

**例題** 次の対話の下線部の日本語を英語に直しなさい。

「宿題を手伝ってくれないかな。」「いいよ。」

**ポイント！** 相手にお願いをする文。「私の宿題について私を手伝ってくれませんか。」と
日本語を補って考える。

**解答例** **Can you help me with my homework?**

---

## 2 よく問われる表現

① **感情を表す形容詞＋ to ～（～して…）**

[例] 私はそのテレビ番組を見てとても驚きました。

➡ I was very **surprised to** watch the TV program.

② **It is …（for ―）to ～.（〈―にとって〉～することは…です。）**

[例] 私たちにとって朝食を食べることは大切です。

➡ **It's** important **for** us **to** have breakfast.

③ **疑問詞＋ to ～**

[例] 私に折り鶴の作り方を教えてください。

➡ Please show me **how to** make paper cranes.

④ **現在完了形**

[例] あなたは今までにブラウン先生に会ったことがありますか。

➡ **Have** you ever **met** Mr. Brown?

⑤ **関係代名詞**

[例] 私が昨日読んだ本は興味深かったです。

➡ The book **which** I read yesterday was interesting.

**入試データ** 日本語では表されていない語に注意して，英文を作ること。

# 実戦トレーニング

➡ 解答・解説は別冊50ページ

**1** 次の下線部の日本語を英語に直しなさい。

**お急ぎ!** (1) *Hiroki*　　: Hello, Mr. Jones.　I came here to talk with you.　あなたは，この前の金曜日私に会ったことを覚えていますか。

　　　　*Mr. Jones* : Of course, Hiroki.　　　　　　　　　　　　　　　山梨県

(2) To tell many people about *lacquer art, I started this class and have been making new lacquer art *works to *match our life.　I think we have to tell this traditional *craft to the next *generation.　私は，もっと多くの若い人々が，それに興味をもつことを望みます。　　香川県

　　　(注)lacquer art：漆芸　work(s)：作品　match：合う　craft：工芸　generation：世代

**2** 次のような状況において，あとの(1)～(5)のとき，あなたはどのように表現しますか。それぞれ4語以上の英語で書きなさい。ただし，I'm などの短縮形は1語として数え，コンマ( , )，ピリオド( . )などは語数に入れません。　　三重県

【状況】
　　あなたは，カナダから来た外国語指導助手(ALT)の Ms. White と，昼休みに話をしています。

**お急ぎ!** (1) 先週末に何をしたのかをたずねるとき。

(2) 先週末，神戸(Kobe)にあるレストランで，母と昼食をとったと伝えるとき。

(3) そのレストランはとても混みあっていたので，長い間待つ必要があったと伝えるとき。

**お急ぎ!** (4) 昼食後，母と買い物を楽しんだと伝えるとき。

147

(5) 神戸で作られた小さい財布を買ったと伝えるとき。

_____

**3** あなたは，あなたの両親と留学生のジョシュア(Joshua)といっしょに京都へ旅行する予定です。ジョシュアに，旅行についてメールで伝えることにしました。次の【メモ】の内容を伝えるために(　1　)～(　3　)に英語を書き，【メール】を完成させなさい。ただし，(　　)を含む文がいずれも 1文になるようにすること。　　　　　佐賀県

【メモ】

> ・私たちは佐賀(Saga)から京都(Kyoto)へ電車で行く。
> ・京都には古いお寺がたくさんある。
> ・清水寺(Kiyomizu-dera Temple) に行く。
> ・多くの人が清水寺を訪れる。
> ・清水寺は日本で最も有名な寺だと思う。

【メール】

> To Joshua,
>
> Hi.　I can't wait to travel with you.　We (　1　).
>
> (　2　) in Kyoto.　We will visit Kiyomizu-dera Temple.
>
> Many people visit Kiyomizu-dera Temple.　I think (　3　).
>
> If you want to know more, please ask me.
>
> See you.

(1) _____

**お急ぎ!** (2) _____

(3) _____

**4**
**HIGH LEVEL** 次の対話文の￨￢￣￣￤において，(　　)内に示されていることを伝える場合，どのように言えばよいですか。適切な英語を書きなさい。　　　　　静岡県

_Lucy_ : I used the Internet and bought the thing that I wanted!　The Internet is very useful.

_Naoto_ : I think so, too.　￨￢￣￣￣￣￣￣￤（今の私たちに欠かせないね。）

# 覚えておくと英作文に便利な表現

## 《1》 I like 〜. (私は〜が好きです。)

**ポイント**

自分の好きなことを述べるときに使う。「〜がいちばん好きだ」と言うときは，I like 〜 the best. とする。

**例** I like summer the best because I can swim in the sea.

(海で泳げるので，私は夏がいちばん好きです。)

★「〜することが好き」と言いたいときは，I like のあとに〈to＋動詞の原形〉や動詞の ing 形を使う。

**例** I like to take pictures.

(私は写真を撮ることが好きです。)

**例** I like listening to rock music.

(私はロックを聞くことが好きです。)

★興味のあることを言うときは，be interested in 〜で表せる。

**例** I'm interested in living abroad.

(私は海外で生活することに興味があります。)

## 《2》 I want to 〜. (私は〜したい。)

**ポイント**

将来の夢や，高校生になったらやりたいことなど，自分の願望を述べるときに使う。

**例** I want to go to America to study English.

(私は英語を勉強するためにアメリカへ行きたい。)

★「(将来)〜になりたい」と言うときはふつう become ではなく，be を使う。

**例** I want to be a teacher in the future.

(私は将来，教師になりたいです。)

★want to 〜 は would like to 〜 でも書き表せる。ていねいな言い方になる。

**例** I'd like to join the soccer team.

(私はサッカー部に入りたいです。)

## 《3》 I'm going to 〜. (私は〜するつもりです。)

**ポイント**

予定を述べるときに使う。

**例** I'm going to visit my grandparents in Fukuoka during this spring vacation.

(私はこの春休みの間に福岡の祖父母を訪ねる予定です。)

## 《4》 I think (that) 〜. (私は〜だと思います。)

**ポイント**

自分の意見や考えを述べるときに使う。that のあとに，自分の意見を続ける。that は省略することが多い。

**例** I think (that) reading comics is also important.

(私は，マンガを読むこともまた大切だと思います。)

# よく出る会話表現

## ⟨1⟩ 誘う・提案する表現と応じ方

「～しませんか」「～はどうですか」のように誘ったり，提案したりするときの言い方です。リスニングだけでなく，会話文の読解問題などでもよく出る表現です。

### ポイント

疑問文の形で誘ったり，提案したりする表現がよく問われる。

| 誘う・提案する表現 |
| --- |
| Why don't you ～?<br>～してはどうですか。 |
| Why don't we ～?<br>（いっしょに）～しませんか。 |
| How about ～ing?<br>～するのはどうですか。 |
| Do you want to ～?<br>～したいですか。 |
| Would you like to ～?<br>～したいですか。（ていねいな言い方） |

### ポイント

誘いや提案に対するいろいろな応じ方にも注意。

| 誘い・提案に対する応じ方 |
| --- |
| That sounds good[nice].<br>（相手の発言を聞いて）それはいいですね。 |
| That's a good[great] idea.<br>それはいい[すばらしい]考えですね。 |
| I'd love to.<br>ぜひしたいです。 |
| I'm sorry, I can't.<br>ごめんなさい，できません。 |

## ⟨2⟩ あいづちなどの表現

相手の話を受けてあいづちを打ったり，相手に物を手渡したりするときの言い方です。

### ポイント

それぞれの場面で使われる決まった表現に注意。

| 相手の話にあいづちを打つとき |
| --- |
| I see.<br>なるほど。／わかります。 |

| 相手の話に同意するとき |
| --- |
| That's right.<br>そのとおりです。 |
| I think so, too.<br>私もそう思います。 |

| 相手に物を手渡すとき |
| --- |
| Here you are. / Here it is.<br>はい，どうぞ。 |

## ⟨3⟩ お礼・謝罪に対する応じ方

「どういたしまして」などの言い方です。

### ポイント

いろいろな応じ方があるので注意。

| お礼・謝罪に対する応じ方 | |
| --- | --- |
| ありがとう。<br>Thank you. | どういたしまして。<br>You're welcome.<br>No problem.<br>Not at all.<br>It's my pleasure. |
| ごめんなさい。<br>I'm sorry. | だいじょうぶ，いいですよ。<br>That's all right.<br>No problem.<br>It's OK.<br>Don't worry about it. |

# 模擬試験

第1回…………p.152

第2回…………p.156

実際の試験を受けているつもりで取り組んでください。
制限時間は第1回，第2回とも45分です。

制限時間がきたらすぐにやめ，
筆記用具を置いてください。

各回とも［1］はリスニング問題です。
アプリ「my-oto-mo」で再生してください

# 模擬試験 ［第1回］ 時間45分 100点満点

➡ 解答・解説は別冊52ページ

**1** 🔊 48 音声を聞き，次の(1)と(2)の問いに答えなさい。 ［各3点 計30点］

(1) No. 1 ～ No. 3 の対話文を聞いて，それぞれの対話の最後の文に対する応答として最も適切なものを**ア～エ**の中から1つずつ選び，記号で答えなさい。

No. 1 **ア** Can I take a message? **イ** Can I leave a message?
   　　**ウ** Will you call me? **エ** I will go shopping. ［　　］

No. 2 **ア** It was a very famous novel. **イ** I saw that movie yesterday.
   　　**ウ** I heard about it. **エ** I read about it in the newspaper.
   　　　　　　　　　　　　　　　　　　　　　　　　　　　　　　　　［　　］

No. 3 **ア** No, thank you.　I'm full. **イ** Please help yourself.
   　　**ウ** You're welcome. **エ** I'd like to cook dinner.　［　　］

(2) 恵子さんのスピーチを聞いて，次の表の①～⑦の（　　）にあてはまる日本語を書きなさい。

> ・ボランティア活動に（　①　）がある生徒のためのクラブ。週2回，活動がある。
> ・（　②　）曜日は，（　③　）に町内でボランティア活動をするために出かける。例えば，（　④　）や（　⑤　）を掃除する。
> ・（　⑥　）曜日は，ときどき老人ホームへ行って，お年寄りを（　⑦　）。

①＿＿＿＿＿＿　　②＿＿＿＿＿＿　　③＿＿＿＿＿＿
④＿＿＿＿＿＿　　⑤＿＿＿＿＿＿　　⑥＿＿＿＿＿＿
⑦＿＿＿＿＿＿＿＿＿＿＿＿＿＿＿＿＿＿＿＿

**2** 次の英文の（　　）に最も適するものを，**ア～エ**から選び，記号で答えなさい。［各2点 計6点］

(1) Can you help me （　　） these boxes?
   **ア** carries **イ** carrying **ウ** carry **エ** carried ［　　］

(2) Brian has been （　　） since this morning.
   **ア** ran **イ** to run **ウ** run **エ** running ［　　］

(3) If I were you, I （　　） call him right away.
   **ア** will **イ** would **ウ** must **エ** can ［　　］

**3** 次の対話文について，①は（　）内の語を適する形に書きかえなさい。また，②は（　）内の語を意味が通る英文になるように並べかえなさい。　［①各2点　②各3点　計15点］

(1) *Kenta*: Is this your handkerchief, Emily?

　*Emily*: Oh, it's mine.　Thank you, Kenta.　I ①(lose) it yesterday.

　　　　②Please (me / where / it / found / tell / you).

　*Kenta*: In the classroom.　It was under my chair.

　① _____

　② Please _____.

(2) *Kenta*: That temple is the ①(old) in our town.

　*Emily*: Oh, is it?　②(was / the / built / when / temple)?

　*Kenta*: About 150 years ago.

　① _____

　② _____?

(3) *Emily*: Look, Kenta.　These are the pictures ①(send) by my grandma.

　*Kenta*: They're beautiful!　Where is this?

　*Emily*: It's London.　②(lived / this / has / in / she / town) for fifty years.

　① _____

　② _____ for fifty years.

**4** 次の対話文は，真紀さん(Maki)がグリーン先生(Mr. Green)にインタビューしたときのものです。これを読んで，あとの問いに答えなさい。　［各4点　計12点］

*Maki*　　　:　　　①　　　 in Japan?

*Mr. Green*: For two years.　I came here to teach English and to learn about Japan.

*Maki*　　　: How do you like Japan?

*Mr. Green*: I like everything.　I like J-pop very much.

*Maki*　　　: ②(歌舞伎についてはどう思いますか。)

*Mr. Green*: ③(それを理解することは私には難しい。)　But I think it's wonderful.

(1) ①の下線部に話の流れに合うように，適する英文を書きなさい。

_____ in Japan?

(2) ②，③の（　）内の日本語を，英語に直しなさい。

　② _____ *kabuki*?

　③ _____

## 5

次は，留学生のエイミーさん（Amy）と彼女の友達の絵美さん（Emi），理恵さん（Rie）との対話文です。これを読んで，あとの問いに答えなさい。　　　　　　　　　　　　　　[計37点]

*Emi* : Amy, do you have any plans for Saturday?  Rie and I are （　①　） go to the movies.  There's a new movie ②(call) "Harry's Adventure."

*Amy* : Oh, I want to see ③that, too!  I hear it's a really good movie.  But I already have plans for Saturday.  My *cousin from Canada is in Tokyo right now for summer vacation, and we're going to go shopping together.

*Rie* : Oh, your cousin is here?

*Amy* : Yes.  She's visiting Japan （　④　） her family.  It's her first time in Japan.

*Rie* : Well, the movie starts at 4 p.m., so why don't you come with your cousin after you finish shopping?  *I'd love to meet her.

*Emi* : Yeah, me, too!

*Amy* : Oh, really?  It's kind of you to *invite her.  OK, *let me ask her then.
⑤I (meet / think / you / she / to / be / will / happy).  She's having a good time in Japan, and she was saying that she wanted to make Japanese friends.

*Emi* : ⑥It's nice to hear that.  ⑦I'm (　　　) Canada, too, so it will be a good chance for me to know more about the country.

*Amy* : Great.  By the way, [　　　A　　　]

*Rie* : It's in Asahi Town.  It's near the station.

*Amy* : OK.  And [　　　B　　　]

*Rie* : We should be at the *theater （　⑧　） 3:45 p.m., so why don't we meet at 3:30 p.m. in front of the station?

*Amy* : Sounds good.  I'll call you tonight after I talk with my cousin.

*Emi* : OK, we'll talk to you later!

　　(注)cousin：いとこ　I'd love to ～：ぜひ～したい　invite ～：～を招待する　let me ～：私に～させてください
　　　　theater：映画館

(1) ①の（　　　）に適する英語2語を書きなさい。　　　　　　　　　　　　　　　[2点]

_____

(2) ②(call)を，適する形にかえて書きなさい。　　　　　　　　　　　　　　　　　[2点]

_____

(3) ③that が指すものは何ですか。本文中から英語3語を抜き出して書きなさい。　　[2点]

_____

(4) ④, ⑧の( )に最も適する語を, それぞれ**ア〜エ**の中から1つ選び, 記号で答えなさい。
[各2点]

④ ア from イ to ウ with エ at
⑧ ア by イ until ウ for エ in

④ [ ] ⑧ [ ]

(5) 下線部⑤の( )内の語を, 意味の通る英文になるように, 並べかえなさい。 [4点]

I _____ .

(6) 絵美さんは⑥ It's nice to hear that. と言っていますが, どんなことを聞いてうれしく思ったのですか。日本語で具体的に書きなさい。 [4点]

( )

(7) 下線部⑦が「私もカナダに興味があります」という意味になるように, ( )に適する英語2語を書きなさい。 [2点]

_____

(8) 本文中の A , B に最も適する文を, それぞれ**ア〜オ**の中から1つ選び, 記号で答えなさい。 [各3点]

ア what time do you want to meet?
イ when does the movie start?
ウ where is the movie theater?
エ how can we get to the movie theater?
オ how often do you go to the movies?

A [ ] B [ ]

(9) 次のa, bの質問に対する答えを, 本文の内容に合うように, それぞれ3語以上の英文1文で書きなさい。ただし, 符号は語数には含めません。 [各4点]

a. Is Amy's cousin staying in Japan now?

_____

b. What time are they going to meet on Saturday?

_____

(10) 対話文の内容と一致するものを, **ア〜エ**の中から1つ選び, 記号で答えなさい。 [3点]

ア Emi and Rie are going to watch a movie at home on Saturday.
イ Amy is going to visit her cousin in Canada for summer vacation.
ウ Emi wants to learn about Canada from Amy's cousin when she meets her.
エ Rie wants to go shopping with Amy's cousin after the movie.

[ ]

**1** 音声を聞き，次の(1)と(2)の問いに答えなさい。 ［各5点 計25点］

(1) No. 1 ～No. 3の対話文とその対話の内容に関する英語の質問を聞いて，その答えとして最も適切なものを**ア**～**エ**の中から1つずつ選び，記号で答えなさい。

No. 1 **ア** It's Thursday.　　**イ** Four hours.

　　　 **ウ** For a week.　　　**エ** For four days.　　　　　　　［　　　］

No. 2 **ア** 8/12 土曜日　　**イ** 8/12 日曜日　　**ウ** 8/11 土曜日　　**エ** 8/11 日曜日

　　　　　　　　　　　　　　　　　　　　　　　　　　　　　［　　　］

No. 3

```
| ウ |   | エ |書店|   | イ |美容院|   |
|ホテル|   |生花店|   | 市役所 |   |
|   |学校|   |   | ア |書店|   |
|   |   | 駅 |   |   |
```
　　　　　　　　　　　　　　　　　　　　　　　　　　　　　［　　　］

(2) 対話文を聞いて，横浜の土曜日と日曜日の天気として正しいものを**ア**～**ウ**の中から1つずつ選び，記号で答えなさい。

① 土曜日　　　　　② 日曜日

　**ア** 晴れ→くもり　　**ア** 雪

　**イ** くもり→雪　　　**イ** 雨

　**ウ** 晴れ　　　　　　**ウ** くもり→雪　　　　　①［　　　］ ②［　　　］

**2** 次の英文が正しい内容になるように，①～⑤の（　　）内の語を，それぞれ1語で適切な形に書きかえなさい。 ［各2点 計10点］

　Next Sunday is Meg's ①( eight ) birthday.　I haven't ②( buy ) a present yet. But I'll give ③( she ) a book which has a lot of ④( story ) for children.　She likes books and enjoys ⑤( read ) in the library every day.　I hope she will like it.

　　　　　　① ＿＿＿＿＿＿　② ＿＿＿＿＿＿　③ ＿＿＿＿＿＿

　　　　　　④ ＿＿＿＿＿＿　⑤ ＿＿＿＿＿＿

**3** 次の対話文が成り立つように，（　　）に最も適する文を**ア**～**ウ**の中から１つずつ選び，記号で答えなさい。

［各2点　計8点］

(1) A : I was playing the piano when you called me last night.

　 B : (　　) I didn't know you played the piano.

　　 **ア** Oh, did you?　　　　　**イ** Oh, have you?　　　　**ウ** Oh, were you?

［　　　］

(2) A : Where's today's newspaper?　Did you read it this morning?

　 B : No, I didn't.　(　　　)

　　 **ア** I haven't read it yet.　　**イ** I've already read it.　　**ウ** I read it twice.

［　　　］

(3) A : Your suitcase looks so heavy.　(　　　)

　 B : Yes, please.　Thank you very much.

　　 **ア** Will you carry it?　　　**イ** Shall I carry it?　　　**ウ** How about you?

［　　　］

(4) A : Must I buy that dictionary?

　 B : (　　　) I'll lend mine to you.

　　 **ア** No, you don't have to.　**イ** Yes, you must.　　　**ウ** Sorry, I can't.

［　　　］

**4** 次のような場合，英語でどのように言えばよいですか。英文を書きなさい。

［各4点　計8点］

(1) 今，沖縄(Okinawa)にいる相手に「私が沖縄にいれば，毎日泳ぎに行くのに。」と言うとき。

(2)「今度の日曜日に，野球観戦をしないか。」と相手を誘うとき。

**5** 次の英語の質問に対して，あなたの考えを20語以上の英語で自由に答えなさい。ただし，2文または3文で書くこと。また，コンマやピリオドなどの符号は，語数には含めません。

［8点］

> What do you want to be in the future?　And why?

## 6

次は，高校生の健太(Kenta)さんが英語の授業で発表したスピーチの原稿です。これを読んで，あとの問いに答えなさい。　　　　　　　　　　　　　　　　　　　　　　　［計41点］

I watched an interesting *TV program yesterday.　①The program was about (take / to / were learning / who / pictures / *visually impaired children / how). Before I watched the program, I didn't think ┌A┐ visually impaired people could take nice pictures.　②But I was wrong.　*Although visually impaired people cannot see, they can take very beautiful pictures.

At first, nothing was easy for the children.　Even holding a camera *properly was hard.　③It (　　　　　　　　　　) how to use a camera *correctly.

But the *kids didn't give up.　┌B┐ the kids *got used to using a camera, the teacher gave all of them a camera for two weeks.　He asked them to take pictures of a favorite *subject.　Some took pictures of friends and family members.　Others took pictures of nature, animals or trains.　After two weeks, the teacher *checked the pictures and ④was *shocked.　The pictures were much better than he *expected.

The TV program showed many pictures that the children took.　I liked all of them, but one especially *impressed me.　It was a photo ［　ア　］ by a nine-year-old girl.　It was a picture of her one-year-old brother.　The picture really *expressed her *honest love for her brother.

I learned ［　イ　］ from the program.　Even if something *seems difficult at first, we should not say, "Oh, that's impossible."　Instead, we should say, "It *might be difficult, but maybe it's possible ┌C┐ I try."　Life is full of wonderful *mysteries.　We should always keep our *minds open ┌D┐ ⑤we never know what will happen.　This is a *lesson that I will never forget.

(注)TV program：テレビ番組　visually impaired：目の不自由な　although：〜だけれども　properly：正しく，きちんと
correctly：正しく，正確に　kid：子ども　get used to 〜：〜に慣れる　subject：題材
check：〜をチェックする　shock：：〜にショックを与える　expect：〜を予想する　impress：〜に感銘を与える
express：〜を表現する　honest：誠実な　seem：〜のように思われる　might：〜かもしれない
mystery：神秘，不思議　mind：心　lesson：教訓

(1) 下線部①の(　　)内の語句を，意味が通る英文になるように並べかえなさい。　　　［3点］

The program was about _____

_____.

(2) ┌A┐〜┌D┐に最も適する語をア〜オの中から1つずつ選び，記号で答えなさい。ただし，文頭の文字も小文字で示してあります。また，それぞれ1度しか使えません。

［各2点］

ア if　　イ because　　ウ when　　エ but　　オ that

A ［　　　］ B ［　　　］ C ［　　　］ D ［　　　］

(3) ②<u>But I was wrong.</u>とありますが，健太さんが間違っていたと言っていることは何ですか。具体的に日本語で説明しなさい。　　　　　　　　　　　　　　［3点］

（　　　　　　　　　　　　　　　　　　　　　　　　　　　　　　　　　　）

(4) 下線部③の英文が，「彼らが，正しくカメラを使う方法を学ぶには長い時間がかかった」という意味になるように，（　　　）内に適する英語を書きなさい。　　　［4点］

It _____

how to use a camera correctly.

(5) ④<u>was shocked</u>とありますが，先生がそのように思ったのはどうしてですか。その理由を表す文になるように，A，Bの［　　　］に入る適切な日本語を書きなさい。　［各2点］

子どもたちが［　A　］が，［　B　］だったから。

A（　　　　　　　　　　　　　　　　　　　　　　　　　　　　　　　　　　）

B（　　　　　　　　　　　　　　　　　　　　　　　　　　　　　　　　　　）

(6) ［　ア　］に最も適する語を下の［　　　］の中から選び，適切な形にかえて書きなさい。　　　　　　　　　　　　　　　　　　　　　　　　　　　　　　　　　　［3点］

［　have　use　take　tell　］

_____

(7) ［　イ　］には「何か大切なこと」という意味の英語が入ります。2語の英語で書きなさい。　　　　　　　　　　　　　　　　　　　　　　　　　　　　　　　　　　［3点］

_____

(8) ⑤<u>we never know what will happen</u>を次のように書きかえるとき，（　　　）に適する語を2語の英語で書きなさい。　　　　　　　　　　　　　　　　　　　［3点］

（　　　　　　　　）knows what will happen

_____

(9) 次のア〜オの英文について，本文の内容と合っていれば○を，違っていれば×をそれぞれ書きなさい。　　　　　　　　　　　　　　　　　　　　　　　　　　　　［各2点］

ア Kenta watched a TV program about how to take beautiful pictures of children.

イ Kenta's feelings changed after he watched the program.

ウ Learning how to use a camera wasn't very hard for the children.

エ Kenta will try to look at things in a more open way.

オ Kenta thinks we should always be careful because life is full of dangers.

ア［　　　］イ［　　　］ウ［　　　］エ［　　　］オ［　　　］

**中学3年分の一問一答が無料で解けるアプリ**

 以下の URL または二次元コードからアクセス
してください。
https://gakken-ep.jp/extra/smartphone-mondaishu/
※サービスは予告なく終了する場合があります。

デザイン ········· bicamo designs

編集協力 ········· 佐藤美穂, 上保匡代, 水島郁, 宮崎史子, 三代和彦, 森田桂子, 脇田聡,
株式会社シー・キューブ

本文イラスト ··· 下田麻美

音声録音 ········· 一般財団法人英語教育協議会（ELEC）

ナレーション ··· Kristen Watts, Howard Colefield, 桑島三幸

本文DTP ········· 株式会社 明昌堂　24-2031-1625（2022）

この本は下記のように環境に配慮して製作しました。
・製版フィルムを使用しないCTP方式で印刷しました。
・環境に配慮して作られた紙を使っています。

③

左側縦書き：高校入試の最重要問題 英語 改訂版

# 解答と解説

高校入試の
最重要問題

最重要問題

英語
改訂版

本体と軽くのり付けされているので，はずしてお使いください。

別冊

# 文　法　編

{P8}

## 弱点チェック

**| 現在・過去・未来の文**
① doesn't play　　② Did, watch
③ is running　　④ are, going[planning]

**2 疑問詞を使った疑問文**
① What[Which] subject(s)
② How many　　③ Why does

**3 〈to＋動詞の原形〉と動名詞**
① want to　　② anything to
③ to make[cook]　　④ enjoyed talking

**4 名詞・形容詞・副詞・代名詞**
① children, them　② often, her
③ little　　④ new, yours
⑤ Each

**5 接続詞・前置詞**
① If, rains　　② when
③ didn't know that[did not know]
④ at, in　　⑤ for

**6 会話表現**
① Why don't　② Do, want[Would, like]
③ Would, like[Do, want]
④ What's, matter

**7 いろいろな文**
① made me　　② looks busy
③ gave him　　④ Is there

**8 〈to＋動詞の原形〉発展**
① how to　　② want him to
③ It, for, to　　④ help, pick

**9 現在完了形・現在完了進行形**
① has, arrived[got / gotten]
② Have, been to
③ haven't seen[met], since
④ has been practicing

**10 比較**
① as old　　② newer than
③ most expensive of　④ like better, or

**|| 助動詞**
① Can[May / Could] I　② should
③ have[need] to　　④ must get[wake]

**12 関係代名詞（名詞を修飾する語句）**
① girl listening　② he made
③ book written　　④ friend who[that]
⑤ that[which] everyone[everybody]

**13 間接疑問・命令文・感嘆文**
① who she is　② where he lives
③ Don't be　　④ What, old

**14 受け身**
① was built　　② isn't spoken
③ Were, washed　④ will, be held

**15 いろいろな熟語**
① interested in　② looking for
③ take care　　④ forward to

**16 仮定法**
① wish, could　② If, were, wouldn't
③ If, would

{P.13}

## 1 （現在・過去・未来の文）

**1** (1) イ　(2) イ　(3) ウ　(4) イ

**解説** (1)「来ました」は come（来る）の過去形 came で表す。**ア**の began は begin(始まる)の過去形。**ウ**の wrote は write(書く)の過去形。

(2) 主語が This(これ)の複数形 These(これら)であることと，あとに名詞の複数形(rackets)があることから，be 動詞は are が適切。

(3) 前に be 動詞の過去形 was があるので，過去進行形(**was[were]＋動詞の ing 形**)にする。動詞の ing 形を選ぶ。

(4)「見ました」なので，過去の文。watch の過去形 watched が適切。last night(昨夜)は過去の文で使われる。

**2** (1) エ　(2) エ　(3) ア
　(4) ウ　(5) ア　(6) ウ

**解説** (1) yesterday(昨日)があるので，過去の文。一般動詞がないことから，be 動詞の疑問文にする。be 動詞の Were が適切。「ケリー：あなたは昨日，学校に遅れましたか。　ナナ：はい。私は病院に行かなければなりませんでした。」

(2) 過去のことをたずねられているので，過去形を使って答える。**leave の過去形の left** を選ぶ。「A：あなたは放課後に何をしましたか。　B：私は学校を出て，家に帰りました。」

(3) Did ～?とたずねられ，また文末に yesterday とあるので，一般動詞の過去の否定文にするのが適切。〈**didn't ＋動詞の原形**〉の形にする。I think につられて現在の否定文にしないこと。「A：あなたは昨日，学校でマイクに会いましたか。　B：彼は昨日，具合が悪かったので学校には来なかったと思います。」

(4) when（～のとき）に続く文が過去の文なので，前半部分も過去の文にするのが適切。**drink(飲**

2

む）の過去形は **drank**。「彼女は学校に到着すると冷たい水を飲みました。」

(5) 空所のあとに動詞の ing 形と now があることから **現在進行形** の文。主語の one of the birds(その鳥のうちの 1 羽)は**単数なので, be 動詞は is** が適切。「私が昨日買った鳥のうちの 1 羽が今, さえずっています。」

(6) at that time(そのとき)があることから, 過去進行形の文 (**was[were]＋動詞の ing 形**) にするのが適切。take a bath で「風呂に入る」。「マーク：あなたは夕方のニュースを見ましたか。私たちの文化祭がテレビに映りました。 ケン：私はそれを見逃しました。私はそのときお風呂に入っていました。」

**3** ① to cook　② gave　③ finishes

解説 ① 空所の前に I'm going とあることから,〈**be going to ＋動詞の原形**〉の未来の文にする。curry and rice for them の前におく語としては,「～を料理する」という意味の cook が適切。

② my grandmother ～ yesterday は前の名詞 vegetables を後ろから修飾する文。yesterday (昨日) があるので**動詞は過去形にする**。「私の祖母が昨日, 私たちに**くれた**」となるように, give の**過去形の gave** を入れる。

③ school を主語とする動詞は「終わる」という意味の finish が適切。文の前半部分は未来の文だが, × *will* finish としないこと。「～のとき」という意味の when に続く文では, **未来のことも現在形で表す**ので finishes とする。

【英文の意味】
今日, 私の両親はとても忙しいです。それで, 私は今夜, 彼らのためにカレーライスを作る予定です。私は祖母が昨日, 私たちにくれた新鮮な野菜を使うつもりです。私は学校が終わったら, 買い物に行くつもりです。私は彼らが私のカレーライスを気に入ってくれるといいなと思います。

**4** (1) bought　(2) took　(3) taught　(4) began

解説 (1) last week(先週)があることから過去の文。**buy(買う)の過去形は bought**。「A：あなたのかばんは美しいですね。 B：ありがとう！私の母が先週, 私に買ってくれました。」

(2) and でつながれたあとの動詞が過去形(left)なので, 前半部分も過去の文にする。**take(取る)の過去形は took**。「私はそれはおもしろいと思わなかったので, かばんを取って教室を出ました。」

(3) when (～のとき) に続く文が過去の文なので,

前半部分も過去の文にする。teach(教える)の過去形は **taught**。「森さんは, 私たちが彼と話しているとき, 私たちにイチゴについてのほかのおもしろいことを教えてくれました。」

(4) ten years ago（10 年前）とあるので, 過去形にする。**begin（始める）の過去形は began**。「彼は『私は日本の文化に興味があります。剣道のことは聞いたことがありますが, 以前にそれをしたことはありません。あなたはいつ剣道の練習をし始めましたか。』と言いました。私は『私はそれを 10 年前に始めました。今日は, あなたが剣道を習うのをお手伝いします。』と答えました。」

**5** 例 We will sing your favorite songs in English together. ( 9 語)

解説 前の文の We will ～. に合わせて, will を使って英文を書く。be going to を使ってもよい。お別れ会ですることとして, 適切なことを考える。ほかに, We will show you a video we made. など。

**6** 例 (1) What are you talking about?
(2) I was a member of the volleyball team.

解説 (1)「話しているのですか」なので, 現在進行形の疑問文にする。**What で始め,〈be 動詞＋主語＋動詞の ing 形〉を続ける**。「～について話す」は talk about ～で表せる。

(2)「～の一員である」は be a member of ～で表せる。**主語が I で過去の文なので, be 動詞は was** を使う。「私はバレーボール部に(所属して)いました。」と考えて, I was on the volleyball team. などとしてもよい。

{P.17}
# 2 ( 疑問詞を使った疑問文 )

**1** (1) イ　(2) ウ　(3) エ

解説 (1) あとに rice or bread （ご飯かそれともパンか）とあることから,「**どちら**」とたずねる Which が適切。

(2) 空所のあとで B が It's Tony's. (それはトニーのものです。) と**持ち主**を答えていることから,「**だれの**」とたずねる Whose が適切。

(3) 空所のあとでミクが「子育て支援センターに行くところです。」と**行き先**を答えていることから「**どこへ[に, で]**」とたずねる Where が適切。

**2** (1) ア　(2) ウ　(3) イ　(4) ウ

**解説** (1) 教室に貼ってある写真について話していると考えられる場面。B が「たぶん，ベイカー先生がしました。」と**人物**を答えていることから，ア「**だれ**がそれをここに持ってきましたか。」が適切。この文では Who は主語で，すぐあとに動詞が続いていることにも注意。

(2) A が先週末おもしろい本を読んだと言っていて，B の質問を受けて本の内容について説明しているので，ウ「それは**どんな種類**の本ですか。」が適切。What kind of ～? で「どんな種類の～」。

(3) 「9 時ごろです。」とヒロシは**時刻**を答えているが，ウ「彼女は何時に家を出ましたか。」では対話の流れに合わない。イ「あなたはいつ家に着きましたか。」が適切。

(4) When ～? でたずねられていることと，「私はそれ以来，長年それを楽しんでいます。」と続けていることから，ウ「私は子どものときに，父からそれを習いました。」と答える文が適切。

**3** (1) How old is your sister(?)
(2) What sport do you play(?)
(3) How is the weather

**解説** (1) 「**何歳ですか**」と年齢をたずねる文を作る。**How old ～?** の疑問文にする。

(2) 「**何の～**」とたずねるときは，〈**what** + **名詞**〉で始め，あとに一般動詞の疑問文の形を続ける。

(3) 「今日の東京の**天気はどうですか。**」とたずねる文を作る。天気をたずねる疑問文は，**How is the weather?** となる。

**4** (1) How did you　(2) How many languages

**解説** (1) カナが「私はそこへ電車で行きました。」と答えていることから，**交通手段**をたずねる疑問文にする。手段をたずねるときは **how** を使う。また，last week（先週）のことを話していることから，過去の疑問文にすることにも注意。

(2) デービス先生が「3 か国語です。」と答えていることから，**数**をたずねる疑問文にする。何かの数をたずねるときは，**how many** を使う。

**5** [例] (1) What are you going to do in Canada(?)
(2) Why are you interested in science(?)

**解説** (1) 「また科学を勉強するつもり」と予定を答えていることから，**be going to ～** や **will** を使って，未来の予定をたずねる疑問文にする。What

will you do in Canada? などとしてもよい。

(2) 空所のあとで Because ～.(なぜなら～。)と答えていることから，理由をたずねる文にするのが適切。**理由は Why ～?** でたずねる。Why do you want to be a scientist?（なぜあなたは科学者になりたいのですか。）などとしてもよい。

{P.21}
# 3 〈to+動詞の原形〉と動名詞

**1** (1) ア　(2) エ　(3) ア　(4) ア　(5) エ

**解説** (1) decide は〈to +動詞の原形〉を目的語にとる動詞。**decide to ～**で「**～することに決める**」という意味。「私はドイツに住んでいる友達について話すことに決めました。」

(2) 空所の前に前置詞 by があることに着目する。前置詞に続く動詞は ing 形（動名詞）にする。**エ**の talking を入れるのが適切。「なぜなら友達と英語で話すことでたくさんのことを学べるからです。」

(3) **be happy to ～** で「**～してうれしい**」という意味。「私はあなたのお役に立てて，とてもうれしいです。」

(4) **be glad to ～** で「**～してうれしい**」という意味。リレーで 1 位になったと聞いて，「私はそのニュースを聞いてうれしいです。」と応答する文になるように，**ア**の to hear を入れるのが適切。

(5) 空所の前に前置詞 for があるので，あとの動詞は**動名詞**にする。「着る」という意味の wear の ing 形である**エ**の wearing が適切。

**2** ① to practice　② finished　③ listening

**解説** ①「それ（＝スピーチコンテスト）のためにとても一生懸命に練習する必要があった」となるように，practice(練習する)を入れるのが適切。need は **need to ～** の形で「**～する必要がある**」という意味を表すので，to practice にする。

② あとに making と動名詞が続いていることに注目する。**動名詞を目的語にとる動詞は finish**。I felt で始まる過去の文なので，過去形にすること。**finish ～ing** で「～し終える」。

③ あとの to the speeches に注目する。listen to the speeches とすると「スピーチを聞く」となり，文意が通る。**前置詞のあとの動詞は ing 形**にするので，listening とする。

**【英文の意味】**
　私たちの授業でスピーチコンテストがありました。コンテストの前には，私はそれのためにとても一生懸命に練習する必要がありました。コンテストの間，自分のスピーチをついにし終えたときは，私はリラックスした気持ちになりました。クラスメイトのスピーチを聞くことで，次回に向けてもっとよいスピーチのしかたを学びました。

**3** (1) エ，ア，オ，イ，ウ　　(2) ウ，イ，エ，ア
(3) エ，ウ，ア，オ，イ（エ，オ，イ，ウ，ア）

**解説** (1)「私はよく野球を見ます。」と答えていることから，What sports で始まる疑問文にする。残った語で do you like to と組み立てると，あとの watch ともうまくつながる。**like to ～で「～することが好きだ」**。What（sports do you like to）watch on TV?（あなたはテレビで何のスポーツを見るのが好きですか。）

(2) 予定をたずねられているので，「私の予定は～することです。」という文にする。〈**to ＋動詞の原形**〉**が be 動詞 is のあとにくる**文を組み立てる。is のあとに to go shopping を続ける。My plan（is to go shopping）with my sister.（私の予定は姉[妹]と買い物に行くことです。）

(3) B の「私はまだ寒い」という発言を受けるので，Do you（want something hot to drink）?（あなたは何か温かい飲み物がほしいですか。）という文を作る。〈**something ＋ hot（形容詞）＋ to ＋動詞の原形**〉で「～するための何か温かいもの」という意味。または，〈**want to ＋動詞の原形**〉で「～したい」という意味なので，want to drink のあとに something hot を続けて，Do you（want to drink something hot）?（あなたは温かいものが飲みたいですか。）としてもよい。どちらの場合も，**形容詞（hot）は something のあとにおく**ことに注意。

**4** (1) Taking care of them isn't easy
(2) time to prepare for it　　(3) try to talk to

**解説** (1) 動名詞は文の主語にもなる。taking care of them（それらの世話をすること）が主語で，そのあとに isn't を続ける。「それらの世話をすることは簡単ではありません（が，私はそれらと暮らすのを楽しんでいます。）」

(2) 空所の直前に enough（十分な）があることから，あとに名詞 time を続ける。**名詞を〈to ＋動詞の原形〉が後ろから修飾する形**を組み立てる。「A：私たちは次の金曜日にテストがあります。私は数学が心配です。　B：私もです。でも，私たちにはまだそれの準備をする十分な時間が

あります。」

(3) 動詞の原形と to が 2 つずつあることに注意。try to ～と talk to ～のまとまりを作る。〈**try to ＋動詞の原形**〉で「**～しようとする**」という意味なので，try to talk to という順序にする。「A：あなたはどのように英語を練習しますか。B：私はたいてい外国の人に話すようにしています。」

**5** (1) ウ　　(2) ア

**解説** (1) 空所の前では「マイクは音楽が好きだ」と述べていて，空所のあとでは「どの日本の歌を歌うか話し合おう」と述べていることから，**ウ**「それで，私はあなたたちと日本の歌を歌いたいと思っています」を入れるのが適切。

(2) 自分が送った年賀状がほめられたことへの応答としては，**ア**「それを聞いてうれしいです。」が適切。

**6** **例** (1) I came to London to study English.
(2) ① I want to be a musician.
② I want to read books written in English.

**解説** (1)「～するために」は〈**to ＋動詞の原形**〉を使って表せる。「～に来る」は come to ～を使うが，過去形の came にすることに注意。

(2) ①将来就きたい仕事は，**I want to be ～（私は～になりたい）**を使って表せる。be のあとに，a musician（ミュージシャン），a teacher（教師），a baseball player（野球選手）など，職業を表す語句を続ける。②英語を使ってやってみたいことなので，**I want to** で始める。read books written in English（英語で書かれた本を読む），communicate with many people in English（多くの人たちと英語でコミュニケーションをとる）など，英語を使ってしてみたいことを続ける。

{P.25}

**4 名詞・形容詞・副詞・代名詞**

**1** (1) library　　(2) popular　　(3) festival
(4) abroad

**解説** (1)「たくさんの本，新聞などがある建物」という説明に合う，l で始まる英語は，library（図書館）。

(2)「多くの人に好かれている，あるいは楽しまれ

5

ている」という説明に合う，p で始まる英語は
popular（人気のある）。

(3)「それは行事の一種です。たいてい何かを祝う
ために行われます。」という説明に合う，f で始
まる英語は festival（祭り）。

(4)「ほかの国々で」という説明に合う，a で始まる
英語は abroad（海外で）。

**2** (1) usually　(2) nothing　(3) seasons
(4) kinds

解説 (1) 平日の起床時刻を答えていることから，「ふつ
う（は），たいてい」という意味の usually を入
れる。

(2)「次の土曜日は暇ですか。」とたずねられ，「はい」
と答えている。「その日は何もすることがない」
という意味になるように，nothing（何も～ない）
を入れる。〈to ＋動詞の原形〉が代名詞 nothing
を後ろから修飾している。

(3) 空所の前に four があり，あとに「私は春が好き
です」と続いているので，「日本には四季が
あります」という意味になるように，season（季
節）を入れる。seasons と複数形にすること。

(4)「たくさんの種類の～」は many kinds of ～で
表せる。前に many があるので，kinds と複数
形にする。kind には名詞で「種類」という
意味と，形容詞で「親切な」という意味がある。

**3** (1) memories　(2) children　(3) our
(4) useful　(5) twelfth

解説 (1) 前に many があるので，memory を複数形に
する。y を i にして，es をつける。「私は中国
での滞在のよい思い出がたくさんあります。」

(2) child の複数形は children。不規則に変化す
るので注意。「私のホストファミリーはとても親
切です。その家族には子どもが３人います。」

(3) あとに名詞（team）があるので，we は所有格
の our（私たちの）にする。「先月，私たちのチー
ムはトーナメントで勝ち，今は以前よりも熱心
に練習しています。」

(4) be 動詞の文であることから，use を形容詞の
useful（役に立つ）にするのが適切。「A：そ
れはどんな種類の本ですか。　B：これは私の
新しい辞書です。とても役に立ちます。」

(5)「12 番目の」という意味になるように，twelfth
の形にする。「A：1 年の 12 番目の月の名前は
英語で何ですか。　B：December です。」

**4** (1) イ　(2) ウ　(3) イ　(4) ウ　(5) ウ

解説 (1) 複数形の名詞 pencils と be 動詞 are があるこ
とから，that の複数形 those が適切。「あれら
はだれの鉛筆ですか。」

(2)「私の先生であるワタナベ先生は私に，『よくで
きました！　練習し続けることは（　）です。』
と言いました。」という文。ウの important（大
切な）を入れると文意が通る。ア famous（有
名な），イ weak（弱い），エ terrible（ひどい）。

(3)「みんなは（彼を）カズと呼びます。」という意味
になるように，he の目的格 him を入れるのが
適切。

(4)「私はそんなに大きなもの（＝マグロ）を見たこと
がありません。」という文になる。前に出た名
詞と同じ種類のものを指すときは，it ではなく
one を使うことに注意。

(5)「A：わあ！　あなたのバッグはとてもかわいい
ですね。　B：ありがとう。これは（　）です。
私は今日，彼女からそれを借りました。」という
対話。女性から借りたバッグだとわかるので，
ウの my sister's（私の姉[妹]のもの）が適切。
ア mine（私のもの），イ yours（あなたのもの），
エ my bag（私のバッグ）では文意が通らない。

**5** (1) gave me these beautiful flowers
(2) not such a long tunnel

解説 (1) 〈give ＋人＋物〉（[人]に[物]をあげる）という
文を作る。「物」にあたる語は flowers。these
と形容詞が名詞を修飾するときは，〈these ＋
形容詞＋名詞〉という順番になる。

(2) such（そのような）があることに着目する。〈such
a ＋形容詞＋名詞〉で「そんなに～な…」とい
う意味。語順に注意。文全体は，there was
not と否定文にする。「その当時，日本には（そ
のような長いトンネル）はあり（ません）でした。」

**6** [例] make something else for

解説「他の何か」は something else で表せる。else
は「その他に，他に」という意味で，something
などの語のあとにおく。something は anything
としてもよい。肯定の答えを期待している場合には，
疑問文でも something を使う。

# 5 ( 接続詞·前置詞 )

**1** (1) エ　　(2) ア　　(3) ア　　(4) ア

**解説** (1)「私の姉［妹］はカレーライスが大好きです」の
あとに，「私は好きではありません」と反対の
内容が続いているので，**エ**の but（しかし）でつ
なぐのが適切。

(2) A は「それでは，あなたは勉強（　　）お風呂に
入るのですね。」と言っていて，その前で B が「私
はたいてい 7 時に勉強をし始めて，9 時 30 分
にお風呂に入ります。」と言っていることから，
お風呂に入るのは，勉強のあとだと判断できる。
**ア**の after（～したあとで）が適切。**イ** before（～
する前に）では順序が逆になってしまう。

(3)「彼はこの市で生まれ，その後，彼はすばらし
い医師（として）知られました。」という文。**ア**の
as（～として）を入れると文意が通る。

(4)「海では，たくさんのホタテガイが泳いだり，ジャ
ンプしたりしていました！ それを見たとき私は
とても驚きました，（　　）貝が素早く動くこと
ができるとは知りませんでした。」という文。空
所のあとで驚いた理由が述べられているので，
**ア**の because（～なので，なぜなら～）が適切。

**2** (1) イ　　(2) エ

**解説** (1) 女性がクリーニングにかかる時間をたずねてい
ることと，男性の返事を聞いて，ワンピースを
今日中に受け取りたいので 11 時 30 分に店に
行くと言っていることから，**イ**「もしあなたが
それを正午までに持ってきてくだされば，今日
の午後 6 時にお返しできます。」が適切。if は「も
し～なら」という意味で**条件**を表す。

(2) ユウジは，最初は日本の伝統音楽に興味はなかっ
たと言っていて，空所のあとでは三味線の音が
興味深いものになると思うと言っているので，
空所には前の内容とは反対の内容を表す文が入
ると判断できる。**but**（しかし）で始まる文に着
目する。**エ**「しかし，私は今それについてもっ
と知りたいです。」が適切。so（だから）は，前
の文を理由とする結果を表す内容を続けるとき
に使う。

**3** (1) オ，イ，ア，エ，ウ
(2) ウ，オ，エ，イ，ア
(3) エ，ア，ウ，カ，オ

**解説** (1) 文の最後がクエスチョンマークなので，疑問文
を組み立てる。Will you think とすると，do
が残ってしまうので，Do you think とする。
think のあとに，it will rain と続ければよい。
ここでは think のあとに**接続詞の that が省略**
されていると考える。(Do you think it will)
rain next weekend? (次の週末は雨が降ると
思いますか。)

(2) 疑問文ではないことから，この when は「～の
とき」という意味の**接続詞**と推測できる。
when のあとには〈主語＋動詞〉が続く。We (can
help each other when) we have trouble.
(私たちは困ったことがあるときにお互いを助け
合うことができます。)

(3) 空所のあとに summer vacation（夏休み）と
名詞があるので，その前に前置詞の **during**（～
の間に）をおく。また，疑問詞と to があること
から，〈疑問詞＋ to ＋動詞の原形〉の形になる
ように，where to go のまとまりを作る。この
まとまりを decided のあとにおく。文全体は現
在完了形の疑問文。不要な語は been。Has
your family (decided where to go during)
summer vacation?（あなたの家族は夏休みの
間にどこへ行くか決めましたか。)

**4** glad you'll take part

**解説** 「～ということがうれしい」という意味の文になる
ように，**I'm glad** のあとに〈(that)＋**主語**＋(助)**動
詞**～〉の文を続ける。また，選択肢に part と take
があり，（　　）のあとに in があることから，take
part in ～（～に参加する）というまとまりを作る。
不要な語は about。I'm (glad you'll take part)
in the contest.（私は，あなたがコンテストに参加
することがうれしいです。)

**5** **[例]** If you climb Mt. Hikari in spring, you can
see many beautiful flowers. / You will find
a lot of pretty flowers when you go up Mt.
Hikari in the spring.

**解説** 「もし春にひかり山に登ったら，あなたは多くの美
しい花を見ることができます。」と補って考え，if
を使って表すとよい。「春にひかり山に登ったときに，
あなたは多くの美しい花を見つけるでしょう。」な
どと考えて **when** を使って表すこともできる。

# 6 会話表現

**1** (1) matter　(2) Shall　(3) Here

解説 (1)「**どうしたのですか。**」と体調や様子をたずねるときは，**What's the matter?** という。What's wrong? もほぼ同じ意味で使われる。また，What's up? は，「どうしたのですか。」「調子はどう?」という意味になる。

(2)「(いっしょに)～しましょうか」と相手を誘うときは，**Shall we ～?** という。Let's は「～しましょう」の意味だが，あとには動詞の原形が続くので，ここでは不適切。

(3)「**はい，どうぞ。**」と相手にものを手渡すときは，**Here you are.** という。

**2** (1) ウ　(2) エ　(3) ア

解説 (1) A が「もうひと切れいただいてもよろしいですか。」とたずねていて，B が「もちろんです。」と応じている。それに続く表現としては，**Help yourself.**（ご自由にお召し上がりください。）が適切。食べ物をすすめる場面でよく使われる。

(2)「ああ，そうなのですか。」という相づちの表現にするのが適切。直前の文が一般動詞の過去の文なので，**Oh, did you?** とする。be 動詞の文なら，〈be 動詞＋代名詞 ?〉の形になる。

(3) A の「今日は早く寝てはどうですか。」という提案に対して，B が「わかりました」と応じていることから，「そうします」となるように **I will.** とするのが適切。ここでは，will のあとに go to bed early が省略されていると考えられる。

**3** (1) イ　(2) ア　(3) イ　(4) ア

解説 (1) あとで「果物を食べることも彼らにとってよいです。」と言っていることから，「私は若い人たちはもっと多くの野菜を食べたほうがよいと思います。」に対する応答としては，**イ**の **I agree.**（私も賛成です。）が適切。

(2) 買い物の場面。「帽子がほしい」というお客に対しては，**ア**の **How about this one?**（こちらはいかがですか。）とすすめるのが適切。**エ**は「別の日に来てください。」という意味。

(3)「色紙にメッセージを書こう」という提案に対し，「人気のあるプレゼントで簡単に作れる」と賛成していることから，**イ**の **That sounds good.**（それはよさそうです。）が適切。

(4)「シェリーについて聞きましたか。」とたずねていて，空所のあとで「彼女は今年の冬にカナダに戻ることに決めました。」と具体的な内容を説明していることから，**ア**の **What do you mean?**（どういう意味ですか。）が適切。

**4** (1) ウ，イ，ア　(2) イ，ウ，ア

解説 (1)「悲しそうですね。どうしたのですか。」のあとに，**ウ**「私は昨日買ったバッグをなくしてしまいました。その中にすべてのものが入っています。」→**イ**「警察へ行って，そのことを話したほうがいいですよ。」→**ア**「あなたの言う通りです。ありがとう。そうします。」と続けると対話が自然につながる。

(2) 買い物の場面。よく使われる表現なので，覚えておこう。「お手伝いしましょうか。」のあとに，**イ**「はい。私は黒い上着をさがしています。」→**ウ**「ええと。Lサイズしかないのですが。」→**ア**「問題ありません。試着してもいいですか。」と続けると対話が自然につながる。

**5** (1) ウ　(2) イ

解説 電話でよく使われる表現を確認しておこう。

(1) Do you need something? は「何か用事ですか。」「何か必要ですか。」という意味。電話での対話であることから，**ウ**の **Can I speak to Nancy, please?**（ナンシーをお願いできますか。）が適切。

(2) 電話で話したい相手が不在であったことから，**イ**の **May I leave a message?**（伝言をお願いできますか。）が適切。**エ**は「伝言をうかがいましょうか。」という意味。leave a message は「伝言を残す」，take a message は「伝言を預かる」という意味であることに注意。

**6** [例] Shall we eat lunch?

解説 「～しませんか」と相手を誘う表現は，**Shall we ～?** を使って表せる。誘う表現はほかに，**Why don't we ～?** や **Do you want to ～?** などもある。また，**Let's eat[have] lunch.**（昼食を食べましょう。）や **How about eating[having] lunch?**（昼食を食べるのはどうですか。）などと表してもよい。

# 7 いろいろな文

**1** (1) ア　(2) ウ　(3) イ　(4) ア　(5) エ

**解説** (1) 形容詞が続くのは，**ア**の look だけ。〈**look ＋形容詞**〉で「～**に見える**」。「駅の近くの新しい図書館はすばらしそうに見えます。」

(2) There is[are] ～.(～があります)の文では，**be 動詞のあとに続く語によって，be 動詞を使い分ける**。空所のあとは複数名詞なので，**ウ**の are が適切。「A：公園にたくさんの子どもたちがいます。なぜですか。　B：今日，夏祭りがあります。」

(3) **イ**の call を入れると，「私たちはそれをお雑煮と呼びます。」という意味になり，文意が通る。〈**call ＋(代)名詞＋呼び名**〉で「～**を…と呼ぶ**」という意味。「アン：それは何ですか。　タロウ：お正月用の日本の伝統的な汁物の料理です。私たちはそれをお雑煮と呼びます。」

(4) **ア**の made を入れると，「彼女の言葉は私をうれしくさせました。」という意味になり，文意が通る。〈**make ＋(代)名詞＋形容詞[名詞]**〉で「～**を…にする**」という意味。「私の先生であるワタナベ先生は私に，『よくできました！　練習し続けることは大切です。』と言いました。彼女の言葉は私をうれしくさせました。」

(5) 空所の前の looked に着目する。**エ**の like を入れると，〈**look like ＋名詞**〉で「～**のように見える**」という意味になり，文意が通る。「夏の晴れた日，海辺沿いを散歩していたときに，私はかわいい小さなお店に来て，海の生き物のように見える芸術作品を見つけました。」

**2** エ

**解説** 近くの図書館の場所をたずねられている場面。空所のあとで，「バスを使えば，市立図書館に行けます。」と言っていることから，**エ**「この辺りには図書館はありません。」が適切。
【対話文の意味】
A：すみません。この近くでどこに図書館は見つかりますか。
B：(この辺りには図書館はありません。)バスを使えば市立図書館に行けます。
A：ありがとうございます。そこへバスで行きます。

**3** (1) made me interested in recycling
(2) is a lot of plastic waste from our daily lives in
(3) give some presents to him

(4) it will show you what

**解説** (1) made があることに着目し，〈**make ＋(代)名詞＋形容詞**〉(～を…にする)の文を組み立てる。代名詞には me，形容詞には interested があてはまる。interested in ～（～に興味をもっている）のあとに recycling をつなげる。「A：だれがこの本をあなたに紹介しましたか。　B：ロイです。それは私にリサイクルへの興味をもたせてくれました。」

(2) 空所の前の there と与えられた語の is に着目し，**There is ～.**(…に～がある。)の文を組み立てる。主語には a lot of plastic waste，場所を表す語句には in the sea があてはまる。残った語句は from our daily lives とする。この前置詞のまとまりは，plastic waste の後ろに置いて，名詞を後ろから修飾する形にすればよい。「道路上のプラスチックごみは川の中に移動し，そして川はそのごみを海へと運びます。それで，海の中には私たちの日常生活から出たプラスチックごみがたくさんあるのです。」

(3) give と to があることから，〈**give ＋人＋物**〉ではなく，〈**give ＋物＋ to ＋人**〉の文にする。「A：アレックスのお別れ会のためのあなたたちの計画は何ですか。　B：まず，私たちは彼のために歌を歌います。そのあと，彼にプレゼントをあげます。」

(4) show があることから，〈**show ＋人＋物**〉（[人]に[物]を見せる[示す]）の文を組み立てる。「人」には you があてはまる。「物」にあたる語句には〈**what(疑問詞)＋主語＋(助)動詞 ～**〉がくる。「物」に〈疑問詞＋ to ～〉がくることもある。「A：この非常用持ち出し袋に何を入れるべきか知っていますか。　B：このリストを見てください。それは何を入れたらよいかあなたに示してくれると思います。」

**4** **例** (1) will show you
(2) There are a lot of places to visit in Japan.

**解説** (1) 〈**show ＋人＋物**〉（[人]に[物]を見せる）の形を使って表せばよい。また，「これから見せる」ということなので，will の文にする。

(2) **There is[are] ～.** の文で表すとよい。「訪れる場所がたくさん」は「たくさんの訪れるべき場所」と考えて，〈to ＋動詞の原形〉を使い，a lot of places to visit とすればよい。ほかに，My country has many spots you should visit. や In our country, we have lots of good places to see. などと表すこともできる。

# 8 〈to+動詞の原形〉発展

**1** (1) イ　(2) エ　(3) ア　(4) ウ

**解説** (1) you know 〜 と続いているので，〈**let＋人＋動詞の原形**〉の形にする。「（**人**）に〜**させる**[**させてやる**]」という意味。「A：私たちがどこで歌う練習をするか知っていますか。　B：いいえ。私たちの先生に聞いて，あとであなたにお知らせします。」

(2) 〈**疑問詞＋to＋動詞の原形**〉の形にする。エの what を入れて **what to do** とすると，「**何をすればよいか**」となり，文意が通る。「彼女の目標はピアノコンテストで優勝することでした。彼女は毎日ピアノを弾く練習をしましたが，優勝することはできませんでした。それで，彼女はインターネットを使って，自分の目標のために何をすればよいかを見つけようとしました。」

(3) 空所のあとに〈**人＋to＋動詞の原形**〉が続いていることに着目する。この形が続くのは，**ア**の told だけ。told は tell の過去形。〈**tell＋人＋to＋動詞の原形**〉で「（**人**）に〜**するように言う**」という意味。say，speak，talk はこの形では使わない。「スズキ先生は私たちに今週はお弁当を持ってくるように言いました。」

(4) 〈**疑問詞＋to＋動詞の原形**〉の形になる。B が時刻について述べているので，**ウ**の when を入れると，「**いつ始めるべきか**」となり，文意が通る。この文は，〈**tell＋人＋物**〉の文で，「物」にあたる語句に〈疑問詞＋to 〜〉がきていることにも注意。「A：私たちは明日，カフェテリアでミーティングをする予定です。いつ始めればよいか私に教えてください。　B：私たちは午後3時にミーティングを始めるべきです。」

**2** ① difficult, by　② help, learn

**解説** ① 〈**It is not＋形容詞＋to＋動詞の原形 〜.**〉（〜**することは…ではない**。）という文にする。最初の空所は，d で始まる形容詞を考える。旅行にたくさん行っていて，ホストファミリーの家の近くにいくつか駅があるので便利だという話の流れから，「難しい」という意味の difficult が適切。次の空所は b が与えられていることと，あとに train（電車）が続いていることから，交通手段を表す by（〜によって）が適切。

② クラスメイトのおかげで日本語の単語がわかると続いていることと，与えられた文字から，「彼

らはよく私が日本語を学ぶのを手伝ってくれます。」という意味の文にする。「（**人**）**が〜するのを手伝う**」は〈**help＋人＋動詞の原形**〉で表せる。「学ぶ」は l が与えられているので，learn。

**3** (1) easy for me to answer
(2) my friend helped me finish it
(3) want people to use my furniture
(4) tell him to call you
(5) show me how to make

**解説** (1) 〈**It is＋形容詞＋for＋人＋to＋動詞の原形 〜.**〉（[**人**]にとって〜することは…だ。）の過去の文を組み立てる。「全部の問題に答えることは私には簡単でした。」

(2) helped と finish という動詞の原形があることから，〈**help＋人＋動詞の原形**〉の形を組み立てる。「実は，私の友達がそれを完成させるのを手伝ってくれました。」という意味。

(3) 〈**want＋人＋to＋動詞の原形**〉の形を組み立てる。「（**人**）に〜**してほしい**」という意味。「彼女の父親はいつも彼女に，『私は自分の家具を人々に何年も使ってほしい。だから，私は自分の家具にいちばんよい木材をいつも選んでいます。』と言いました。」

(4) 〈**tell＋人＋to＋動詞の原形**〉の形を組み立てる。「（**人**）に〜**するように言う**」という意味。また，〈**call＋人＋back**〉で「（**人**）に電話をかけ直す」という意味なので，tell him のあとに to call you と続ける。you と him の場所を入れちがえないように注意。「A：もしもし。トムをお願いします。　B：すみません。彼は今，外出しています。あなたに電話をかけ直すように彼に言います。」

(5) show は「人＋物」の順で目的語を2つとるが，ここでは「物」にあたる目的語に〈疑問詞＋to 〜〉がくることに注意。**how to 〜** で「**〜のしかた**」という意味。「ケイト：私は紙飛行機を作りたいです。それの作り方を私に教えて（見せて）ください。　マイ：いいですよ。」

# 9 現在完了形・現在完了進行形

**1** (1) エ　(2) エ　(3) ウ　(4) ウ

**解説** (1) 「私の祖父は大阪に住んでいて，私は彼に2か月間会っていません。」という意味になるように，**エ**の haven't seen を入れるのが適切。「**（ずっと）**

〜しています」という意味で，過去から現在までの「継続」を表す現在完了形の否定文。

(2)「今朝の10時から」という意味になるように，**エ**の since を入れるのが適切。**since** は始まった時（起点）を表して，「〜以来（ずっと）」という意味。**ウ**の for は期間を表して，「〜の間（ずっと）」という意味。「私は今朝の10時からずっとこの本を読んでいます。」

(3) 現在完了形（経験）の疑問文。have の**過去分詞 had** を入れるのが適切。「ホワイト先生：エリック，あなたは今までに日本の茶道の経験がありますか。 エリック：いいえ，ありません，でもそれはおもしろいと聞きました。」

(4) 空所の前の been に着目して，〈**have[has] been ＋動詞の ing 形**〉の文にする。「**ずっと〜し（続け）ている**」という意味の現在完了進行形の文。**ウ**の studying が適切。「私たちは森で，さまざまな種類の変形菌を見つけることができます。世界の多くの科学者がこの興味深い生物を何年も研究し続けています。」

**◀2▶** (1) heard　(2) been　(3) met　(4) eaten

解説 いずれも現在完了形の文。動詞は過去分詞に変える。不規則に変化する動詞の過去分詞は1語1語正確に覚えておくこと。

(1) hear の過去分詞は **heard**。また，**hear of 〜** は「**〜のことを聞く**」という意味。「私はネットボールのことは1度も聞いたことがないので，あなたが日本に来たときにそれのプレーのしかたを教えてください。」

(2) be の過去分詞は **been**。**have been to 〜** は「**〜へ行ったことがある**」という意味を表すことも覚えておこう。「この夏，あなたを訪ねられることをうれしく思います。私は日本へ行ったことが1度もありません。何もかもが私にとって新鮮でしょう。」

(3) meet の過去分詞は **met**。「私は人生でたくさんの人に会いました，そして彼らの中に決して忘れないであろう人が1人います。」

(4) eat の過去分詞は **eaten**。「タロウ：あなたは今までにお雑煮を食べたことがありますか。 アン：いいえ。それは何ですか。」

**◀3▶** (1) since　(2) [例] been studying

解説 (1) **since**（〜以来ずっと）を入れると文意が通る。since のあとには，〈主語＋動詞 〜〉の文が続くこともある。「ジェニー：あなたとケンは仲の

よい友達だそうですね。 ショウタ：はい。私は，彼が5歳のときから彼と知り合いです。」

(2) 2語という指示があることから，現在完了進行形の文にするのが適切。〈**been ＋動詞の ing 形**〉を入れる。studying のほか learning などを入れてもよい。「クロエ：あなたは英語がとても上手ですね，オサム！ オサム：ありがとう，クロエ。私はそれを10年間ずっと勉強しています。 クロエ：わあ！ それは長い時間ですね！」

**◀4▶** (1) イ　(2) エ　(3) イ

解説 (1) ライアンがケンタの発言の前とあとで別の映画のタイトルを提案していることから，**イ**「私はそれをすでに見ました。」が適切。**ア**「私は1度アメリカに行ったことがあります。」，**ウ**「私は1度も犬に触ったことがありません。」，**エ**「私は昨年から犬を飼っています。」では対話が成り立たない。「ライアン：映画 "My Dog" を見に行きましょう。アメリカのいい映画です。 ケンタ：すみません。（私はすでにそれを見ました。） ライアン：では，"Long River" はどうですか。」

(2) Have you 〜? には，have を使って，**Yes, I have.** または **No, I haven't.** で答える。ヨシオの質問に対し，サラが空所のあとで「いつか行ってみたい」と言っていることから，No の答えだと判断できる。「ヨシオ：これは日本でいちばん大きい湖です。それは琵琶湖と呼ばれています。私はこの前の日曜日におばとそこへ行きました。 サラ：わあ，ヨシオ。いいですね。 ヨシオ：あなたは今までにそこへ行ったことがありますか。 サラ：（いいえ，ありません。）私はいつかそこへ行ってみたいです。」

(3) 辞書をさがしている場面。A が2番目の発言で辞書は自分の部屋で見つからないと答えていることから，**イ**「あなたはそれをなくしてしまったのですか。」が適切。lost は lose（〜をなくす）の過去形・過去分詞。**ア**「あなたは準備ができていますか。」，**ウ**「それを使ってもよろしいですか。」，**エ**「元気ですか。」では，対話が成り立たない。「A：あなたは私の辞書を見ましたか。 B：いいえ，見ていません。（あなたはそれをなくしてしまったのですか。） A：はい。私の部屋で見つからないのです。」

**◀5▶** (1) cousin has never eaten
　(2) have not had a chance
　(3) Have you ever joined
　(4) have been practicing the

(5) long have you been playing

**解説** (1) 現在完了形(経験)の否定文を組み立てる。〈**have [has] never** ＋過去分詞〉の語順。経験の否定文では，never（1度も～ない）がよく使われる。「私のいとこは今までに1度も日本食を食べたことがありません。」

(2) 現在完了形(継続)の否定文を組み立てる。〈**have [has] not** ＋過去分詞〉の語順。また，have a chance to ～ で「～する機会がある」という意味。「ユキ：あなたはピアノを弾きますか。エマ：はい，弾きます。でも，日本に来てから私はそれを弾く機会がずっとありません。」

(3) 現在完了形（経験）の疑問文を組み立てる。〈**Have[Has]** ＋**主語** ＋ **ever** ＋**過去分詞 ～?**〉の語順。経験の疑問文では ever（今までに）がよく使われる。「エリック：あなたは今までにブルーアイランドマラソンに参加したことがありますか。　ケント：はい。美しいコースがあります。」

(4) been と practicing があることから現在完了進行形の文を組み立てる。〈**have[has] been** ＋**動詞の ing 形**〉の語順。「私は文化祭でアキとギターを弾く予定です。私たちは毎日放課後にいっしょにギターを練習しています。」

(5) 前の How と与えられた語の long から，期間をたずねる疑問文を組み立てる。**How long** で始め，あとに現在完了進行形の疑問文〈**have [has]** ＋**主語** ＋ **been** ＋**動詞の ing 形**〉を続ける。「メグ：あなたはどれくらいそのテレビゲームをしているのですか。　ケンタ：3時間です。」

**6** **例** (1) Have you tried to open
    (2) Have you finished your homework yet?

**解説** (1) 「あなたは～したことがありますか」なので，現在完了形の疑問文（**Have you** ＋過去分詞 ～?）で表せばよい。「開けようとする」は try to open と表せる。「英語5語」という条件にも注意。

(2) 疑問文で「もう」は **yet** を使う。ふつう，文の最後におく。「宿題を終える」は finish doing your homework や do your homework などとしてもよい。

{P.46}
**10**（ 　　　　 比較 　　　　 ）

**1** (1) harder　(2) better　(3) hottest　(4) エ

**解説** (1) あとに than があるので，比較級にする。**比較級はあとに er** をつける。「先月，私たちのチームはトーナメントで勝ちました。そして，今，私たちは以前よりも熱心に練習しています。」

(2) あとに than があるので，比較級にする。good は不規則に比較変化する形容詞で，**good － better － best** と変化する。「私はこのがまぐちは私の古いバッグよりもよいと思います。」

(3) 前に the があることと，あとの of this month（今月の）から，最上級にする。hot は最後の t を重ねて，**hot － hotter － hottest** と比較変化する。ここでは，形容詞の最上級のあとに名詞(day)が続いていることにも注意する。「A：明日は今月でいちばん暑い日になるそうです。B：わあ！　私は暑い日は好きではありません。」

(4) 最上級の文で「～の中で」と比較する対象や範囲を示すときは，〈**of** ＋**複数を表す語句**〉と〈**in** ＋**場所・範囲を表す語句**〉を使い分ける。ここでは，あとに all my subjects(すべての私の教科)が続いているので，of が適切。「私はすべての教科の中で音楽がいちばん好きです。」

**2** (1) like spring the best of all
(2) the most interesting movie
(3) I cannot sing as well as
(4) more expensive than that one

**解説** (1) 「私はすべての季節の中で春がいちばん好きです。」という意味になるように，**like … the best of ～**（～の中で…がいちばん好きだ）の語順に並べる。**like A better than B**（B よりも A のほうが好きだ）もあわせて覚えておこう。

(2) 「これは私が今までに見た中でいちばんおもしろい映画です。」という意味になるように，〈**the most** ＋**形容詞** ＋**名詞**〉の語順に並べる。つづりが長い語の**最上級は，前に most** をつける。

(3) 「私はヤスオほど上手に歌えません。」という意味になるように，〈**cannot** ＋**動詞** ＋ **as** ＋**副詞** ＋ **as**〉の語順に並べる。**as ～ as …**（…と同じくらい～）の否定形 **not as ～ as …**（…ほど～ではない）の意味に注意しよう。

(4) 「それはよさそうですが，あれよりも値段が高いです。」という意味になるように〈**more** ＋**形容詞** ＋ **than ～**〉の語順に並べる。than のあとには that one を続ける。この one は前に出た名詞のくり返しを避けるために使われている。ここでは bag を指している。

# 11（　　　　　助動詞　　　　　）

**1** (1) ア　　(2) ウ　　(3) エ

**解説** (1) B は A の誘いを断っていることから，「私は宿題をしなければなりません」と行けない理由を述べる文になるように，**ア**の have to do を入れるのが適切。**have to ～** は「**～しなければならない**」という意味。「A：私の父は今週の土曜日に私を動物園に連れて行ってくれます。私たちといっしょに来ませんか。　B：ぜひ行きたいのですが，行けません。私は宿題をしなければなりません。」

(2) B は「すべて用意ができているので」と言っていることから，「何も持ってくる必要はない」という意味になるように，**ウ**の don't have to を入れるのが適切。**don't have to ～** は「**～する必要はない**」という意味。「A：パーティーに何か持っていったほうがいいですか。　B：すべて用意できているので，あなたは何も持ってくる必要はありません。」

(3) B は後半で「することがたくさんあったので」と言っていることから，「眠れなかった」という意味になるように，**エ**の couldn't を入れるのが適切。because 以下の文が過去形になっているので，前半の文も過去の文にすることに注意。「A：眠そうに見えます。あなたは昨夜はどれくらい眠りましたか。　B：することがたくさんあったので，私は長い時間眠ることができませんでした。」

**2** (1) ア　　(2) エ　　(3) ア　　(4) エ

**解説** (1) B が謝ったあとに「友達がもうすぐ来ます」と言っていることから，**ア**「この席を使ってもいいですか。」が適切。**Can I ～?** は許可を求めて，「**～してもいいですか**」という意味。**イ**「ここにあなたのチケットがあります。」，**ウ**「私にとってそこへ行くことは重要です。」，**エ**「あなたのために何ができますか。→ご用件は何ですか。」

(2) 天気予報で午後から雨だと言っていて，家で映画を見ることにしたことから，**エ**「私たちは予定を変更しなければなりません。」を入れるのが適切。**ア**「私たちはもうすぐ家を出なければなりません。」，**イ**「私たちは公園でテニスをしたほうがよい。」，**ウ**「私たちは家で料理をしたほうがよい。」

(3) マイクは具合が悪いと言っていて，空所のあとでアキコにお礼を言い，そうすると言っていることから，**ア**「あなたはもう帰宅したほうがいいですよ。」を入れるのが適切。**should** は「**～したほうがよい，～すべきだ**」という意味。**イ**「私もかぜをひいています。」，**ウ**「私たちはいっしょに楽しめます。」，**エ**「あなたは病院に行ってはいけません。」

【対話文の意味】
マイク：私は今日，とても気分が悪いです。
アキコ：それはお気の毒です。もしかしたら，かぜをひいているのかもしれませんね。（あなたはもう帰宅したほうがいいですよ。）
マイク：ありがとう，アキコ。そうします。

(4) カナコは母親の傘を使ってもいいかと言っていて，空所のあとでお礼を言っていることから，**エ**「私は2本持っているので，今日はこれを持っていってもいいですよ。」を入れるのが適切。**ア**「私はあなたのを仕事に持っていかなければなりません。」，**イ**「あなたがくれたので，私は今日あなたのものを使うことができます。」，**ウ**「あなたは今日，学校へ行けません。」

**3** (1) must not drink　　(2) have to take it
(3) The pen I am looking for must

**解説** (1) must の否定文は，〈**must not ＋動詞の原形**〉の形。強い**禁止**を表し，「**～してはならない**」という意味。「あなたはこの部屋で飲んではいけません。」

(2) have to の否定文は，〈**don't[doesn't] have to ＋動詞の原形**〉の形。**不必要**を表し，「**～する必要はない**」という意味。「あなたはそれ（＝傘）を持っていく必要はありません。」

(3) I am looking for the pen としてしまうと，must が余ってしまう。なので，I am looking for（私は～をさがしています）のまとまりが名詞 The pen を後ろから修飾する形にする。この文では，**must** は「**～にちがいない**」という意味で使われている。「私がさがしているペンは，私の部屋にあるにちがいありません。」

# 12（関係代名詞（名詞を修飾する語句））

**1** (1) エ　　(2) ウ　　(3) ウ　　(4) ウ

**解説** (1) 前の名詞（先行詞）camera は「物」で，あとに be 動詞 is が続いていることから，空所に入る関係代名詞は主格の **which** が適切。「これは日本で人気のあるカメラです。」

(2) 先行詞 designs は「物」で，あとに助動詞が続いていることから，空所に入る関係代名詞は主格の which が適切。「私はあなたのシンボルマークをよりよくするいくつかのデザインについて教えることができます。」

(3) write の**過去分詞 written** を入れると，「英語で**書かれた**ウェブサイト」という意味になり，文意が通る。**前の名詞を過去分詞のまとまりが後ろから修飾**している文。「私は英語で書かれたウェブサイトをあなたに見せることができます。」

(4) play の **ing 形(現在分詞)の playing** を入れると，「**遊んでいる犬**」という意味になり，文意が通る。**前の名詞を現在分詞のまとまりが後ろから修飾**している文。「週末は，公園のあちこちで遊んでいる犬がたくさんいます。」

**2** (1) ア　(2) ウ

解説 (1) 文全体は，〈**主語＋ will show ＋人＋物**〉の形。主語の The officer を，動詞の ing 形(**現在分詞)のまとまりが後ろから修飾**している形にする。また，この文では「物」にあたる語句に〈**疑問詞＋名詞＋ to ＋動詞の原形**〉がきている。「そこに立っている警官が，どの道を行けばよいかあなたに教えてくれるでしょう。」

(2) The boy(先行詞)のあとは，〈**関係代名詞 who ＋動詞 ～**〉の語順。The boy who won the contest で「コンテストで優勝した少年」という意味になる。「コンテストで2回優勝した少年は私の兄[弟]です。」

**3** (1) know the boy who is drinking
(2) shrine has been protecting the pencil that he
(3) many people who suffer from hunger around
(4) is there anything I can

解説 (1)「あなたは向こうでコーヒーを飲んでいる少年を知っていますか。」という意味の文を作る。まず，Do you know the boy のまとまりを作る。the boy を先行詞として，主格の関係代名詞 who のまとまりが後ろから修飾する形にする。ここでは，who のあとに現在進行形を続ける。

(2) 空所の前に a があるので，そのあとには shrine がくる。与えられた語から，現在完了進行形の文を作ると考え，a shrine has been protecting というまとまりを作る。空所のあとに used があるので，「**彼が使った鉛筆**」とな

るように，**the pencil that he used** とする。この that は目的格の関係代名詞。このまとまりを protecting のあとにつなげればよい。「静岡県では，ある神社が彼の使った鉛筆を 1617 年からずっと守っています。」

(3)「飢えに苦しんでいる人々が世界中にたくさんいます。」という意味の文を作る。many people を主格の関係代名詞 who のまとまりが後ろから修飾する形にする。suffer from hunger で「飢えに苦しむ」という意味。

(4) there と is があることから，There is ～. の疑問文を組み立てる。「私があなたのためにできることが何かありますか。」という意味の文を作る。anything のあとに，〈主語＋助動詞＋動詞の原形 ～〉の形を続ける。ここでは，anything のあとに関係代名詞の that が省略されていると考える。

**4** [例] (1) Will you show me the pictures you took in Australia? / Can I see some photos taken in Australia?

(2) The player I want to meet lives there.

解説 (1)「私にオーストラリアで撮った写真を見せてくれますか。」と頼む文を考える。Will[Can] you show me ～?（私に見せてくれませんか）や「私が見てもいいですか」と考えて，Can[May] I see ～? などで文を始めればよい。「オーストラリアで撮った写真」は，過去分詞の taken を使って pictures[photos] taken in Australia と表したり，関係代名詞を使って pictures[photos] which[that] you took in Australia と表したりすることができる。ほかに，I want you to show me a picture[photo] which was taken in Australia.（私はあなたにオーストラリアで撮られた写真を見せてもらいたい。）などとしてもよい。

(2) まず，「選手がそこに住んでいます。」という文を作る。The[A] player lives there. となる。「私が会いたい選手」となるように，player のあとに I want to meet と入れる。〈主語＋動詞 ～〉が前の名詞を後ろから修飾する形にする。The player that I want to meet lives there. のように関係代名詞の that を使うこともできる。

## 13 間接疑問・命令文・感嘆文

{P.54}

**1** (1) イ　(2) ア　(3) イ

**解説** (1) あとに形容詞があるので、be動詞の命令文にする。〈**Be ＋形容詞 ～.**〉の形にする。「気をつけなさい。それはまだ熱いです。」

(2)「もっと早く起きなさい、そうすればもっと時間があります。」という意味の文にする。〈**命令文, and ….**〉で、「～しなさい、そうすれば…。」という意味になる。〈**命令文, or ….**〉だと「～しなさい、そうしないと…。」という意味になる。

(3) 話の流れから、腕時計を買った**場所**をたずねる文にする。**イ** where を入れると「彼がそれ（＝腕時計）を**どこで**買ったか私に教えてください。」という意味になる。

**2** (1) ウ　(2) ア

**解説** (1) キョウコが「動画？」と言い、空所のあとで、ジュディーが動画の内容について述べていることから、**ウ** Tell me more.（もっと教えてください。）を入れるのが適切。**ア**「はい、どうぞ。」、**イ**「どういたしまして。」

(2) トマトが入っている箱に、農家の人の名前や農薬を使用していないことが印刷されているという話の流れから、「もし、（だれがそれらを作ったのか）、どんなふうにそれらが栽培されたのかがわかれば、私は安心です。」という意味の文にする。**ア** who made them を入れるのが適切。**イ**「なぜ彼がそれらを栽培したのか」、**ウ**「いつそれらが売られたのか」、**エ**「何が値段を下げたのか」

**3** (1) you know who they are
(2) decide which one I should
(3) what an interesting story
(4) think about how I could create

**解説** (1) Do you know のあとに、疑問詞で始まる疑問文を続ける形（間接疑問）にする。〈**疑問詞（who）＋主語＋be動詞**〉の語順にする。語順をまちがえやすいので注意。「あなたは彼らがだれなのか知っていますか。」

(2) I can't decide のあとに、〈**疑問詞＋主語＋助動詞＋動詞 ～**〉を続ける。ここでは、「疑問詞」の部分を which one とすることに注意。「疑問詞」には〈which ＋名詞〉のほか、〈what ＋

名詞〉や〈how ＋形容詞[副詞]〉などがくることもある。また、この one は前に出た computer を受けている。不要な語は to。「新しいコンピューターを買いたいのですが、私はどれを買うべきか決められません。」

(3)「何ておもしろい話なんでしょう！」という驚きを表す感嘆文にする。〈**What a[an]＋形容詞＋名詞！**〉の形。

(4) how と I があることから、〈**疑問詞＋主語＋動詞 ～**〉の形を考える。あとの a great *nengajo*（すてきな年賀状）とつながるように、**how I could create**（どうやって私は～を作ることができるか）と並べる。このまとまりを think about（～について考える）のあとにつなげればよい。

【英文の意味】
　あなたは伝統的な日本のものが大好きなので、私は和紙を使ってあなたに特別なものを作りたかったのです。すてきな年賀状をどうやって作れるかについて考えることは楽しかったです。

**4** **[例]** (1) Can you tell me what it means?
(2) Let's make the plan together. Do you have any ideas?

**解説** (1)「私に（～を）言うことができますか」は、Can you tell me ～? で表せる。「それが何を意味するのか」は what it means とする。〈**疑問詞＋主語＋動詞**〉の語順にすることに注意。

【英文の意味】
　私たちが剣道について話しているとき、ジョンが私に「私は日本語を学んでいるとき、柔道、書道や剣道のような、いくつかの日本語の言葉には同じ音の「どう」があることに気づきました。（それが何を意味するのかを私に言うことはできますか。）」と言いました。私は、「英語では'way'という意味です。」と言いました。

(2)「～しましょう」は Let's ～. で表せる。ほかに、Shall we ～?（～しましょうか）や Do you want to ～?（～しませんか）などを使っても表せる。「何か考えがありますか」は、「考えを持っているか」と考えて、Do you have any ideas? と表せばよい。

{P.57}

## 14 受け身

**1** (1) ア　(2) ウ　(3) エ

**解説** (1)「琵琶湖と**呼ばれています**」という意味になるように、call A B（A を B と呼ぶ）の受け身の文にする。**ア**の called を入れるのが適切。

15

　この写真を見てください。これは日本でいちばん大きな湖です。それは琵琶湖と呼ばれています。私はこの前の日曜日におばとそこへ行きました。

(2) 主語が「富士山」であることから，「富士山はあなたの教室から**見られ**ますか。」という意味の受け身の文にする。助動詞が使われていることにも注意。助動詞の受け身の疑問文は，〈**助動詞＋主語＋be＋過去分詞～?**〉の形。**ウ**の be seen を入れる。

(3) 「この歌は**歌われています**」という意味になるように，受け身の文にする。**エ**の sung を入れるのが適切。sing は sing－sang－sung と変化する。過去形と混同しないように注意。

**2** **例** It was built

**解説** 「その家は築何年ですか。」という質問に対する答えの文を完成させる。build（建てる）が与えられていることから，「それは 250 年以上前に建てられました。」という受け身の文（**be 動詞＋過去分詞**）にするのが適切。過去の文なので be 動詞は was を使い，build は過去分詞の **built** にする。

**3** (1) was written by a famous writer
(2) spoken by many people as

**解説** (1) 過去の受け身の文（**was ＋過去分詞[written]**）にする。また，**by** があるので，by a famous writer（有名な作家によって）と行為者を表すまとまりを作る。by ～は「**～によって**」という意味。

(2) 現在の受け身の文。**is** のあとに，**過去分詞の spoken** を続ける。by があるので，by many people（多くの人々によって）と行為者を表すまとまりを作る。また，この as は「**～として**」という意味。不要な語は uses。

【P.59】
# 15 いろいろな熟語

**1** (1) エ　(2) ウ　(3) ウ

**解説** (1) 「私はこの和菓子店に**初めて**来ました。」という意味になるように，**エ**の time を入れるのが適切。**for the first time** で「**初めて**」という意味。

(2) 「選ぶのが難しい」と言っていて，あとに and があるので，**ウ**の both を入れるのが適切。「私はリンゴジュースもオレンジジュースも**両方とも**好きです」という意味になる。**both A and B**

で「**A も B も両方とも**」という意味。between A and B は「A と B の間に」。

(3) 前に take care があることから，**take care of ～（～の世話をする）**にすると判断できる。**ウ**の of が適切。

**2** (1) example　(2) instead
(3) ① Why　② for　③ course

**解説** (1) 「あなたはたくさんの国を訪れたことがありますよね。」という発言に対し，「はい」と答えたあとに，具体的に訪れた国の例を挙げている。**for example（例えば）**となるようにする。

(2) 女性が「オカダさんはミーティングに行けない」と言っていることから，「私たちは彼**の代わりに**だれかにミーティングに来てもらいたい」と応じる文にする。instead を入れるのが適切。**instead of ～**で「**～の代わりに**」という意味。

(3) ① **Why don't we ～?**（〈いっしょに〉～しませんか。）と誘う文にする。
② あとに a while とあるので，for を入れて，**for a while（しばらくの間）**とする。
③ Can you ～?（～してくれますか）という依頼に応じる文。前に of があることから，**of course（もちろん）**とする。

**3** (1) ウ，イ，エ，ア　　(2) エ，ウ，イ，ア
(3) ウ，イ，ア，オ，エ

**解説** (1) front があることに着目し，in front of (the station) というまとまりを作る。**in front of ～**は「**～の前に**」という意味。Shall we のあとには動詞の原形 meet を続ければよい。Shall we (meet in front of) the station?（駅の前で会いましょうか。）

(2) up と get があることから，**get up（起きる）**とする。空所の前の need は，あとに〈to ＋動詞の原形〉がきて，「～する必要がある」という意味になる。I need (to get up at) six o'clock tomorrow morning.（私は明日の朝，6 時に起きる必要があります。）

(3) 「私はオレンジ色だと思います。」という答えから，**What color is ～?（何色が～ですか）**とたずねる疑問文にする。また，between があるので，**between A and B（A と B の間に）**の形を作る。What (color is between red and) yellow?（赤と黄色の間には何色がありますか。）

**4** (1) Xウ　Yイ　Zエ
　　(2) Xア　Yエ　Zオ

**解説** (1) afraid があることから，**be afraid of ～**（～を
こわがる）を組み立てる。また，don't があるの
で，be 動詞の否定の命令文にする。**Don't be
～.** の形。Don't be afraid of my dog.（私の
犬をこわがらないで。）

(2) looking と for は，**look for ～**（～をさがす）の
まとまりにする。あとに the book を続ける。
ここでは which は関係代名詞。the book を
修飾する文（I borrowed）をつなぐ働きをする。
また，have と been があることから現在完了
進行形の文になるように，have been looking
for の順に並べる。I (have been looking for
the book which) I borrowed.（私は借りた
本をずっとさがしています。）

**5** [例] (1) Are you interested in Japanese culture?
　　(2) Aozora Town is famous for Mt. Hikari.
　　(3) I'm looking forward to seeing my
　　　favorite singer.

**解説** (1)「あなたは日本の文化に興味がありますか。」と
いう文を作る。「**～に興味がある**」は **be
interested in ～** で表せる。ほかに，Is
Japanese culture interesting to you?（あ
なたにとって日本の文化は興味深いですか。）
や Do you have an interest in the culture
of Japan?（あなたは日本の文化に興味をもっ
ていますか。）などと表すこともできる。

(2)「あおぞら町はひかり山で有名です。」という文
を作る。「**～で有名である**」は **be famous for**
～ で表す。ほかに，Aozora Town is known
for Mt. Hikari.（あおぞら町はひかり山で知られ
ています。）や Many people know Mt. Hikari
in Aozora Town.（多くの人々があおぞら町に
あるひかり山を知っています。）などと表すこと
もできる。

(3)「私は好きな歌手に会えるのを楽しみにしてい
ます。」という文を作る。「**～を楽しみにする**」
は **look forward to ～** で表せる。この to は前
置詞なので，あとに動詞を続けるときは **ing 形
にする**ことに注意。ほかに，I'm excited about
meeting my favorite singers.（私の好きな
歌手に会えることにわくわくしています。）など
と表すこともできる。

{P.62}

**16** 仮定法

**1** (1) ウ　(2) ア

**解説** (1) 現在の事実とは異なる願望は，〈**I wish ＋主語
＋(助)動詞の過去形 ～.**〉の形で表す。「**～であ
ればいいのになあ**」という意味。**ウ** could を
入れるのが適切。could は can の過去形。
【対話文の意味】
A：あそこにいる男性を見て！　彼はとても上手にバス
ケットボールをしています。
B：その通りです。彼はとてもかっこいいです！　彼の
ようにプレーできたらいいのになあ。

(2) 現実にはありえないことを仮定するときは，〈**If
＋主語＋(助)動詞の過去形 ～，主語＋助動詞
の過去形＋動詞の原形….**〉の形で表す。「**もし
～だったら，…**」という意味。助動詞の過去形
の**ア** could を入れるのが適切。**イ**の didn't で
は「もしあなたが過去に戻らないとしたら」と
なり，文意が通らない。

**2** エ

**解説** 下線部は I wish を使った仮定法の文。「このクラ
スのみなさん全員ともっと長くいっしょにいること
ができたらなあ。」という意味。この文と同じ内容
を表す文としては，**エ**「私はこのクラスでもっと
多くの時間を過ごしたいです。」が適切。**ア**「私は
来年からこの学校で勉強することをうれしく思い
ます。」，**イ**「私はこの学校を卒業できてうれしい
です。」，**ウ**「私は高校で新しい生徒たちと出会い
たいです。」

**3** (1) ウ，エ，ア，イ
　　(2) イ，エ，ウ，ア，カ

**解説** (1)〈**If ＋主語＋動詞の過去形 ～，主語＋助動詞の
過去形＋動詞の原形….**〉の文にする。If のあ
とに I were you と続ける。(If I were you), I
would go abroad.（もし私があなただったら，
外国に行くだろうに。）

(2)〈**I wish ＋主語＋動詞の過去形 ～.**〉の文にする。
were と could の 2 つの過去形があるが，語群
に動詞の原形がないので，不要な語は could。
また，better と at に着目して，were better
at ～のまとまりを作る。be good at ～（～が
上手だ）の good が比較級の better になった形。
「～がより上手だ」という意味になる。But I (wish
I were better at) playing it.（でも，それを
弾くのがもっとうまかったらいいのになあ。）

{P.65}

# 1 （内容について正しい英文を選ぶ問題）

## 1 エ

**解説** 貸し出し自転車サービスについて説明したウェブサイトの記事。2文目を参照。市内の30か所の駐輪場からいつでも自転車を借りることができるとあるので，**エ**「ふたば市では，人々は好きなときに自転車を借りることができる。」が内容に合う。

**ア**「人々は同じ場所で自転車を借りたり返したりしなければならない。」

**イ**「貸し出し自転車サービスは環境によい。」

**ウ**「貸し出し自転車サービスを利用するには，スマートフォンが必要だ。」

【英文の意味】

　ふたば市は，次の春から貸し出し自転車サービスを開始します！　市内にある30か所の駐輪場からいつでも自転車を借りることができます。同じ駐輪場に返却する必要はなく，24時間，自転車を借りるために必要なのは100円だけです。スマートフォンか現金で支払うことができます。この貸し出し自転車サービスは，ふたば市での生活をより楽にするでしょう。

## 2 ア

**解説** 下線部は，「これが状況を改善するでしょう。」という意味。英文全体では，自分の考えや気持ちを伝えるためには言葉が重要であることと，ほかの人の考えを聞くことの重要性について述べられている。**ア**「もし私たちが異なる考えを聞くようにすれば，私たちはコミュニケーションをより成功させる（よりうまくとる）ことができる。」が内容に合う。

**イ**「もし私たちが異なる考えを持っているなら，私たちはそれをほかの人に言うべきではない。」

**ウ**「もし私たちが自分の気持ちを示したいなら，私たちは笑顔でほかの人たちに話しかけなければならない。」

**エ**「もしほかの人たちが私たちに異なる考えを話したら，私たちはその考えについて質問をしなければならない。」

【英文の意味】

　それぞれのメンバーが異なる考えを持っていました。私は，違う考えを理解することはみんなにとって難しいと感じました。

　その状況を改善するために私たちはどうすればよいでしょうか。言葉は私たち自身の気持ちを表すので重要であると私は思います。私たちは，自分が本当に考えていることは何か，あるいはどのように感じているかを示す

ために言葉を使います。だから，私たちは自分の考えを自分自身の言葉で伝えるべきです。そしてまた，ほかの人の考えを聞くようにするべきです。そうすることで，ほかの人たちが本当に言いたいことは何かを理解することができます。私は，異なる考えを聞くことは，ほかの人たちとよりよいコミュニケーションをとるための最初の一歩だと思います。これが状況を改善するでしょう。

## 3 エ

**解説** スミス先生のために何をするかについて相談している対話文。キミーの2番目の発言に着目する。

**エ**「キミーは，もし必要なら彼女たちの音楽の先生に音楽教室を使わせてくれるように頼むつもりだ。」が対話文の内容に合う。

**ア**「キミーは，スミス先生が気に入るようなよい写真を撮るのは難しいと考えている。」

**イ**「ナオトはアルバムのための写真を十分に持っていないので，キシ先生に写真を撮ってくれるように頼むつもりだ。」

**ウ**「アヤコは歌を歌う練習をしたいので，キミーに練習のためにピアノを弾いてくれるように言った。」

【対話文の意味】

**アヤコ**：スミス先生のために何曲か歌を歌うのはどうですか。何かいい日本のポップスを知っていますか，キミー。

**キミー**：はい，知っています。彼のために私たちが歌える日本のポップスをいくつか考えてみます。

**ナオト**：ありがとう。きっと彼は日本のポップスを聞くのを気に入ってくれると思います，というのも彼は自己紹介シートにそう書いていたので。

**キミー**：ええと，私はピアノが弾けるので，その歌のために私がピアノを弾きます。音楽のフクダ先生に頼めば，私たちは学校の音楽教室を使えると思います。もし彼のために歌を歌うことを選んだら，先生に聞いてみます。

**ナオト**：いいですね。ええと，私たちの写真を集めて彼のためにアルバムを作るのはどうですか。

**キミー**：それもいい考えですね。写真をたくさん見つけなければならないでしょう。もしアルバムを作るなら，新しい写真を撮るために私の担任のキシ先生からカメラを借りることができます。

## 4 ウ

**解説** 第3段落の内容を参照。ティムのクラスの台湾出身の女の子は，台湾ではふだん朝食を家で食べないと言っているので，**ウ**「ティムのクラスメイトは，台湾の多くの人は家の外で朝食を食べると言った。」が本文の内容に合う。

**ア**「真司はホームステイをしていたとき，毎日ティムの家族といっしょに朝食を食べた。」

**イ**「真司の家族もティムの家族も，ふだん朝食にほとんど同じものを食べる。」

**エ**「ティムは真司に，世界中の人々が食べている朝食の違いについて話した。」

　3年前，私はカナダを訪れ，そこでホームステイをしました。最初の日，ホストマザーが家族のルールを説明してくれました。彼らはふだん，いっしょに朝食を食べないので，私は驚きました。ホストブラザーのティムは，「私たちはたいてい，果物やオートミールのような簡単で栄養のある朝食を自分たち自身で食べます。カナダではこのスタイルが一般的だと私は思います。」と言いました。

　日本の私の家庭では，ほぼ毎日，母親が私たちに朝食を作ってくれます。私はよくご飯やみそ汁，小皿料理を家族といっしょに食べます。母は，朝食は私が健康であることを維持するためにいちばん重要であるといつも言っています。私は自分の家族のスタイルが普通だと思っていたので，ティムの家族のスタイルがよいとは思いませんでした。

　私はその違いに興味があったので，ティムのクラスの台湾出身の女の子に彼女の故郷の朝食についてたずねました。すると，私はまた驚きました。彼女は，「台湾では，私たちはふだん家で朝食を食べません。台所さえない家庭もあります。多くの人は，食べ物屋さんで朝食を食べたり，あるいは何かを買って会社や学校でそれを食べたりします。」と私に言いました。

　私はそのことを知ってから，世界には朝食を食べるスタイルがたくさんあり，そのスタイルはそれぞれの文化の一部であることがわかりました。今，私は世界のさまざまな文化を知りたいと思っています。

{P.69}

# 2 語句を補う問題

### ◤1◢ (1) エ　(2) イ　(3) ア　(4) ウ

解説 (1) 過去分詞 seen と文の最後の yet に着目する。現在完了形の疑問文にする。**エ**の Have が適切。yet は疑問文では，「もう」という意味。

(2) 過去形の saw があることから，過去の時を表す語句が入ると判断できる。**イ**の last week（先週）が適切。

(3) 空所を含む文のあとで B が感想を答えていることから，「どうでしたか。」と感想をたずねる文にする。**ア**の how（どのような）が適切。

(4) 映画についてすばらしかったと言っていることから，相手にも見るようにすすめる文にする。**ウ**の should（～したほうがよい）が適切。

【対話文の意味】

A：あなたはこの映画をもう見ましたか。
B：はい。私はそれを先週，家族といっしょに見ました。
A：わあ，どうでしたか。
B：すばらしかった！　あなたも見たほうがいいですよ。

### ◤2◢ (1) ウ　(2) イ　(3) ア
### 　　　(4) ウ　(5) イ　(6) エ

解説 (1) 動詞が like の目的語になるときは，〈to ＋動詞の原形〉か ing 形にする。**ウ**の watching が適切。

(2) 前にある Do you like ～? の疑問文に答える文

なので，**イ**の do が適切。

(3) 映画がどんな話であるかを説明する文なので，**ア**の about（～について）が適切。

(4) 動詞の目的語になるので，代名詞は目的格を使う。**ウ**の them（それらを）が適切。

(5) 空所のあとで，「音楽**もまた**わくわくする」とほめていることから，**イ**の fantastic（すばらしい）が適切。**ア**「空っぽの」，**ウ**「狭い」，**エ**「ひどい」

(6) If you were the girl（もしあなたがその少女だったら）と現実にはありえないことを仮定する仮定法の文。後半の文でも助動詞の過去形を使う。あてはまるのは，**エ**の would だけ。

【英文の意味】

　こんにちは，みなさん。みなさんは映画を見るのが好きですか。私ですか？　はい，好きです。私の大好きな映画を紹介します。それは，"The Traveling of the Amazing Girl" です。ストーリーは，時を超えて旅をする女の子についてです。いくつかのトラブルが起きますが，彼女はそれらを解決することができます。ストーリーがすばらしくて，音楽もまたわくわくします。その映画はずいぶん前に作られましたが，今でもとても人気があります。すばらしい映画です。もし，あなたがその女の子だったら，何をするでしょうか。

### ◤3◢ (1) ウ　(2) エ　(3) have the drills

解説 (1)「災害が起きたときにどこへ行ったらよいか知らなければならない」という文にする。**ウ**の where が適切。**where to ～** で「**どこへ[で]～したらよいか**」という意味。

(2)「災害に関する情報を得られる」ものとしては，**エ**の radio（ラジオ）が適切。**ア**「衣服」，**イ**「お金」，**ウ**「毛布」

(3) ジョンが「日本で初めて避難訓練をした」と言い，タクヤが次の発言で「もし何度も練習すれば…」と言っている流れから，何度もするべきことは「(避難)訓練」だと判断できる。「連続する英語3語」という指示から，タクヤの最初の発言にある have the drills（訓練する）を入れるのが適切。

【対話文の意味】

**ジョン**：なぜ今日この避難訓練が行われたのですか。
**タクヤ**：過去に，関東地方で大きな地震が起きました。この季節には台風も多いです。だから，私たちは訓練をして，もし災害が起きたら何をするべきかを考えなければなりません。
**ジョン**：私もそう思います。私たちは災害が起きたときにどこへ行ったらよいか知っておかなければなりません。あの標示を見てください。あの標示は，私たちはここに来るべきだという意味です。
**タクヤ**：そうです。災害のあとに自分の家に住めなくなったとき，多くの人が泊まるために私たちの学校に来ます。
**ジョン**：タクヤ，災害用に家でバッグに何かを入れておいていますか。
**タクヤ**：はい。食料と水は必要です。災害に関する情報

を得ることができるので，ラジオも重要です。

**ジョン**：私もすぐに家のバッグにそれらを入れておきます。今日，私は災害に備えてするべき重要なことを学びました。私は日本で初めて避難訓練をしました。私たちは何度も訓練をするべきです。

**タクヤ**：私もあなたに賛成です。もし何度も練習すれば，私たちは何をすればいいのかを理解できます。ほかに何かするべきことはありますか。あなたの考えはどうですか。

**ジョン**：標示は，私たちが何をすべきかを理解するのに役立ちます。私たちの周りに標示がたくさんあればいいと私は思っています。

**タクヤ**：それはおもしろい意見ですね。放課後，いっしょにそれらをさがしましょう。

**4** イ

**解説** 空所(A)，(B)に適する英語の組み合わせとして正しいものを選ぶ。祖母はひまわりを植える活動をしている人は10人しかいないと言っていて，直人に参加しないかと誘っていることから，(A)を含む文は，「彼女(祖母)は**もっと多くの人を必要としている**」とするのが適切。祖母の誘いに対し，直人は「ごめんなさい。学校に行かなければならない」と言っていることから，(B)を含む部分は，「**学校へ歩き始めた**」とするのが適切。また，あとのShe looked sad. からも「公園で作業し始めた」は合わないことがわかる。

【英文の意味】
　春のある日，私は教室で1枚のポスターを見ました。ポスターに「いっしょに町の公園にひまわりを植えましょう！」と書いてありました。私たちの町のボランティアグループが計画したイベントでした。私はおもしろくないと思ったので，バッグを取って教室を出ました。
　次の土曜日の朝，私はバスケットボールの練習をするために学校へ行きました。町の公園のそばを歩いているとき，私は祖母が公園で何人かとひまわりを植えているのを見かけました。そのとき，私はあのポスターのことを思い出しました。私は祖母に「あなたはこのボランティアグループに入っているのですか。」とたずねました。彼女は「はい。私たちは，毎週土曜日にこの公園でごみを拾っています。でも今日は，ひまわりを植えにここに来ました。私がこの新しいイベントを計画しました。」と答えました。私は彼女に「本当ですか？　なぜあなたはそれを計画したのですか。」と言いました。彼女は「この町の多くの若者は，将来は大都市に住みたいと思っています。それは私にとって悲しいことです。もしこの広い公園に美しいひまわりが咲いていたら，彼らのうちの何人かはこの町はすばらしい場所だとわかると私は思います。」と言いました。彼女はまた「私たちの仲間に入るのはどうですか，直人。私は多くの場所にポスターを送りましたが，今は10人しかいません。」と言いました。私は「この公園は広い。たった10人でひまわりを植えるのは大変だ。彼女はもっと多くの人を必要としているが，私はバスケットボールの練習がある。」と思いました。それで，私は彼女に「ごめんなさい，私は学校に行かなければなりません。」と言って，学校へ歩き始めました。彼女は悲しそうでした。

{P.73}

# 3　文を補う問題

**1** (1) **オ**　(2) **イ**　(3) **ウ**

**解説** (1) 私たちの町にある美術館に行ったことがあるかという質問に，Yes. と答えていることと，「すばらしかった」と感想を答えていることから，**オ**「日本人の友達が私をそこへ連れていってくれました。」が適切。

(2) 近くにスタジアムがあるかという質問に，Yes! と答えていることから，**イ**「隣町にあります。」が適切。one は直前のジムの発言にある stadium を受けている。

(3) ジムの発言を受けて，リサが「行きましょう！」と応じていることから，**ウ**「今週末，私とそこへ行くのはどうですか。」と提案する文が適切。

【対話文の意味】
**リサ**：こんにちは，ジム。私は，あなたが来月，北海道を離れる予定だと聞きました。

**ジム**：そうなんです，リサ。私が北海道に来てから，もう5か月がたちました。日本を離れる前に，私は何をすべきですか。

**リサ**：これまでに私たちの町にある美術館に行ったことはありますか。

**ジム**：はい。(日本人の友達が私をそこへ連れていってくれました。)すばらしかったです。

**リサ**：ああ，わかりました。それでは，これまでに北海道でバスケットボールの試合を見たことはありますか。

**ジム**：いいえ，ありません。この近くにスタジアムがありますか。

**リサ**：あります！　(隣町にあります。)この町から電車で1時間かかります。そして私たちの町の多くの人が試合を見るのを楽しんでいます。

**ジム**：いいですね。そこであなたと試合を見たいです。(今週末，私とそこへ行くのはどうですか。)

**リサ**：いいですよ。行きましょう！

**2** (1) **エ**　(2) **ア**　(3) **エ**

(4) **例** If I try something first, my classmates will follow me.

**解説** (1) 空所のあとでヒューズ先生がペンギンについて説明していることから，**エ**「そのことについてもっと私に話してくれますか。」が適切。
　**ア**「もう1度そのことについて話してもいいですか。」，**イ**「あなたのペットのことを話してくれますか。」**ウ**「質問が理解できませんでした。」

(2) ヒューズ先生は，ペンギンにもリーダーがいると考えていることを押さえる。「1羽のペンギンが最初に動き，そして残りのペンギンが**最初のペンギンのあとについていきます**」となると話の流れに合う。**ア**が適切。
　**イ**「何か違うことをする」，**ウ**「そのあと何もし

ない」，**エ**「何か特別なことを待つ」

(3) ヒューズ先生がペンギンの行動について説明していることを押さえる。また，海には危険があると続けていることから，「食べ物を捕まえるために海に飛びこむことは**ペンギンにとってとても怖いことです**」となるように，**エ**を入れる。**ア**「ペンギンにとってとても楽しいことです」，**イ**「人にとってとても怖いことです」，**ウ**「人にとってとても楽しいことです」

(4) 解答例は，「もし私が最初に何かをやってみたら，クラスメイトは私のあとについてくるでしょう。」という意味。勇敢なペンギンの話の内容をふまえて，学校生活で応用できることを自由に書く。ほかに，If I give my opinion first in class, other students will also give their opinions.（もし私が授業で最初に自分の意見を言えば，ほかの生徒も自分の意見を言うでしょう。）なども考えられる。

**【対話文の意味】**

**ハルナ：**ヒューズ先生，お時間はありますか。
**ヒューズ先生：**もちろんです。何か質問があるのですか。
**ハルナ：**はい，授業の最後で，先生は「最初のペンギンになりなさい」と言いました。（そのことについてもっと私に話してくれますか。）
**ヒューズ先生：**わかりました。ペンギンは知っていますよね？　ペンギンは空を飛ぶことはできませんが，海で泳ぐことができる鳥です。
**ハルナ：**はい，もちろんです。私は水族館でペンギンを見たことがあります。
**ヒューズ先生：**ペンギンの世界にはリーダーがいないと言う人もいますが，それは真実ではありません。彼らは食べ物を捕まえたり，あるいは安全な場所に逃げたりするとき，1羽のペンギンが最初に動き，そして残りのペンギンが（最初のペンギンのあとについていきます。）
**ハルナ：**わあ，それはとても興味深いですね。
**ヒューズ先生：**例えば，海の中にはときどき危険があるので，食べ物を捕まえるために海に飛びこむことは（ペンギンにとってとても怖いことです）。しかし，1羽の勇敢なペンギンが海に飛びこむと，ほかのすべてのペンギンたちも素早くそれについていきます。
**ハルナ：**なるほど。勇敢であることは，ペンギンにとってだけではなく，私たちにとっても大切だと思います。
**ヒューズ先生：**その通りです！　たとえ何が起こるかわからなくても，何か新しいことに挑戦する最初の人になることは大切です。あなたの学校生活でその考えを使えると思いませんか。
**ハルナ：**はい。（もし私が最初に何かをやってみたら，クラスメイトは私のあとについてくるでしょう。）
**ヒューズ先生：**そうできるといいですね。

**◀3▶** (1) エ　　(2) イ

**解説** (1) 空所のあとの so に着目する。so は前の文が原因・理由となって，あとに結果や結論をつなげる。空所のあとの文は「メンバーはそれぞれとても

違っています」という意味。いろいろな人が集まる原因・理由として適切なものは，**エ**「このレッスンには言語や文化に興味がある人たちが迎え入れられます」。
**ア**「このレッスンを受けている人は全員18歳未満です」，**イ**「このレッスンに来ている人は，大学で英語の勉強を終えています」，**ウ**「仕事で英語が必要な日本人だけがこのレッスンを受けられます」

(2) 空所の前の but に着目する。but は前の文と反対の内容をつなぐ。前の文で「日本では夏に暑いと感じるかもしれない」と言っていて，あとには with this fan（この扇子があれば）とあるので，**イ**「あなたはそれ（＝暑さ）を心配する必要はありません」が適切。
**ア**「私はここにいる人たちにもっと涼しく感じてもらいたい」，**ウ**「あなたのために日本へ行けたらいいのに」，**エ**「あなたはオーストラリアでの生活を忘れるでしょう」

**【英文の意味】**

　リサは英語を勉強するのが好きな中学生です。彼女は毎週土曜日に市のカルチャーセンターでレッスンに参加しています。ほかの人と英語で異文化について話すことができるので，彼女はこのレッスンが大好きです。（このレッスンには言語や文化に興味がある人たちが迎え入れられる）ので，メンバーはそれぞれとても違っています。学生，仕事を持っている人，年配の人，そして外国から来た人などです。先生はトムです。彼は30歳で，オーストラリア出身です。彼は2年間この市の国際交流員をしています。彼はふだんは市役所で働いているので，このレッスンは彼にとっても特別でおもしろい仕事です。彼は日本人の職員といっしょに市の英語のホームページを作成したり，職員が外国から来た人たちと話すのを手伝ったりしています。

　トムが日本を選んだのは，彼の母親が日本をとても好きだったからです。何年も前，彼女がオーストラリアの大学生だったとき，日本から来た女の子に会いました。彼女たちは同じ授業を受け，昼食を食べ，週末にはいっしょに買い物に行きました。すぐに彼女たちは仲のよい友達になりました。それ以来ずっと，トムの母親は日本とその文化が大好きです。彼女がとても好きな言葉の1つは「大丈夫」です。彼女はトムが日本で働き始めるためにオーストラリアを離れる前に，その漢字が書かれた日本の扇子を彼にあげました。彼女は「日本では夏に暑く感じるかもしれないけれど，この扇子があれば（あなたはそれを心配する必要はありません）。楽しい気分でないときは，どうかこの扇子を見てください。"大丈夫。"」と言いました。

{**P.77**}

**4** 英語で答える問題

**◀1▶ 例** They buy many popular clothes and enjoy the newest fashion.

**解説** 質問は，「おしゃれでいたい一部の人たちは何をよ

くしますか。」という意味。fashionable（おしゃれな）がキーワード。3文目に着目する。as some fashionable people often do の do の指す内容を考える。同じ文の前半にある buy many popular 〜 がそれにあたる。質問の文の主語は some people who want to be fashionable で，答えの文では they で受けることにも注意。解答例は，「彼らは人気の服をたくさん買って，最新のファッションを楽しむ」という意味。

【英文の意味】

　私は「ファスト・ファッション」について話します。今，たくさんの種類の服が安い値段で売られていて，人々はそれらを簡単に買うことができます。おしゃれな人たちがよくするように，人気の服をたくさん買って，最新のファッションを楽しむ人もいます。それらはファスト・ファッションの例です。しかし，いくつかの問題があります。価格を低く抑えるために多くの服が作られており，それらの中には着られずに処分されてしまうものもあります。人々はときどき，服をたくさん買いすぎて，それらの中にもまた，着られずに処分されてしまうものがあります。それで，これらの問題を解決しようとしている衣料品会社もあります。

**2** **例** Some students were doing their homework together in a classroom.

**解説** 質問は，「スミス先生は数日前の放課後，なぜ驚いたのですか。」の意味。数日前の放課後のできごとを述べている部分をさがす。第1段落の後半部分に A few days ago, とあり，最後から2文目に I was surprised when I saw this.（私はこれを見たとき，驚いた。）とある。数日前の放課後に「教室で何人かの生徒たちがいっしょに宿題をしていた」ところを見て驚いたとある。Because 〜. としてもよい。

【英文の意味】

　最初に，あなたたちはほとんどの時間を同じ教室で過ごしています。あなたたちは，たいていクラスメイトとここで勉強し，先生たちがあなたたちに教えるためにここへ来ます。私の国，アメリカでは，先生たちはたいてい自分の教室を持っていて，生徒たちが勉強するために違う教室へ行きます。時間割が生徒の間で違うので，生徒たちは違うクラスメイトと勉強します。また，日本ではあなたたちはよく放課後にも教室を使います。数日前，私は放課後の教室で何人かの生徒を見かけました。彼らはいっしょに宿題をしていました。これを見たとき，私は驚きました。アメリカでは，私たちは放課後，このように教室を使うことはありません。

　次に，あなたたちは自分の教室を掃除します。私は生徒といっしょに掃除をする何人かの先生も見かけました。最初，私はなぜ生徒と先生が学校を掃除するのかわかりませんでした。

**3** **例** They didn't have enough time to talk with each other.

**解説** 質問は，「なぜサラの母親は彼女に話しかけたときに悲しそうだったのですか。」という意味。サラの

母親が悲しそうだった理由を読み取る。キーワードは look sad で，第2段落に looked sad があることに着目する。母親が悲しそうにしていた理由としては，「お互いに話す時間が十分になかったこと」が適切。Because 〜. としてもよい。

【英文の意味】

　サラが中学1年生になったとき，彼女は女子サッカー部でサッカーをプレーし始めました。彼女の生活は大きく変わりました。彼女はとても忙しくなりました。サラと母親はよくいっしょに買い物に行きましたが，サラが入部したあとは行けなくなりました。サラは上手な選手になるために，とても一生懸命にサッカーを練習しました。

　ある朝，彼女の母親が悲しそうな様子で，「私たちはお互いに話す時間が十分にないよね。」と言いました。サラはほかの中学生も同じだろうと思ったので，それが大きな問題だとは思いませんでした。しかし，あとになって，彼女は母親の悲しそうな顔を何度も思い出しました。

　サラは，次の月曜日にサッカーの試合がある予定でした。彼女は母親に「私の最初の試合を見に来てくれますか。」とたずねました。母親は予定を確認し，「行けたらいいのだけど，行けません。私は仕事に行かなければなりません。」と言いました。するとサラは「あなたはいい看護師かもしれませんが，よい母親ではありません。」と言いました。彼女はそれが意地の悪いことだとわかっていましたが，自分を止めることができませんでした。

**4** (1) ウ　(2) ア　(3) エ

**解説** (1) 質問は「マサトとトムはたいてい，いっしょに何を楽しんでいますか。」という意味。彼らが楽しんでいることは，第2段落に書かれている。**ウ**の「マンガについて話すこと。」が適切。

(2) 質問は「マサトとトムが，国語の授業の宿題をよくいっしょにしたのはなぜですか。」という意味。2人が宿題をいっしょにした理由は，第3段落の3文目に書かれている。**ア**の「トムは宿題をするのにマサトの助けが必要だったからです。」が適切。

(3) 質問は「マサトはオカ先生がよい短歌を作ることをどうやって知りましたか。」という意味。オカ先生がよい短歌を作ることをどのように知ったかは，第4段落の2，3文目に書かれている。**エ**の「学校新聞を読むことによって。」が適切。

【英文の意味】

　マサトとトムは中学生です。彼らは1年来の友人で，トムは日本滞在中，日本語を上手に話す方法をずっと学んできました。

　トムは日本の文化，特にマンガに興味があります。マサトもマンガが好きで，彼らはよくストーリーについて話して楽しんでいます。トムは剣道にも興味があります。彼はよくマサトと剣道の練習をしています。彼らはいっしょに楽しい時間を過ごしてきました。しかし，トムはこの7月に日本を離れ，ロンドンに戻る予定です。

　6月の土曜日，マサトとトムは剣道の練習をしに学校へ行きました。剣道の練習を終えたあと，彼らは宿題について話しました。トムが1人で国語の授業の宿題をするのはまだ難しいので，彼らはよくいっしょに宿題をして，マサトがトムを手伝いました。週末の宿題は，短歌を作ることでした。彼らは国語の授業で短歌について習いま

した。トムは「短歌の作り方がよくわかりません。まずはあなたの短歌を見せてください!」と言いました。マサトは「いいのを見せてあげられるといいのですが,短歌を作るのは私にとっても簡単ではありません。」と言いました。

すると,剣道の先生であるオカ先生が彼らのところへやって来て,「あなたたちは短歌について話しているのですか。」と言いました。マサトは,オカ先生が短歌を作るのが大好きなことを思い出しました。マサトはときどき,彼女のすてきな短歌が学校新聞に載っているのを見ました。マサトは「はい。私たちは短歌を作ろうとしているのですが,まったくわかりません。短歌の作り方を私たちに教えてくださいますか。私たちの宿題なんです!」と言いました。オカ先生はほほえんで,「わかりました。短歌を作るのはそんなに難しいことではありません。短歌は自由に作ればいいのです。」と言いました。「自由にですか? でも,短歌にはリズムの決まりがあります。」とマサトは言いました。彼女は,「もちろん,いくつかの決まりはあります。でも,いちばん大切なことは,自分の心から生まれた言葉で自由に短歌を作ることだと私は思います。自分の心と話しなさい。そうすれば,いい短歌が作れますよ。」と言いました。

{P.81}

# 5 内容に合う英文を完成させる問題

## ◀1▶ エ

解説 ケイタの発言を受けて,ユメが「私はあなたがどんな気持ちかわかります。」と言った理由を読み取る。下線部のあとのユメの発言に注目。エを入れると,「ユメはケイタがどんな気持ちなのかわかる,なぜなら(彼女は毎日努力することは難しいと知っている)からです。」となり,ユメの発言内容と合う。

ア「彼はまだ目標が見つかっていない」
イ「教科書を毎日読むことは彼女にとって楽しい」
ウ「彼は高校に入学して以来走り続けている」

【対話文の意味】

**ケイタ**:私はバレーボール部でレギュラーの選手になりたいです。でも,それが「目標」であるかはわかりません。私は「目標」は何かもっと大きなもの,あるいはもっと大切なものだと思います。
**アン**:私は同意しません。あなたにとって何かがとても大切だと思うのなら,それは目標です,ケイタ。
**ケイタ**:私はバレーボールをするのが大好きで,本当にレギュラーの選手になりたいです!
**ユメ**:それは目標だと私は思います! あなたはどうですか,シュン?
**シュン**:私はまだ決めていません。私は目標をさがしていますが,それを見つけることは難しいです。
**アン**:そうできることを願っています。ユメ,ケイタ,あなたたちは目標を達成するために何かしていますか。
**ユメ**:私は家で毎日,英語の教科書を読んでいます。
**ケイタ**:私は毎朝,家の近くを走りに行っています。私は高校に入学してからずっとそれをやり続けています。
**シュン**:毎日,走りに行くことはあなたには大変ですか。
**ケイタ**:はい。ときどき私は早起きしたくありませんが,それをしなければならないのです。
**ユメ**:私はあなたがどんな気持ちかわかります。私もときどき教科書を読むのが自分には楽しくないと思

いますが,私はそれをしなければならないのです。毎日,努力をするのは大変です。
**ケイタ**:その通りです。私は意欲があるように保つ方法を知りたいです。

## ◀2▶ (1) nervous  (2) ア

解説 涼真が英語の授業で書いた作文について,my speech のことを説明した英文を完成させる問題。
(1) 本文の最後の文を参照。「彼はスピーチをしているとき(緊張した)が,しかし彼は一生懸命にやった。」とするのが適切。
(2) 友達と毎日話すことが涼真にとって大切である理由を答える。涼真がスピーチで述べた3番目の理由を参照。お互いに意見を共有できるから毎日友達と話すのは大切だと言っている。この内容を言いかえているアが適切。「彼は自分にとって毎日友達と話すことが大切だと話した,なぜなら(彼は自分の考えを友達に伝え,また彼らの考えを聞くことができる)からである。」
イ「彼が悲しんでいるときに友達が彼を励ましてくれる」,ウ「彼は友達と話すのを楽しんでいる」,エ「友達は彼が問題を解決する手助けをしてくれる」

【英文の意味】

ある日,英語の授業ですべての生徒がスピーチをしました。テーマは「あなたの人生で何がいちばん大切ですか。」でした。話し手はそれぞれ教室の前方に行きました。私たちは自分の順番がくるとスピーチをしました。多くの話し手がスピーチをしたあとに,ついに私の順番が来ました。私はスピーチを始めました。「私は,自分の人生で友達がいちばん大切だと思います。その理由は3つあります。まず,彼らは私が悲しんでいるときに元気づけてくれます。次に,彼らは私が抱えている問題を解決するのを助けてくれます。3番目に,私たちはお互いに意見を共有することができるので,私には毎日彼らと話すことが重要です。」スピーチの間,私はとても緊張しましたが,最善を尽くしました。

## ◀3▶ (1) waste things  (2) see them

解説 (1) 第3段落の1〜4文目を参照。要約文の1文目はそれを言いかえている。「付喪神は人々が(物を無駄にする)と見えるかもしれないと言われています。」waste things を入れるのが適切。
(2) 第1段落の2文目を参照。「悠真は,彼が小さいころは(それらを見るの)を怖がっていましたが,今は付喪神や昔話に興味があります。」see them を入れるのが適切。

【英文の意味】

付喪神を知っていますか? 私は小さいころ,それらを見るのは怖いことだろうと思っていました。しかし,私はそれらや私の祖父から多くのことを学びました。
私の祖父は,おもちゃのお医者さんです。おもちゃのお医者さんとは,壊れたおもちゃを修理するボランティアです。祖父は決して「それは修理できません。」と言

わないので，私は彼のことを誇りに思っています。彼は，子どもたちが自分たちのおもちゃがもっと価値があると考える手助けをします。彼は誕生日プレゼントとして私に自転車をくれて，それの手入れのしかたを教えてくれました。私は今では自分でそれを修理できますし，それは私にとってますます大切になっています。

祖父はよく「物を大切にしないと，道具のおばけがやって来て何か悪いことをするだろう。」と言います。伝統的な日本の物語では，物は長い時間がたつと，魂が宿ると言います。私たちはそれを付喪神と呼びます。それらは人々が物を無駄にすると怒ります。「無駄づかいをしてはいけない」と子どもたちに教えるために，彼らに付喪神のことを話してきた人もいます。この昔話は私には興味深く，私は若い人たちに古い物を使い続けるように伝えたいと思っています。

---

{P.85}

# 6（絵や図・表を読み取る問題）

## 1 エ

解説 ポートランドを走っているバスについて述べられた文章。説明の内容に合う絵を選ぶ。4文目に，自転車はバスの前面に置くことができるとあることから，エが適切。

【英文の意味】

バスもまた，市内を回るのに簡単な手段です。たくさんのバス路線があるので，車がなくても行きたいところに行くことができます。自転車といっしょにバスに乗ることさえできます。バスに乗る前に，自転車をバスの前に置くことができます。降りるときに，自転車を降ろすことができます。これは，駐輪場をさがす必要がなく，市内のどこへでも自転車といっしょに行けるということを意味しています。

## 2 ウ

解説 ヒロトとマイクが行きたい施設として適切なものを選ぶ。Aに入るのは，マイクの2番目の発言からいちばん人気のある場所。グラフから，ファーマーズマーケットだとわかる。Bに入るのは，話の流れからフィッシングサイトかタウンミュージアムのどちらかになる。地域の歴史を学べるのはこの2つからならタウンミュージアムだと判断できる。

【対話文の意味】

ヒロト：マウンテンエリアには，訪問すべき場所がたくさんあります。

マイク：全部おもしろそうですね。

ヒロト：そうですね。ここに，この地域についての案内の本があります。それでは（ファーマーズマーケット）をすすめています。その本には，そこでは新鮮な野菜が買えるし，焼いた魚を食べて楽しめると書いてあります。

マイク：焼いた魚ですか？ それはとてもおいしそうですね。それに，グラフはそれがこの地域でいちばん人気のある場所だということを示しています。そこへ行きましょう。

ヒロト：はい，行きましょう。そして，そのあとでさらに2か所を訪れることができると私は思います。

---

ほかにどんなところを訪問しましょうか。

マイク：私はロングブリッジを訪れたいです。それはこの地域でいちばんわくわくする場所だと聞いたことがあります。

ヒロト：本でもその場所をすすめています。私もそこへ行ってみたいです。

マイク：わかりました。そこへ行きましょう。もう一度グラフを見てください。ほかに3つの場所があります。

ヒロト：そうですね。キャンプサイトへ行くのはどうですか。3か所の中でいちばん人気があります。

マイク：それもよさそうですが，私はこの地域の歴史にとても興味があります。（タウンミュージアム）に行きませんか。

ヒロト：いいですよ。その建物は江戸時代に建てられました。おもしろそうですね。

## 3 (1) ア　(2) shorter　(3) イ

解説 (1) グラフのBに入る適切な国を選ぶ。第2段落を参照。まず，日本の平均睡眠時間は7時間22分なのでDだとわかる。そして，平均睡眠時間がいちばん長い国（A）は中国で，インドとアメリカはほとんど同じだとあることから，Bにはアの America が入る。

(2) 表を見ると，日本では平均睡眠時間が短い人が増えていることがわかる。「日本のより多くの人が以前よりも眠る時間が（短い）ということを意味しています。」という意味の文になるように，short を入れる。あとに than があることから比較級の shorter を抜き出す。

(3) 第4段落の2文目を参照。イ「真衣は，特に若いうちは人々はもっと長く眠る必要があると言っています。」が本文の内容と合う。

ア「真衣は中国の人たちが5か国の中でいちばん眠る時間が短いことに驚いています。」

ウ「真衣はテレビを見たり，インターネットを使ったりすることは，眠ることよりも重要だと考えています。」

エ「真衣は2007年から2015年まで5か国の人々がどれくらい長く眠っているかを示している表を使っています。」

【英文の意味】

睡眠は私たちみんなにとって大切です。私たちは眠らなければ生きていけません。ですが，多くの日本人は，できることならもっと長く眠りたいと言います。日本や世界では人々は何時間眠っているのでしょうか？

グラフを見てください。これは，2018年の日本とほかの4か国の平均睡眠時間です。日本の人たちは平均で7時間22分眠っていることがわかります。7時間の睡眠で十分だと思うかもしれませんが，グラフを見てみると，それはとても短いことがわかります。中国の人たちは全部の中でいちばん長く眠っていて，インドの人たちはアメリカの人たちとほぼ同じくらい長く眠っていることをグラフは示しています。ドイツの人たちはその3つの国の人たちよりも眠る時間が短いですが，私たちよりも1時間長く眠っていることに私は驚きました。

さて，表を見てください。これは2007年，2011年

そして 2015 年の日本の人たちの平均睡眠時間です。この表から何がわかるでしょうか？　2007 年には，約 3 分の 1 の人が 7 時間以上眠っています。しかし，2015 年には，40% 近くの人の睡眠時間が 6 時間未満で，4 分の 1 くらいの人だけが 7 時間以上眠っています。日本のより多くの人が以前よりも眠る時間が短いということを意味しています。

夜遅くまでテレビを見たり，インターネットを使ったりしているかもしれません。しかし，特に若いうちはもっと長く眠る必要があります。睡眠は，体だけではなく，心にとっても大切です。

{P.89}

# 7 （指示語の内容を説明する問題）

### 1 イ

**解説** 下線部の they がだれを指しているかを読み取る。they を含む英文は，「子育てはとても大変なので，親たちは多くの手助けを必要としています，それで彼らはそれ（＝子育て）についてアドバイスをくれる人を必要としているのです。」という意味。文の前半と後半のつながりから考えるとよい。「子育てについてのアドバイスを必要としている人たち」としては，前半の文の主語である，イ parents（親たち）が適切。

【対話文の意味】

**マイク**：コウジ，あなたのスピーチはすばらしかったです！　どうやってトピックを選びましたか。

**コウジ**：ありがとうございます，マイク先生。実は，私は将来，何をしたらよいのかわからなかったので，母親の仕事について話すことに決めました。私の母は，私の町でソーシャルワーカーとして働いています。私はソーシャルワーカーになることはとても興味深いことに気づき，それについてもっと学びました。

**マイク**：それはすばらしいですね。お母さんの仕事について，もっと教えてくれますか。

**コウジ**：彼女は，ソーシャルワーカーは子どもや大人，そしてお年寄りなどの，さまざまな人たちの生活におけるさまざまな問題を手助けするのだと言いました。彼らは，学校や病院，高齢者介護施設のような，異なる場所で働いています。また，親たちを助けることもあります。子育てはとても大変なので，親たちは多くの手助けを必要としています，それで彼らはそれについてアドバイスをくれる人を必要としているのです。

### 2 small sea animals

**解説** 下線部 them が指しているものを読み取る。them を含む文は，「安全な場所なので，それらにとっては家だと言うことができます。」という意味。アマモという植物の一種が，小さな海の動物をそれらより大きな海の動物から守る手助けをしているという話の流れから，「それら」が指すものは small sea animals（小さな海の動物）だと判断できる。また 3 語という条件にも合う。

【英文の意味】

海洋生態系を守るための計画は日本でも見られます。愛知では，アマモ計画が始まっています。アマモは植物の一種です。小さな海の動物にとってとても大切なものです。それらに酸素を与えます。また，それらより大きな海の動物に近づかないようにする手助けもします。安全な場所なので，それらにとっては家だと言うことができます。しかし，アマモの量は少なくなりました。そこで，人々はアマモを海の底にとりつけることを始めています。彼らはそれが小さな海の動物によい生活を与えることを願っています。このような計画は，日本のほかの地域でもたくさん行われています。

### 3 〔例〕一本の鉛筆で約 50 キロメートルの線がかけること。

**解説** 下線部の英文の this が指すものを読み取る。英文は「私はこれは驚くべきことだと思いました。」という意味。前までの内容を押さえる。鉛筆についてインターネットの記事で読んだとあり，その内容を知って驚いたという話の流れをつかむ。直前の文が記事の内容で，これを日本語でまとめる。

【英文の意味】

鉛筆の長所はいくつかあります。たった一本の鉛筆でどれくらいの長さをかけるか知っていますか。私はインターネットである記事を読みました。それには，約 50 キロメートルの長さの線が引けると書いてありました！　私はこれは驚くべきことだと思いました！　鉛筆はほかの多くの筆記用具よりも長く書くことができます。また，鉛筆は多くの異なる環境で使用することもできます。例えば，冬の山の頂上のような，とても寒い場所でボールペンを使えば，おそらく書くことはとても難しいでしょう。鉛筆は壊れにくいので，日本では，書き方を学ぶために小学生が使う最初の筆記用具になっています。

### 4 〔例〕おしぼりが冬は温かく，夏は冷たいこと。

**解説** 下線部 That が指すものを読み取る。That を含む文は「それは日本のおもてなしを表しています。」という意味。「それ」とは「私」がジェニファーに教えたことを指している。ジェニファーに教えたのは「おしぼりが冬は温かく，夏は冷たい」ということ。

【英文の意味】

こんにちは，みなさん。昨年，あるアメリカ人の女の子が私の家に 3 週間滞在しました。彼女の名前はジェニファーでした。彼女が日本にいるとき，私たちは 2 人ともアメリカと日本のたくさんの文化の違いを知って驚きました。今日は，そのうちの 2 つについてお話しします。

まず，ジェニファーが私の家族と日本食レストランに行ったとき，彼女は温かいおしぼりをもらって驚いて「これはとてもすてきですね！　私はアメリカでは 1 度もこれを見たことがありません。」と言いました。日本ではレストランではふつう，おしぼりをもらいますが，それはジェニファーにとっては特別なことでした。彼女は「アメリカのレストランは客が手を洗うべきだと考えているので，おしぼりはありません。その代わりに，客が食事をするときに口と手をきれいにするためのテーブルナプキンがあります。」と言いました。おしぼりは冬は温かく，夏は冷たいということを私が彼女に教えたとき，彼女は

「すばらしい！　それは日本のおもてなしを表しています。私はおしぼりがとても好きです。私はアメリカでもそれを使いたいと思っています。」と言いました。私はそれを聞いてうれしく思いました。

**[5]** It will rain when a swallow flies low. / By touching an aching body part, you can reduce pain. **（順不同）**

**解説** Those stories が指す具体的な話を英語で抜き出す。Those stories を含む英文は「それらの話は，人間が経験から学んだことの2つの例です。」という意味。これまでの対話でどんな話が出てきたかを整理する。1つ目は，ジェーンが2番目の発言で言っていることで，It will rain when a swallow flies low.（ツバメが低く飛ぶときは，雨が降る。）という話。もう1つは，ジェーンの7番目の発言にある，By touching an aching body part, you can reduce pain.（体の痛む部分を触ることで，痛みを減らすことができる。）という話。

**【対話文の意味】**

ジェーン：見て，ツバメが飛んでいます。

ルリ：ああ，あのツバメは低く飛んでいます。ええと，私の祖母がここにいれば，彼女は「雨が降る前に家に帰りなさい。」と言うでしょう。彼女は本当に迷信が大好きなのです。

ジェーン：ルリ，あなたのおばあさんの言う通りかもしれません。ツバメが低く飛ぶときは，雨が降ります。

ルリ：何ですって？

ジェーン：私はそれを科学の本で読みました。ツバメは昆虫を食べます。雨が降りだす前，昆虫は湿気のために高く飛ぶことができません。それらの飛んでいる昆虫を食べるために，ツバメもまた低く飛ぶのです。

ルリ：わあ，なんておもしろい話なのでしょう！　迷信ではないのですね。

ジェーン：あなたのおばあさんは，ほかにも役に立つ話を知っているかもしれません。

ルリ：はい，彼女に聞いてみます。

ジェーン：私はもう1つおもしろい話を知っています。ルリ，もしあなたの幼い弟さんが足をテーブルの脚にぶつけて泣き始めたら，どうしますか？

ルリ：そうですね，私は「大丈夫？」と言って，手で彼の足を触ると思います。

ジェーン：あなたはいいお姉さんですね。でも，それで痛みを減らせると思いますか。

ルリ：いいえ。それは迷信ですよね？

ジェーン：ルリ，科学者の中には，それは迷信ではないと言う人もいます。痛む体の部分を触ることで，痛みを減らすことができるのです。私はこの話を先生から聞きました。

ルリ：本当ですか？　それはびっくりですね！

ジェーン：それらの話は，人間が経験から学んだことの2つの例です。

{P.93}

**8（日本語で説明する問題）**

**[1] [例]** 美弥が自分で何もしていないから。

**解説** 下線部の英文は，「あなたには犬を飼うことは難しい。」という意味。父親がこのように言った理由を下線部の前後の文から読み取る。下線部の直後に，You don't do anything by yourself, right? とあり，これが美弥が犬を飼うのが難しいと言った理由。「あなたは自分自身で何もしませんよね？」という意味。この You は美弥のこと。

**【英文の意味】**

　ある日，私は友達のアキの家を訪ねて，彼女の犬のココに会いました。ココはとても小さくてかわいいメスのティーカッププードルで，茶色の毛はとても柔らかかったです。彼女はあまりほえませんでした。彼女は私のところまで走ってきて，私のひざに乗りました。私は彼女に会えてとてもうれしかったです。その夜，私は家族にココのことを話しました。両親は笑顔で私の話を聞いてくれたので，私は彼らに「私はココのような犬を飼いたい。」と言いました。すると，両親の笑顔が変わり，父親が「だめだ。」と言いました。彼は「犬を飼うことはおまえには難しい。おまえは自分では何もしない，そうだよね？」と言いました。私は何も言うことができませんでした。次の日，私は自分で起きて，自分の朝食を作り，そして自分の部屋を掃除することを始めました。それはとても大変で，ときどき疲れることもありましたが，私はいろいろなことを自分でやろうとしました。

**[2] [例]** 前に並んでいた客が支払ってくれていたから。

**解説** 下線部は「あなたは支払う必要はありません。」という意味。「代金を支払う必要がない」と聞いたホストマザーは，直後にその理由を店のレジ係にたずね，レジ係は The man before you has already paid.（あなたの前の男性がすでに支払いました。）と答えている。この内容を日本語でまとめればよい。

**【英文の意味】**

　ホストマザーと私は，ドライブスルーのレストランに行きました。ホストマザーがそこでハンバーガーをいくつか注文して支払おうとすると，店のレジ係が「あなたは支払う必要はありません。」と言いました。彼女は驚いて，なぜかとたずねました。彼は「あなたの前の男性がすでに支払いました。」と答えました。彼女は「私はそのお客さんのことは知りませんが，彼が私の分を支払ってくれたのね！」と言いました。ホストマザーと私は少し話し，彼女は「次の家族の分は私たちが支払います。」と言いました。私たちは自分たちの決断に満足した気分でした。数日後，私は新聞の記事を読んで，私たちのあとにも多くのほかのお客さんが同じことをしたと知りました。約50人がほかの人の食べ物の代金を支払ったのです！

**[3] [例]** 笑顔で話せば相手もうれしく感じ，親切にすれば相手も優しくしてくれるということ。**（39字）**

**解説** 下線部は「彼女は看護師のジョンに自分の問題について話しました」という意味。サラは患者とコミュニケーションがうまくとれないことについてジョンに相談している。ジョンは It's easy.（それは簡単だ。）と言ったあとに，患者とのコミュニケーションのとり方についてサラにアドバイスしている。

　サラは3日間，病院で職場体験をしました。そこは，かつて彼女の母親が働いていた病院でした。看護師は患者を手助けし，笑顔で彼らに話しかけていました。彼女も彼らのようになりたいと思いましたが，彼女は患者たちとのコミュニケーションがうまくとれませんでした。

　最終日，昼食後に彼女は看護師のジョンに自分の問題について話しました。彼は母親の友達でした。「患者さんとうまくコミュニケーションをとることは私には難しいのです。」とサラは言いました。「簡単ですよ。あなたが患者さんたちと話すときにほほえんだら，彼らはうれしいでしょう。あなたが彼らに親切にすれば，彼らもあなたに優しくしてくれるでしょう。私はあなたのお母さんを覚えています。彼女はいつも自分の周りの人のことを考えていました。」とジョンは言いました。サラは彼の言葉を聞いたとき，母親の顔を思い出しました。彼女は，「お母さんはいつも忙しいけれど，毎日夕食を作ってくれて，私を学校に連れていってくれる。彼女は私のために，たくさんのことをしてくれている。」と思いました。

---

**4** (1) イ　　(2) [例] 父親に新しいカップを買わなくてもいい（18字）　　(3) エ

解説 (1) 下線部(a)を含む英文は，「絵美はそのことを知りませんでした。」という意味。この that は直前の絵美の母親の発言全体を指している。母親は，絵美が割ってしまったカップについて，父親のお気に入りで，自分で買って10年以上使い続けていたと言っている。

(2) 下線部（b）は「あなたはそれをする必要はありません。」という意味。直前で絵美が父親に言った内容を読み取る。絵美は父親に謝ったあと，「新しいカップを買う」と言っている。この内容を15字以上20字以内の日本語でまとめる。

(3) 絵美が校外学習であおい焼の製造所を選んだ理由を述べた英文を完成させる。絵美はあおい焼が有名な理由がわからなかったとあるので，「彼女は父親のカップのことを覚えていて，（あおい焼の何がそんなによかったのか）を理解したいと思ったからです。」となるように，エを入れるのが適切。

　ア「なぜ彼女の父親があおい焼が好きではないのか」

　イ「何が彼女の父親を怒らせたのか（なぜ彼女の父親が怒ったのか）」

　ウ「なぜ彼女の町には陶器製造所がないのか」

【英文の意味】

　ある日，絵美が家で食器を洗っていたとき，カップを落としてそれは割れてしまいました。母親は彼女に，「実は，それはお父さんのお気に入りのカップだったのです。彼はそれを買ってから10年以上使い続けていました。それはあおい焼でした。」と言いました。絵美はそのことを知りませんでした。絵美は父親に「ごめんなさい。お父さんのカップを割ってしまいました。お父さんに新しいカップを買います。」と言いました。「大丈夫です。そんなことをする必要はありませんよ。」と彼は絵美に言いました。彼は怒ってはいませんでしたが，悲しそう

---

でした。あおい焼は彼女の町で作られている陶器です。彼女の町はそれで有名です。それが好きな人はたくさんいます。しかし，絵美はただの古い陶器だと思っていて，どうしてそんなに有名なのかわかりませんでした。

　2週間後，彼女のクラスの生徒たちは校外学習がありました。彼らは自分たちの町のいくつかの場所を訪ね，校外学習の報告をする予定でした。絵美はあおい焼の陶器製造所を選びました。それは，彼女が父親のカップのことを覚えていて，（あおい焼の何がそんなによかったのか）を理解したいと思ったからです。

---

{P.97}

# 9 文を並べかえる問題

**1** イ→ア→ウ

解説 文を並べかえる問題では，they，it などの代名詞が何を指しているのかに注意すること。イ「結果として，彼ら（＝科学者たち）はそれ（＝自然界）から多くの新しいアイデアを得てきた。」ア「ときには，彼ら（＝科学者たち）は鳥のような動物から有益なアイデアを得ることがある。」ウ「鳥の中には静かな動きで水の中に入っていくものもいる。」という順序に並べかえると文意が通る。

【英文の意味】

　人々は生活をよりよくするために，新しいものを作り出そうとしてきました。同時に，彼らは自然界に興味を持ち，多くの科学者がそれを注意深く観察してきました。（結果として，彼らはそれから多くの新しいアイデアを得てきています。ときには，彼らは鳥のような動物から有益なアイデアを得ることがあります。鳥の中には静かな動きで水の中に入っていくものもいます。）科学者たちは新幹線をそうした鳥のようにトンネルに入らせるためにこのアイデアを利用しました。

**2** (1) エ　　(2) ウ→ア→エ→イ

解説 (1) 話の流れから，「（それらなしで生活する）ことは，今日では難しい。」となるようにエ live without them（それら（＝掛け時計や腕時計）なしで生活する）を入れるのが適切。

(2) 約6,000年前は棒の影から時を知るようにしていたという内容に続く文としては，ウ「しかし，1つ問題があった。」が適切。その問題点を具体的に説明したア「影が見えないとき，この種の時計は使えなかった。」が続き，その問題点を解決する方法を述べているエ「その問題を解決するために，彼らは水を利用した時計を発明した。」がきて，問題点を解決した時計について説明しているイ「くもりのときや夜間でも時がわかるので便利だった。」を続けると文意が通る。

【英文の意味】

　あなたは毎日，掛け時計や腕時計を何回見ますか？（それらなしで生活する）ことは，今日では難しいです。今，

私たちのまわりにはたくさんの種類の時計を見つけられます。それらを見るのはとても興味深いです。

約6,000年前，エジプトの人々は時を知るために太陽を利用しました。彼らは地面に棒を突きさし，その影から時を知りました。（しかし，1つ問題がありました。影が見えないとき，このような時計は使えませんでした。その問題を解決するために，彼らは水を利用した時計を発明しました。それはくもりのときや夜間でも時がわかるので便利でした。）彼らは落ちる水の速さとどれくらいの水が使われたかを計ることで，時を知りました。そのあと，砂時計が発明されました。それは船に乗る人にとってよいものでした。

### ▶3 (1) A ウ　　B イ　(2) エ→ウ→ア→イ

【解説】(1) A. 前で「私の夢が何かをあなたたちに話す前に」と言っていて，あとでは自分の曽祖父について話しているので，Aに入るのは，ウ「私の家族の1人についてお話しさせてください」が適切。B. 曽祖父の話を聞いたあとに戦争について調べるようになり，戦争についてもっと考えるべきだと気づいたという話の流れから，Bに入るのは，イ「これは私の曽祖父からの大切なメッセージです。」が適切。

(2) スピーチの流れを段落ごとに整理するとよい。第1段落では戦争のニュースを曽祖父と見て，彼の体験を聞いたこと，第2段落では曽祖父の話を聞いたあと，戦争について調べてみてわかったこと，第3段落では国際フォーラムに参加したこと，第4段落ではフォーラムの参加者からメールをもらって高校生でも世界平和のためにできることがいろいろあると知ったこと，第5段落では夢の実現に向けての今後の活動について述べられている。
エ「曽祖父と戦争に関するテレビのニュースを見た。」（第1段落）→ウ「とてもたくさんの人が戦争で悲しい思いをしていることを知って驚いた。」（第2段落）→ア「平和のためのオンライン国際フォーラムに参加した。」（第3段落）→イ「高校生から平和活動についてのメールを受け取った。」（第4段落）の順になる。

【英文の意味】
今日は，私の夢についてお話ししたいと思います。でも，私の夢が何かを話す前に，（私の家族の1人についてお話しさせてください。）私は7人家族です。7人の中でいちばん年上なのが，私の祖父母の父（＝曽祖父）です。現在，98歳です。彼は若いころ，第二次世界大戦中に2年間海外の戦場にいました。数か月前，曽祖父と私は，外国での戦争に関するテレビのニュースを見ていました。そのとき，彼は第二次世界大戦での自分自身の悲しい体験を私に話してくれました。彼はまた，私に「戦争は多くの人を悲しませます。彼らの気持ちを想像してみてください。それはだれにでもできることです。」と言いました。

曽祖父と話したあと，私は世界の戦争について学び始めました。世界平和のためのウェブサイトをたくさん見ました。私はまた，戦争に関する新聞記事もたくさん読

みました。戦争のために悲しい思いをしている人たちがとてもたくさんいることを知り，私は驚きました。そして，もっと戦争について考えるべきだと気づきました。（これは私の曽祖父からの大切なメッセージです。）

また，私は世界平和を支援するためのさまざまなオンラインで行われる活動があることを知りました。それらの中のいくつかには高校生でも参加できます。実は先週，私は平和のためのオンライン国際フォーラムに参加しました。そこには多くの外国の高校生が参加していました。私たちは平和について話し，自分たちの考えを共有しました。フォーラムのあと，私は曽祖父にフォーラムでのよい経験を伝えました。彼はとてもうれしそうでした。

さて，私の友達のみなさん，私の夢は世界をもっと平和にすることです。あなたたちの中には高校生が世界平和のために何かをするのはとても難しいと思う人もいるかもしれません。でも，それは本当ではありません。フォーラムのあと，私はフォーラムに参加した高校生からたくさんのメールを受け取りました。そのメールで，自分たちの学校には平和のためのグループがあると書いている学生もいました。そのグループのメンバーは，メッセージや歌を作るなど，平和のための行動を起こすためにいっしょに活動しています。学園祭で平和のイベントをするグループもあります。すばらしいですね！　高校生でも世界平和のために多くのことができるのです。

フォーラムに参加したのは，私の夢に到達するためのほんの最初の行動でした。そして，私の次の行動は，学校に平和のためのグループを作ることです。こうした行動は小さなことかもしれませんが，小さな行動でも多くの人がしようとすれば世界をよりよくできると信じています。いっしょに活動しませんか？

{P.101}

# 10 （文が入る適切な場所を答える問題）

### ▶1 (1) ウ

(2) 〔例〕Because it has more words than an old one.

【解説】(1) 与えられた英文は，「そのような種類の紙に印刷することもまた難しいです。」という意味。「薄い紙では裏に文字が透ける」と紙について述べている文に続く，ウの位置に入れるのが適切。

(2) 質問は「改訂された辞書がたいてい古いものよりも厚いのはなぜですか。」という意味。新しい辞書と古い辞書の厚さについて述べている第1段落を参照。改訂された辞書は古いものよりも単語の数が増えるので，厚くなるとある。

【英文の意味】
辞書はときどき，改訂されなければなりません。辞書が改訂されると，多くの新しい単語がそれに追加され，またいくつかの古い単語がそれから削除されます。たいてい古い単語より新しい単語のほうが多くあります。結果として，改訂された紙の辞書は，古い辞書よりも分厚くなります。

2014年に，ある英和辞典が改訂されたとき，新しい辞書には5,000語の新しい単語があり，200ページが追加されました。しかし，驚いたことに，新しい辞書は古い辞書と同じくらいの厚さでした。どんな種類の新しい技術が新しい辞書を作るために使われたのでしょうか？

もし，本をとても薄くしたいのであれば，各ページに載せる単語をより小さくしたり，単語と単語の間の間隔

をより小さくしたりするのが1つの方法です。しかし，もし辞書の単語のサイズや単語の間の間隔が小さいと，鮮明に印刷できなかったり，読みにくかったりします。

　もう1つの方法は，1枚1枚の紙を薄くすることです。もし学校の先生が授業中に配る紙で辞書を作れば，とても厚くなって使いにくくなるでしょう。しかし，より薄い紙を使えば，裏に文字が透ける可能性があります。（そのような種類の紙に印刷することもまた難しいです。）そこで，辞書の会社は何度もよりよい紙を作ろうと努力して，ついに裏に文字が透けない薄い紙を発明したのです。

　辞書で単語をさがすとき，何枚もページをめくらなければならないので，ページがかたすぎてはいけません。また，もし辞書のページがかたすぎると，辞書がひとりでに閉じてしまい，辞書で勉強するときに人の役に立ちません。会社は，辞書を薄くて軽い，また勉強にも役立つものにしようとしました。ある会社は，この問題を新しい技術で解決しました。今では，ページをめくるとき，紙は簡単にページがめくれるほど十分に柔らかく，そして2ページ以上が同時にめくれることは決してありません。

**2** (1) A　　(2) ア

解説 (1) 与えられた英文は，「最初は，それは私にはとても奇妙に見えました。」という意味。that が何を指すかを考える。奇妙に見えたものとして適切なのは，A の前で述べられている人々や通りの様子なので，A に入れるのが適切。

(2) 現在の事実とは異なる内容を述べる仮定法の文。I wish のあとには〈主語＋(助)動詞の過去形 ～〉を続ける。ここでは，**ア**の **could play** が適切。「アイルランドの伝統的な楽器が演奏できればいいのに。」という意味になる。

【英文の意味】
　アイルランドには，宗教と関連がある祝日がたくさんあります。その1つがセント・パトリックス・デーです。あなたはそれを知っていますか？　毎年3月17日に祝われます。これはその日の写真です。写真では，人々は緑色の服を着て，通りで踊っています。それで，通りは緑色になります。（最初は，それは私にはとても奇妙に見えました。）なぜ人々はセント・パトリックス・デーに緑色の服を着るのでしょうか？

　その理由の1つは，アイルランドの別の名前と関連があります。「エメラルドの島」です。この名前は国全体が緑で覆われていることを意味しています，なぜなら雨がたくさん降り，夏は暖かくて湿気があるからです。だから，緑色はアイルランドの象徴であり，セント・パトリックス・デーで使われるのです。

　その日，私は緑色の服を着て，家族と行進に参加しました。私はアイルランドの伝統的な音楽，服，そして食べ物を楽しんだので，すばらしい時間でした。アイルランドの音楽の音はおもしろかったです。アイルランドの伝統的な楽器が演奏できればいいのにと思います。

**3** ア

解説 与えられている英文は「私たちは彼ら[それら]を見てとてもわくわくしました。」という意味。them が指すものをさがす。**ア**の前に We saw some famous players.（私たちは何人かの有名な選手

を見ました。）とある。them が指すのは some famous players だと判断でき，話の流れにも合う。

【英文の意味】
　中学生のころ，私は自分たちの市で大きなスポーツイベントが開かれることを知りました。私の母が「そのイベントに参加してみたらどうですか。おもしろそうですよね。」と言いました。私もそう思いました。そのイベントでは，人々はレッスンを受けて，いろいろなスポーツを体験する予定でした。私は中学校ではサッカー部の部員だったので，ブラインドサッカーをやりたいと思いました。友達のジュンにもいっしょに行くように頼みました。

　次の週末，ジュンと私はイベントに行きました。私たちは何人かの有名な選手を見ました。（私たちは彼らを見てとてもわくわくしました。）私たちがサッカー場に着くと，ブラインドサッカーの選手のタナカさんがそこにいました。私は，彼女の試合を以前よくテレビで見ていたので，驚きました。レッスンが始まると，ジュンと私はとても緊張したので何をしたらよいかわかりませんでした。しかし，彼女は気さくで，「心配しないで。楽しめますよ。」と言いました。

　目がおおわれたとき，私はとても怖いと感じました。フィールド上を動くことも走ることもできないと感じました。ボールの音を聞くことはできましたが，ボールがどこにあるのかを知ることは難しすぎました。

　レッスンが終わると，タナカさんは私たちに，目をおおったままでサッカー場の外を歩いて回るといいと言いました。彼女は「もっと多くのことを知りますよ。」と言いました。私は何か食べるものを買いたかったので，ジュンは自分の目かくしを外して私をお店に連れていってくれました。私は階段を下りて，人でいっぱいの廊下を歩いて通らなければなりませんでした。私は疲れましたが，たくさんのことを発見しました。

　私は，もしはっきりと見えなかったら，私の生活は大変になるだろうと思いました。そこで，タナカさんにどうしたらはっきりと見えない人たちを助けられるかをたずねました。彼女は私に，彼らが助けを必要としているときに，ただ助けてあげればよいと教えてくれました。

**{P.106}**

## 1 英語の質問に答える問題

① イ　② ウ

【読まれた英文と意味】

① Koji is going to go to London next month. He didn't know what to see there, so he visited his English teacher Ms. Kato. She lived there before. She gave him some advice.

Question : Why did Koji visit Ms. Kato?

訳 コウジは来月ロンドンへ行きます。彼はそこで何を見たらよいかわからなかったので、彼の英語の先生であるカトウ先生を訪ねました。彼女は以前そこに住んでいました。彼女は彼にいくつかアドバイスをしました。
〈質問〉なぜコウジはカトウ先生を訪ねたのですか。

② A : Hi, Tom. Would you like to go to see a movie this afternoon?

B : Sorry, Miki, but I can't. I have to do my homework today. How about tomorrow?

A : OK. Let's meet at the station at three.

B : All right. See you then.

Question : What will Tom do today?

訳 A：こんにちは、トム。今日の午後、映画を見に行きませんか。
B：ごめんね、ミキ、行けないのです。今日は宿題をしなければなりません。明日はどうですか。
A：いいですよ。3時に駅で会いましょう。
B：わかりました。では、そのときに。
〈質問〉今日トムは何をしますか。

## 2 正しい絵・図・表を選ぶ問題

① ア　② イ

【読まれた英文と意味】

① This is Yumiko's room. There is a bed by the window and a calendar on the wall. You can see a computer on the desk. Which picture shows this?

訳 これはユミコの部屋です。窓のそばにベッドがあり、壁にはカレンダーがかかっています。机の上にコンピューターが見えます。どの絵がこれを表していますか。

② This is used when you write something.

訳 これは何かを書くときに使われます。

## 3 英語の応答を選ぶ問題

① ウ　② ア

【読まれた英文と意味】

① A : Did you eat the sandwiches?

B : Yes. They were delicious.

A : Would you like some more?

訳 A：あなたはサンドイッチを食べましたか。
B：ええ。おいしかったですよ。
A：もう少しいかがですか。

② A : What did you do last Sunday?

B : I went to see a soccer game with my brother.

A : How was it?

訳 A：この前の日曜日には何をしましたか。
B：兄［弟］とサッカーの試合を見に行きました。
A：試合はどうでしたか。

## 4 表やメモを完成させる問題

（上から順に）① 3, 2, 9, 6

② 誕生日，日，12，40，（自分の）名前

【読まれた英文と意味】

① In our library, there are thirty thousand books. You can borrow three books at a time. And you can keep them for two weeks. We're open from 9 a.m. to 6 p.m. We're closed on Mondays and the first Sunday of every month.

訳 私たちの図書館には3万冊の本があります。1度に3冊の本を借りることができます。そしてそれらは2週間借りられます。午前9時から午後6時まで開館しています。毎週月曜日と毎月第1日曜日が休館日です。

② A : Do you have any plans for next Sunday, Kate?

B : No, I'm free that day. Why?

A : We're going to have a birthday party for Emma. Why don't you come?

B : I'd love to. What time does it start?

A : At 12:40.

B : OK. What should I bring?

A : Well, bring a card with your name on it. We'll use it in the game.

訳 A：今度の日曜日は何か予定はありますか、ケイト。
B：いいえ、その日は暇です。どうしてですか。
A：私たちはエマの誕生日パーティーを開きます。来ませんか。
B：ぜひ行きたいです。何時に始まりますか。
A：12時40分です。
B：わかりました。何を持っていけばいいですか。
A：そうですね、自分の名前を書いたカードを持ってきてください。ゲームで使います。

## 5 自分の考えなどを答える問題

[例] ① I like dogs better because they are very friendly.

② I want to visit Okinawa. I want to enjoy swimming.

【読まれた英文と意味】

① Which do you like better, cats or dogs? Please tell me which ones you like better and the reason.

訳 ネコと犬ではどちらのほうが好きですか。どちらのほうが好きかとその理由を教えてください。

② I'm going to go fishing in the lake with my father this summer. How about you? What do you want to do during the summer vacation? Please tell me.

Q : Where are they talking?

（訳）私は今年の夏に父親と湖に魚釣りに行く予定です。あなたはどうですか。夏休みに何をしたいですか。私に教えてください。

## 図や表を見て答える問題

① エ　② イ

【読まれた英文と意味】

① A : Excuse me.　Could you tell me the way to the post office?

B : Sure.　Go straight and turn left at the second corner.　Then go one block and turn right.　You'll see it on your left.

A : Thank you.

（訳）A：すみません。郵便局への道を教えてくれませんか。
B：いいですよ。まっすぐ行って，2番目の角を左に曲がってください。そして1ブロック行って，右に曲がってください。左手に見えますよ。
A：ありがとうございます。

② Yuki is reading a book.　Rie is sitting next to Yuki and she is talking with her friend Aki.　Which girl is Rie?

（訳）ユキは本を読んでいます。リエはユキの隣にすわっていて，友達のアキと話しています。どの女の子がリエですか。

{P.109}

# ¹（ 英語の質問に答える問題 ）

**1** (1) エ　(2) ウ

**解説**（1) 質問は「マイクは次に何をしますか。」という意味。マイクはテレビを見てもいいかとたずね，母親が Sure!（もちろんです！）と応じている。**エ**「テレビ番組を見る。」が適切。

(2) 質問は「彼らはどこで話していますか。」という意味。「本を何冊借りられますか」とたずねていることから，**ウ**「市立図書館で。」が適切。

【読まれた英文と意味】

(1) A : Mom, I've finished washing the dishes and cleaning the table.

B : Thanks Mike, but did you finish your homework?

A : Of course I did.　Oh, my favorite TV program has just started.　Can I watch it?

B : Sure!

Q : What will Mike do next?

(2) A : Excuse me, could you tell me where I can find books about plants?

B : Oh, they're on the second floor.

A : Thank you.　Actually, this is my first time to come here.　How many books can I borrow?

B : You can borrow ten books for two weeks.

(1) A：お母さん，食器洗いとテーブルの片付けを終えました。
B：ありがとう，マイク，でも宿題は終えましたか。
A：もちろん，しました。あ，ちょうどぼくの好きなテレビ番組が始まったところです。見てもいいですか。
B：もちろんです！
Q：マイクは次に何をしますか。

(2) A：すみません，植物に関する本をどこで見つけられるか教えてくれませんか。
B：ああ，2階にありますよ。
A：ありがとうございます。実は，ここに来るのは初めてなんです。本は何冊借りられますか。
B：10冊の本を2週間，借りることができます。
Q：彼らはどこで話していますか。

**2** (1) ア　(2) ウ　(3) イ

**解説**(1) 質問は「サクラとトムはいつテニスの練習をしますか。」という意味。サクラが「今日の午後にテニスを練習する予定を変更する必要がある」と言うと，トムが「その必要はない」と答えている。**ア**「今日の午後です。」が適切。

(2) 質問は「ジェーンは最初にどこへ行きますか。」という意味。ジェーンは最後の発言で「最初に図書室へ行く」言っているので，**ウ**「図書室へです。」が適切。

(3) 質問は「学校は現在，創立何年ですか。」という意味。女の子が「来年で100年になる」と答えているが，質問されているのは「現在」のことであることに注意。**イ**「99年です。」が適切。

【読まれた英文と意味】

(1) Sakura : Hi, Tom, do you think it's going to rain this afternoon?

Tom : Hi, Sakura.　I don't think so.

Sakura : Really?　It was sunny this morning, but it's cloudy now.　If it rains, we will have to change our plan to practice tennis this afternoon.

Tom : Don't worry.　We won't have to do that.　The weather news says it will rain tomorrow morning, but not today.

Sakura : I'm glad to hear that.

Tom : Let's talk about today's practice on the phone this evening.

Sakura : Sure.

Question : When will Sakura and Tom practice tennis?

(2) Jane : Excuse me.　I'm Jane.　I'm a new student.　Can you help me?

Bob : Hi, Jane.　I'm Bob.　What's the problem?

Jane : I want to see Ms. Brown.　Can you tell me the way to the teacher's room?

Bob : Well, she is usually in the music room.

Jane : I see.　So, where is the music room?

Bob : Can you see the library?　Turn right at

the library and you'll see the music room
next to the art room.　　Also, she sometimes
reads some books in the library.

*Jane* : Thanks.　I will go to the library first.

*Bob* : I hope you find her.

Question : Where will Jane go first?

(3) *Girl* : My school looks new, but it has a long
history.

*Boy* : What do you mean?

*Girl* : The building is new, but my school
will be one hundred years old next year.

*Boy* : Really?

*Girl* : Yes.　My grandfather was a student of
the same school sixty years ago.

*Boy* : Oh, how old is your grandfather?

*Girl* : He will be seventy-two years old this
year.

*Boy* : Oh, is that right?

*Girl* : Yes.　We sometimes sing our school
song together.

*Boy* : Sounds nice!

Question : How old is the school now?

(1) **サクラ**：こんにちは，トム，今日の午後は雨が降ると思い
ますか。

　　**トム**：こんにちは，サクラ。そうは思いません。

　**サクラ**：本当ですか？　今朝は晴れていましたが，今は
くもっています。もし雨が降ったら，今日の午後に
テニスの練習をする予定を変更しなければなりま
せん。

　　**トム**：心配しないで。そうする必要はありません。天気
予報では，明日の朝は雨が降るそうですが，今日
ではないそうです。

　**サクラ**：それを聞いてよかったです。

　　**トム**：今日の練習について今晩，電話で話しましょう。

　**サクラ**：もちろんです。

　　**質問**：サクラとトムはいつテニスの練習をしますか。

(2) **ジェーン**：すみません。私はジェーンです。新入生です。
助けてもらえますか。

　　**ボブ**：こんにちは，ジェーン。私はボブです。何が問題
ですか。

**ジェーン**：ブラウン先生に会いたいのです。先生の部屋
への行き方を教えてくれますか。

　　**ボブ**：ええと，彼女はたいてい音楽室にいます。

**ジェーン**：わかりました。では，音楽室はどこにあります
か。

　　**ボブ**：図書室が見えますか。図書室を右に曲がると，美
術室の隣に音楽室が見えますよ。あと，彼女はと
きどき図書室で本を読んでいます。

**ジェーン**：ありがとうございます。最初に図書室に行っ
てみます。

　　**ボブ**：彼女が見つかるといいですね。

　　**質問**：ジェーンは最初にどこへ行きますか。

(3) **女の子**：私の学校は新しく見えますが，長い歴史があり
ます。

　**男の子**：どういう意味ですか。

　**女の子**：建物は新しいのですが，私の学校は来年で創立
100年になります。

　**男の子**：本当ですか？

　**女の子**：はい。私の祖父は，60年前，同じ学校の生徒で
した。

　**男の子**：へえ，おじいさんは何歳ですか。

　**女の子**：今年で72歳になります。

---

　**男の子**：ああ，そうなんですか？

　**女の子**：はい。私たちはときどきいっしょに校歌を歌いま
す。

　**男の子**：いいですね！

　　**質問**：現在，学校は創立何年ですか。

**3** (1) ア　　(2) エ

解説 (1) 質問は「なぜサムは今日，家にいましたか。」
という意味。「今日は病気で家にいたと聞いた」
と言っているので，**ア**の「彼は病気だったから
です。」が適切。

(2) 質問は「サムのクラスは何時に歌い終わります
か。」という意味。練習は1時15分に始まり，
20分間行うと言っている。**エ**の「1時35分」
が適切。

【読まれた英文と意味】

　Hi, Sam.　This is Yuta.　Are you OK?　I heard
you were sick at home today.　I hope you'll be
fine soon.　I want to tell you about two things
we'll have next week at school.　Our class will
practice singing for a chorus contest.　After
lunch, we'll practice for 20 minutes every day.
It begins at 1:15.　The other thing is about our
English homework.　We need to write about
our dream for the future.　We'll use it in
English class next Wednesday.　It must be more
than 30 words.　See you next Monday.　Bye.

Questions

No.1: Why was Sam at home today?

No.2: What time will Sam's class finish singing?

　もしもし，サム。ユウタです。大丈夫ですか？　今日は病
気で家にいたと聞きました。早く元気になるといいですね。
来週，学校で行われる2つのことについて，伝えたいと思い
ます。私たちのクラスは，合唱コンテストのために歌の練習
をします。昼食後，毎日20分間練習をします。1時15分
に始まります。もう1つは，英語の宿題についてです。将来
の夢について書く必要があります。それを来週の水曜日の英
語の授業で使います。30語以上でなければなりません。では，
また来週の月曜日に会いましょう。さようなら。

　**質問**　No.1：なぜサムは今日，家にいましたか。

No.2：サムのクラスは何時に歌い終わりますか。

**4** (1) イ　　(2) **[例]** help each other

解説 (1) 質問は「カズキの父親は宇宙センターでどれく
らい働いていますか。」という意味。8年前に
働き始めたと言っているので，**イ**「8年間。」
が適切。

(2) 質問は「カズキは大切なことを学びました。何
を学びましたか。」という意味。カズキはスピー
チの終わりに「お互いに助け合うことが大切だ
と学んだ」と言っている。

【読まれた英文と意味】

　I want to talk about my father.　He works at

a space center. He started working there eight years ago. He works with a lot of people. Some people can speak English very well. Other people know a lot about science. Everyone helps each other when there is a problem.

One day, a woman at the space center had a problem with her computer. My father was able to help her because he knew a lot about computers. She was very glad.

From my father's story, I have learned it is important to help each other. Thank you.

Question 1 : How long has Kazuki's father worked at the space center?

Question 2 : Kazuki has learned an important thing. What has he learned?

私の父のことを話したいと思います。彼は宇宙センターで働いています。彼は8年前にそこで働き始めました。彼は多くの人と働いています。英語をとても上手に話せる人もいれば，科学についてたくさん知っている人もいます。問題があるときは，みんなでお互いに助け合います。

ある日，宇宙センターで働く女性のコンピューターに問題がありました。私の父はコンピューターについてとてもくわしいので，彼女を助けることができました。彼女はとても喜んでいました。

父の話から，私はお互いに助け合うことは大切だと学びました。ありがとうございました。

**質問1**：カズキの父親は宇宙センターでどれくらい働いていますか。

**質問2**：カズキは大切なことを学びました。彼は何を学びましたか。

**5** 〔例〕(**1**) the lake　(**2**) cooked fish

解説 (1) 質問は「智也はどこで釣りを楽しみましたか。」という意味。湖に行き，そこにテントを張って釣りを始めたと言っていることを聞き取る。

(2) 質問は「釣りをやめたあと，智也の父親は何をしましたか。」という意味。stopped fishing（釣りをやめた）がキーワード。そのあとに釣った魚を料理したと言っている。

【読まれた英文と意味】

There's a large lake in my town. Every winter, the lake water becomes ice. One day, I went fishing on the lake with my father. We put a tent there and started fishing in the tent. At first, I couldn't catch fish, so my father taught me how to do it. Then, I caught one and my father smiled. Two hours later, we had about thirty fish. My father stopped fishing and began to cook them. The fish were delicious and I felt it's special to eat them on the ice with my father. It was my first experience and it was very fun.

I'd like to go fishing with my father again!

Questions No. 1 : Where did Tomoya enjoy fishing?

No. 2 : What did Tomoya's father do after he stopped fishing?

私の町には大きな湖があります。毎年冬になると，湖水は氷になります。ある日，私は父と湖に釣りに行きました。私たちはそこにテントを張って，テントの中で釣りを始めました。最初，私は魚が釣れなかったので，父が釣り方を教えてくれました。そして，私が1匹釣ると，父はほほえみました。2時間後，私たちは魚を30匹くらいつかまえました。父は釣りをやめて，それらを料理し始めました。魚はとてもおいしくて，父と氷の上でそれらを食べるのは特別な感じがしました。私にとって初めての経験で，とても楽しかったです。

また，父と釣りに行きたいです！

**質問** No. 1：智也はどこで釣りを楽しみましたか。

No. 2：釣りをやめたあと，智也の父親は何をしましたか。

**6** (**1**) エ　(**2**) イ

解説 (1) 質問は「科学館では，人々は1階で何ができますか。」という意味。1階にはレストランがあるので，エの「食事をすることができる。」が適切。

(2) 質問は「今日，科学館では何本の映画が上映されますか。」という意味。通常は3本だが，今日は清掃のために午後の上映がないと言っていることに注意。イの「2本」が適切。

【読まれた英文と意味】

*Guide:* Hello everyone. Welcome to Midori Science Museum. At this science museum, you can get a lot of information about science. Now, I'll tell you about each floor in this science museum. There is a restaurant on the first floor. And there are two rooms on the second floor. You can learn about nature and the history of science in each room. There is also a bookstore on that floor. You can buy books about science in the bookstore. There is one room on the third floor. You can watch three different science movies in that room. The first movie starts at ten a.m. and it is about twenty minutes. The second movie starts at eleven a.m., and the third one starts at one p.m. They are about forty minutes. But you can't watch the movie in the afternoon today because we will clean the room. You can't eat anything on the second and the third floor. If you want to eat something, please use the restaurant. Thank you.

Question 1: What can people do on the first floor in the science museum?

Question 2: How many movies will the science museum show today?

ガイド：こんにちは，みなさん。ミドリ科学館へようこそ。この科学館では，科学に関する多くの情報を得ることができます。では，この科学館の各フロアについてお

話しします。１階にはレストランがあります。そして、２階には２つの部屋があります。それぞれの部屋で、自然と科学の歴史について学ぶことができます。また、そのフロアには書店もあります。書店では科学に関する本を買うことができます。３階には部屋が１つあります。その部屋では、３つの異なる科学の映画を見ることができます。最初の映画は午前10時に始まり、20分くらいです。２本目の映画は午前11時に、３本目は午後１時に始まります。それらは40分くらいです。でも、部屋の清掃のため、今日の午後は映画を見ることはできません。２階と３階では何も食べられません。何か食べたいのであれば、レストランをご利用ください。ありがとうございました。

質問１：科学館では人々は１階で何ができますか。
質問２：今日、科学館では何本の映画が上映されますか。

**7** (1) イ (2) ウ (3) エ

(4) 例 I want to join the basketball team.

**解説** (1) 質問は「トムはテニス部に入っていますか。」という意味。まだ入っていないので、**イ**の「いいえ、入っていません。」が適切。Is Tom ～? という質問なので、is を使って答える。

(2) 質問は「トムはアメリカでいくつのスポーツをしていましたか。」という意味。秋、冬、春にしたそれぞれのスポーツを述べているので、**ウ**の「３つ。」が適切。

(3) 質問は「香菜は高校の合唱部で何をするつもりですか。」という意味。香菜の発言に合うのは、**エ**の「彼女はもっと上手に歌うために熱心に練習するつもりです」。

(4) 香菜は最後に「あなたはどの部活動に入りたいですか。」と質問している。I want to join ～.（私は～に入りたいです。）などを使って、自分の入りたい部活動を答える。

【読まれた英文と意味】

A : Tom, are you interested in a club?

B : I watched two club activities yesterday, but I haven't decided yet.

A : How were they?

B : The volleyball team looked hard for me, and the tennis team looked fun.

A : Then, you are interested in the tennis team, right?

B : Yes, but I'm worried because I've never played tennis.

A : You should try a new thing. It's good to start something new in high school.

B : That's right.

A : Were you a member of a club in America?

B : In America, we often play a different sport in each season. I played soccer in fall, basketball in winter, and baseball in spring.

A : Really? I am surprised to hear that.

B : Well, which club activities are you interested in, Kana?

A : I am interested in the chorus. I like singing with other people. I will practice hard to improve my performance in the chorus.

B : Great. I'd like to watch more club activities before I choose one.

A : How about you? Which club do you want to join?

Question 1 : Is Tom on the tennis team?

Question 2 : How many sports did Tom play in America?

Question 3 : What will Kana do in the chorus in high school?

A：トム、あなたは部活動に興味はありますか。
B：私は昨日、２つの部活動を見ましたが、まだ決めていません。
A：どうでしたか。
B：バレーボール部は私には大変そうに見えて、テニス部は楽しそうでした。
A：では、あなたはテニス部に興味があるのですね。
B：はい、ですが、私は１度もテニスをしたことがないので、心配です。
A：あなたは新しいことに挑戦してみるべきです。高校で新しいことを始めるのはいいことです。
B：その通りですね。
A：アメリカでは部活に入っていましたか。
B：アメリカでは、私たちはよく季節ごとに違うスポーツをします。私は秋はサッカー、冬はバスケットボール、春は野球をしていました。
A：本当ですか？ 私はそれを聞いて驚きました。
B：ええと、あなたはどの部活動に興味がありますか、香菜。
A：私は合唱部に興味があります。ほかの人と歌うのが好きなんです。合唱部で自分の歌をもっとよくできるように、一生懸命練習します。
B：すばらしいですね。私は選ぶ前に、もっと部活動を見てみたいです。
A：あなたはどうですか？ あなたはどの部活動に入りたいですか。

質問１：トムはテニス部に入っていますか。
質問２：トムはアメリカでいくつのスポーツをしていましたか。
質問３：香菜は高校の合唱部で何をするつもりですか。

{P.113}

# 2 正しい絵・図・表を選ぶ問題

**1** (1) ウ (2) ア

**解説** (1)「明日はくもりで、今日よりも寒い」と言っているので、明日がくもりで、気温が今日よりも低いものを選ぶ。

(2) 英語の勉強が８時から10時、数学の勉強が10時から11時となっているスケジュールを選ぶ。

【読まれた英文と意味】

(1) It will be cloudy tomorrow, and it will be colder than today.

(2) It's ten o'clock now. I have studied English for two hours, and now I will study math for

one hour.

(1) 明日はくもりで，今日より寒くなるでしょう。

(2) 今，10時です。私は英語を2時間勉強して，これから数学を1時間勉強します。

## **2** イ

**解説** それぞれのごみの回収日を聞き取る。燃えるごみは今日（＝火曜日），古紙は金曜日，ペットボトルとプラスチックは明日（＝水曜日）だと言っている。

【読まれた英文と意味】

*John :* Good morning, Keiko. I cleaned my room last night and I put the trash in this plastic bag. What should I do now?

*Keiko :* Good morning, John. The trash can be burned, right? It's Tuesday today, so please put the bag in front of our house. The bags will be collected later today.

*John :* OK, can I put these old magazines and newspapers in the same bag?

*Keiko :* No, we should recycle them. The day for them is Friday.

*John :* I will keep that in mind. Oh, there are some plastic bottles here. Do you have another bag for them? Plastic bottles can also be recycled, right?

*Keiko :* Yes, but the day for plastic things is tomorrow. This is the bag for them. Here you are.

*John :* Thank you, Keiko.

**ジョン：**おはよう，恵子。私は昨夜，部屋を掃除して，ゴミをこのビニール袋に入れました。今，何をすべきですか。

**恵子：**おはよう，ジョン。そのごみは燃えるのですよね？今日は火曜日だから，袋は家の前に置いておいてください。袋は今日，あとで回収されます。

**ジョン：**わかりました，これらの古い雑誌と新聞は同じ袋に入れてもいいですか。

**恵子：**いいえ，それらはリサイクルしたほうがいいです。それらの回収日は金曜日です。

**ジョン：**そのことを覚えておきます。ああ，ここにペットボトルが何本かあります。ペットボトルを入れる別の袋はありますか。ペットボトルもリサイクルできるんですよね？

**恵子：**はい，でも，プラスチックのものの回収日は明日です。これがプラスチックのもののための袋です。はい，どうぞ。

**ジョン：**ありがとう，恵子。

## **3** (1) イ　(2) ウ　(3) ア

**解説** (1) 男性は最初，ハンバーガー1個，ホットドッグ2個，コーヒー1杯を注文したが，ホットドッグがなかったため，ハンバーガーを1個追加したことを聞き取る。

(2) 最初に「写真の鳥を見て」と言っていて，そのあとも写真について話しているので，**ウ**が適切。

(3) 母親の最後の発言を注意して聞き取る。母親は，父親が帰ってきたと言ったあと，車を止めたところだと言っている。

【読まれた英文と意味】

Look at No. 1 to No. 3. Listen to each talk, and choose the best answer for each question. Let's start.

(1) *A :* Can I have one hamburger, two hot dogs and a cup of coffee, please?

*B :* Sorry, but we don't have hot dogs.

*A :* Really? OK, then I'll have one more hamburger, please.

*B :* Sure. That'll be six hundred yen.

Question : What will the man have?

(2) *A :* Look at the bird in this picture. It is really cute. I'm glad we came to see it. Is there anything you like, Mike?

*B :* Well, there are a lot of nice pictures. My favorite is the picture of a train and a mountain. It's wonderful.

*A :* Oh, I haven't seen it yet. Where is it?

*B :* I saw it over there.

Question: Where are they talking?

(3) *A :* Mom, do you know where Dad is? I can't find him. He isn't on the second floor.

*B :* He went to the post office to send letters.

*A :* Oh, really? I want to carry some chairs to the garden, but they are too heavy. I need his help.

*B :* Oh, look. Your father just came back, Michael. See? He has just stopped his car.

Question : Where is Michael's father?

No. 1 から No. 3 を見てください。それぞれの話を聞いて，それぞれの質問に最も適切な答えを選んでください。では，始めましょう。

(1)

A：ハンバーガー1つ，ホットドッグ2つ，そしてコーヒー1杯をお願いします。

B：申し訳ありませんが，ホットドッグはございません。

A：そうなんですか？ わかりました，では，ハンバーガーをもう1つください。

B：かしこまりました。600円です。

**質問：**男性は何を食べますか。

(2)

A：この写真の鳥を見てください。とてもかわいいですね。それを見に来られてうれしいです。何か好きなものはありますか，マイク。

B：そうですね，すてきな写真がたくさんあります。私のお気に入りは，電車と山の写真です。すばらしいですね。

A：ああ，私はまだそれを見ていません。どこにありますか。

B：それは向こうで見ました。

**質問：**彼らはどこで話していますか。

(3)

A：お母さん，お父さんがどこにいるか知っていますか。彼が見つかりません。2階にはいません。

B：お父さんは郵便局に手紙を出しに行きました。

A：え，本当ですか？ 私は庭にいすを運びたいのですが，重すぎるのです。お父さんの助けが必要なんです。

B：ああ，見て。お父さんが帰ってきたところです，マイケル。

見えますか？　彼はちょうど車を止めたところです。
**質問**：マイケルの父親はどこにいますか。

**4** (1) エ　(2) エ　(3) イ　(4) ウ

**解説** (1) メアリーが昨日寝た時刻に合う時計を選ぶ。昨日は 11 時 30 分に寝たと言っているので，**エ** が適切。

(2) メアリーが最初にすることに適する絵を選ぶ。日本食レストランをさがすために，コンピューター室でインターネットを使うと言っている。**エ** が適切。

(3) 健太の辞書がある場所として適切なものを選ぶ。バッグのそばにある机ではなく，ドアのそばにある机の下だと言っているので，**イ** が適切。

(4) メアリーのクラスのアンケート結果に合うものを選ぶ。メアリーのクラスでは，「テレビを見る」が一番人気で，「本を読む」と「音楽を聞く」の人気は同じくらいだと言っているので，**ウ** が適切。**イ** は健太のクラスのアンケート結果。

【読まれた英文と意味】
(1) *Kenta* : You look tired, Mary.　What time did you go to bed yesterday?

*Mary* : At eleven thirty.

*Kenta*: Oh, that's late.　I always go to bed between ten and eleven.

*Mary* : I usually go to bed at ten thirty, but I had many things to do yesterday.

質問：What time did Mary go to bed yesterday?

(2) *Mary* : I have a presentation about Japanese food next week.　What should I do?

*Kenta* : First, you should go to the library. Then, how about visiting a Japanese restaurant to ask some questions?　After that, you can cook some Japanese food at your house.

*Mary* : Thank you, but I went to the library yesterday.　So, first, to find a Japanese restaurant, I'll use the Internet in the computer room this afternoon.

*Kenta* : That's a good idea.

質問：What will Mary do first this afternoon?

(3) *Kenta* : Did you see my dictionary?

*Mary* : I saw a dictionary on the table by the window.

*Kenta* : It's yours.　I checked my bag, too, but I couldn't find mine.

*Mary* : Umm... Look!　There is a dictionary under that desk.

*Kenta* : The desk by my bag?

*Mary* : No, the desk by the door.　Some pencils are on it.

*Kenta* : Oh, that's mine.

質問：Where is Kenta's dictionary?

(4) *Kenta* : What is the most popular thing to do at home in your class, Mary?

*Mary* : Look at this paper.　Watching TV is the most popular in my class.

*Kenta* : Really?　In my class, listening to music is more popular than watching TV. Reading books is not popular.

*Mary* : In my class, reading books is as popular as listening to music.

質問：Which is Mary's class?

(1) 健太：あなたは疲れているようですね，メアリー。昨日は何時に寝ましたか。
メアリー：11 時 30 分です。
健太：ああ，それは遅いですね。私はいつも 10 時から 11 時の間に寝ます。
メアリー：私はふだんは 10 時 30 分に寝ますが，昨日はすることがたくさんありました。
質問：メアリーは昨日，何時に寝ましたか。

(2) メアリー：私は来週，日本食について発表をします。私は何をすればよいでしょうか。
健太：まず，図書室に行くといいでしょう。それから，いくつか質問するために日本食レストランに行ってみるのはどうですか。そのあと，あなたは自分の家で日本食を作ることができます。
メアリー：ありがとう，でも私は昨日，図書室へ行きました。だから，まず，日本食レストランをさがすために，今日の午後，コンピューター室でインターネットを使います。
ケンタ：それはいい考えですね。
質問：メアリーは今日の午後，最初に何をするでしょうか。

(3) 健太：私の辞書を見ましたか。
メアリー：私は窓のそばのテーブルの上に辞書を見ました。
健太：それはあなたのものです。私は自分のバッグも調べましたが，私のものは見つけられませんでした。
メアリー：うーん。見てください！　あの机の下に辞書があります。
健太：私のバッグのそばの机ですか。
メアリー：いいえ，ドアのそばの机です。その上に鉛筆が何本かあります。
健太：ああ，あれは私のものです。
質問：健太の辞書はどこにありますか。

(4) 健太：あなたのクラスで，家でする一番人気のあることは何ですか，メアリー。
メアリー：この紙を見てください。私のクラスではテレビを見ることが一番人気があります。
健太：本当ですか？　私のクラスでは，テレビを見ることよりも音楽を聞くことのほうが人気があります。本を読むことは人気がありません。
メアリー：私のクラスでは，本を読むことは音楽を聞くことと同じくらい人気があります。
質問：メアリーのクラスはどれですか。

**5** (1) イ　(2) エ　(3) ア　(4) イ　(5) ウ

**解説** (1) ベンがゴールデンウィークに行く場所として適する絵を選ぶ。予定を聞かれたベンは動物園へ行くと答えている。

(2) ベンの大好きな動物として適する絵を選ぶ。動物が好きかと聞かれたベンは，特にパンダが大好きだと答えている。

(3) 香織のゴールデンウィークにすることとして適する絵を選ぶ。予定を聞かれた香織は，ピアノの練習をすると答えている。

(4) 香織の音楽部のコンサートの日として適するカレンダーを選ぶ。香織は May 13th（5月13日）と答えている。thirteenth と thirtieth（30日）を聞き間違えないように注意。また，Saturday（土曜日）なのか Sunday（日曜日）なのかにも注意して聞く。

(5) セントラルホールまでの交通手段として適する絵を選ぶ。香織はバスで行くことができるとベンに教えている。

**【読まれた英文と意味】**

*Kaori* : Hi, Ben.

*Ben* : Hi, Kaori.

*Kaori* : We'll have the "Golden Week" holidays soon. Do you have any plans for them?

*Ben* : Yes. I'm going to visit the zoo with my host family.

*Kaori* : That's nice! Do you like animals?

*Ben* : Yes. I especially like pandas very much. They are so cute. How about your plans?

*Kaori* : I'm going to practice the piano for my music club's concert.

*Ben* : Wow! Does your music club have a concert? When is it?

*Kaori* : It's on Saturday, May 13th at Central Hall. Do you want to come?

*Ben* : Yes, but how can I get there?

*Kaori* : You can take a bus from the station to the hall. It takes about 15 minutes.

*Ben* : Great! I'm looking forward to the concert. Good luck!

*Kaori* : Thank you. See you later!

Question No.1 Where is Ben going to go during his Golden Week holidays?

Question No.2 What is Ben's favorite animal?

Question No.3 What is Kaori going to do during her Golden Week holidays?

Question No. 4 When is the concert of Kaori's music club?

Question No.5 How can Ben get to Central Hall?

**香織**：こんにちは，ベン。
**ベン**：こんにちは，香織。
**香織**：もうすぐ「ゴールデンウィーク」がありますね。あなたは何かゴールデンウィークの予定がありますか。
**ベン**：はい。私はホストファミリーと動物園に行く予定です。
**香織**：それはいいですね！ あなたは動物が好きなのですか。
**ベン**：はい。私は特にパンダが大好きです。それらはとてもかわいいです。あなたの予定はどうですか。
**香織**：私は音楽部のコンサートに向けてピアノの練習をするつもりです。
**ベン**：わあ！ あなたの音楽部はコンサートをするのですか。いつですか。

---

**香織**：5月13日の土曜日にセントラルホールであります。来ませんか？
**ベン**：はい，でもそこへはどうやって行けばいいですか。
**香織**：駅からホールまでバスに乗って行けます。15分くらいかかります。
**ベン**：いいですね！ 私はコンサートが楽しみです。がんばってください！
**香織**：ありがとう。では，またね！
**質問1**：ベンはゴールデンウィークにどこへ行く予定ですか。
**質問2**：ベンの大好きな動物は何ですか。
**質問3**：香織はゴールデンウィークに何をする予定ですか。
**質問4**：香織の音楽部のコンサートはいつですか。
**質問5**：ベンはどうやってセントラルホールへ行くことができますか。

{P.117}

# 3（ 英語の応答を選ぶ問題 ）

**1** (1) ア (2) ウ

解説 (1) 写真を撮り，それにメッセージを書こうという提案に対する考えをたずねられたときの応答。**ア**「私は賛成です。彼女はきっと喜ぶと思います。」，**イ**「心配しないでください。私は彼女は日本が好きだと思います。」，**ウ**「ありがとうございます。あなたはいつも私に親切にしてくれます。」，**エ**「本当ですか。私はあなたに会えなくてとてもさびしいです。」

(2) 先生と話している女の子（サキ）と話して質問したいと言っていることに対する応答。**ア**「彼女をどこで見つけられるかがわかると私はうれしいです。」，**イ**「私はあなたの誕生日プレゼントを買うために買い物に行くつもりです。」，**ウ**「彼らが話し終わったら，私が彼女にあなたを紹介します。」，**エ**「私は今日の放課後，あなたのことについて先生と話してみます。」

**【読まれた英文と意味】**

(1) *A* : Have you heard Kate will leave Japan this March?

*B* : Yes. I think we should do something for her.

*A* : Let's take a picture with her and write messages for her on it. What do you think?

*B* : 〈チャイム音〉

(2) *A* : Who is the girl talking with our English teacher by the window? I see her at the park every weekend.

*B* : She is Saki. I often study with her after school.

*A* : She always wears cute clothes. I want to talk to her and ask her where she bought them.

*B* : 〈チャイム音〉

(1) A：ケイトがこの 3 月に日本を離れることを聞きましたか。
B：はい。私は，私たちは彼女に何かをするべきだと思っています。
A：彼女と写真を撮って，それに彼女へのメッセージを書きましょう。どう思いますか。

(2) A：窓のそばで私たちの英語の先生と話をしている女の子はだれですか。私は毎週末，彼女を公園で見かけます。
B：彼女はサキです。私は放課後によく彼女と勉強をしています。
A：彼女はいつもかわいい服を着ています。私は彼女に話しかけて，それをどこで買ったのか彼女に聞きたいです。

**2** (1) ア　(2) ウ　(3) イ　(4) エ

**解説** (1)「あなたは空腹ですよね。」に対する応答。**ア**「はい，そうです。」，**イ**「どういたしまして。」，**ウ**「いいえ，それは私のものではありません。」，**エ**「はい，どうぞ。」

(2) 自分も先生に質問があるので，いっしょに行ってもいいかという問いかけに対する応答。**ア**「いいえ，あなたはその質問に答えられません。」，**イ**「すみませんが，私はピアノのレッスンがあります。」，**ウ**「もちろんです，職員室へ行きましょう。」，**エ**「はい，あなたは今，私に会いにくることができます。」

(3) 白い T シャツをすすめられていて，値段も安いという発言に対する応答。**ア**「私は白い靴を買います。」，**イ**「それはいくらですか。」，**ウ**「あなたは何枚 T シャツを持っていますか。」，**エ**「私は黄色いものの値段をたずねます。」

(4)「3 時に会いましょう。」という提案に対する応答。昼食を食べたあとならバドミントンができると言っていることも押さえる。**ア**「では，私も自分のお弁当箱を持っていきます。」，**イ**「だから，あなたは私と昼食を食べることができますね。」，**ウ**「はい，私はバドミントンを楽しみました。」，**エ**「わかりました，体育館で会いましょう。」

【読まれた英文と意味】
(1) *Naoko* : I haven't eaten lunch yet.
*Nick* : Oh, you're hungry, right?
*Naoko* : 〈チャイム音〉

(2) *Naoko* : I'll see Mr. Suzuki to ask some questions about today's science class now.
*Nick* : I also have some questions. Can I go with you?
*Naoko* : 〈チャイム音〉

(3) *Naoko* : I like this yellow T-shirt, but it's too expensive!
*Nick* : How about this white one? It's also good and cheaper.
*Naoko* : 〈チャイム音〉

(4) *Naoko* : Hi, Nick. Do you have time

tomorrow? I want to play badminton in the gym.
*Nick* : I'm going to eat lunch with my family tomorrow, so I can play it with you after that. Let's meet at three.
*Naoko* : 〈チャイム音〉

(1) **直子**：私はまだお昼を食べていません。
**ニック**：ああ，あなたはおなかがすいていますよね。

(2) **直子**：私は今日の理科の授業について質問するために，今からスズキ先生に会います。
**ニック**：私も質問があります。あなたといっしょに行ってもいいですか。

(3) **直子**：私はこの黄色い T シャツが気に入ったのですが，高すぎます！
**ニック**：この白いのはどうですか。これもすてきだし，もっと安いです。

(4) **直子**：こんにちは，ニック。明日，時間がありますか。私は体育館でバドミントンをしたいのです。
**ニック**：明日は家族とお昼ご飯を食べる予定なので，そのあとにあなたとバドミントンをすることができます。3 時に会いましょう。

**3** (1) ア　(2) ア　(3) ウ　(4) イ

**解説** (1) 図書館までの所要時間をたずねられているので，時間を答える。**ア**「約 5 分です。」，**イ**「2 時間前です。」，**ウ**「3 回です。」

(2) 学校に遅刻した人に対し，「何があったのですか。」と理由をたずねている。**ア**「電車が突然止まりました。」，**イ**「私があなたを病院へ連れていきます。」，**ウ**「そのバスはたいてい駅で止まります。」

(3) ファストフード店での注文の対話。飲み物をたずねられたときの応答。**ア**「私はあなたを手伝いたいのです。」，**イ**「はい，どうぞ。」，**ウ**「オレンジジュースをお願いします。」

(4) 映画の感想をたずねられたときの応答。**ア**「私はそこへ 2 回行ったことがあります。」，**イ**「私の兄［弟］はそれが気に入りましたが，私は気に入りませんでした。」，**ウ**「私たちはそこへバスで行きました。」

【読まれた英文と意味】
(1) A : Excuse me. How can I get to the library?
B : Go along this street and you'll see a large brown building. It's the library.
A : Thank you. How long does it take?

(2) A : I didn't see you in the first class this morning.
B : I was late for school today.
A : What happened?

(3) A : Hi. Can I help you?
B : Can I have a hamburger and a salad, please?
A : Sure. What would you like to drink?

(4) *A* : How did you spend your weekend?

　　*B* : I went to see a movie with my brother.

　　*A* : Oh, how was it?

(1) A：すみません。図書館にはどうやって行けばよいですか。

　　B：この通りを進んでいくと，大きな茶色の建物が見えます。そこが図書館です。

　　A：ありがとうございます。どれくらいかかりますか。

(2) A：今朝，最初の授業であなたを見かけませんでした。

　　B：私は今日，学校に遅刻しました。

　　A：何があったのですか。

(3) A：こんにちは。いらっしゃいませ。

　　B：ハンバーガー1つとサラダを1つください。

　　A：かしこまりました。お飲み物は何にされますか。

(4) A：週末はどんなふうに過ごしましたか。

　　B：私は兄［弟］と映画を見に行きました。

　　A：わあ，どうでしたか。

**4** (1) ウ　　(2) エ　　(3) ア

解説 (1)「彼女はあなたの家の近くに住んでいるのですか。」という質問に対する応答。Does she ～? の疑問文なので，Yes, she does. か No, she doesn't. で答える。**ア**「はい，彼女はそうです。」，**イ**「はい，私はそうしました。」，**ウ**「いいえ，彼女は近くに住んでいません。」，**エ**「いいえ，私はちがいます。」

(2) ノートをさがしているが，見つからないと言っていることに対して適切な応答を考える。**ア**「もちろんです。」，**イ**「それは私のものです。」，**ウ**「私は賛成です。」，**エ**「それはテーブルの上にあります。」

(3) 台所にだれがいたかをたずねられたときの応答。**ア**「お父さんがそこにいました。」，**イ**「オレンジがありました。」，**ウ**「お母さんは『いいですよ。』と言っています。」，**エ**「はい，私がクッキーを食べました。」

【読まれた英文と意味】

(1) *Woman* : Where did you go last Sunday?

　　*Man* : I visited my grandmother.

　　*Woman* : Does she live near your house?

(2) *Bob* : Where is it? ... Oh, hi Mary.

　　*Mary* : Hi, Bob.　What are you doing?

　　*Bob* : I'm looking for my notebook, but I can't find it.

(3) *Girl* : Someone ate my cake!

　　*Boy* : Oh, it wasn't me.

　　*Girl* : Who was in the kitchen?

(1) **女性**：この前の日曜日にあなたはどこへ行きましたか。

　　**男性**：私は祖母を訪ねました。

　　**女性**：彼女はあなたの家の近くに住んでいますか。

(2) **ボブ**：どこにあるのかな？…あ，こんにちは，メアリー。

　　**メアリー**：こんにちは，ボブ。あなたは何をしているのですか。

　　**ボブ**：私はノートをさがしているのですが，見つかりません。

(3) **女の子**：だれかが私のケーキを食べました！

　　**男の子**：え，それは私ではありません。

女の子：だれが台所にいましたか。

**5** (1) イ　　(2) ウ　　(3) エ

解説 (1)「いつギターを弾きますか。」と「時」をたずねられたときの応答。**ア**「私はギターのレッスンに3回行ったことがあります。」，**イ**「私は週末に兄［弟］とギターを弾きます。」，**ウ**「私はたいてい公園でギターを弾きます。」，**エ**「私はこの前の土曜日にすてきなギターを手に入れました。」

(2) 行きたい国について書くという宿題について，相手から「あなたはどうですか。」とたずねられたときの応答。**ア**「私はインドについてのスピーチをもうしました。」，**イ**「私は日本語について学ぶために日本に住んでいます。」，**ウ**「私はオーストラリアの動物が見たいので，オーストラリアについて書きます。」，**エ**「私はほかの生徒のスピーチを聞きたいです。」

(3) 友達に自分の学校生活について知ってもらうための動画作りを手伝ってほしいと言われたときの応答。**ア**「もちろんです。あなたの国にいる友達があなたを手伝ってくれるでしょう。」，**イ**「もちろんです。私の友達はその動画はおもしろいと言いました。」，**ウ**「わかりました。私はあなたになぜ私がそれを作りたいかを話しました。」，**エ**「わかりました。私にはいくつかのいい考えがあると思います。」

【読まれた英文と意味】

(1) *Jack* : Naomi, how was your birthday party last week?　What did you get?

　　*Naomi* : It was good, Jack.　My brother gave me a guitar!　I wanted a new one, so I'm very happy.

　　*Jack* : What a nice present!　When do you usually play the guitar?

　　*Naomi* :〈チャイム音〉

(2) *Jack* : Naomi, have you finished Ms. Brown's English homework?

　　*Naomi* : No, not yet.　We have to write about a country we want to visit.　After that, we'll make a speech in the next English class, right?

　　*Jack* : Yes.　I want to go to India, so I'll write about it.　How about you?

　　*Naomi* :〈チャイム音〉

(3) *Jack* : Naomi, I want to make a video about our school.

　　*Naomi* : Oh, that's interesting, but why do you want to make it?

　　*Jack* : Well, I want my friends in my country

to know about my school life.  Can you help me?

*Naomi :* 〈チャイム音〉

(1) **ジャック**：ナオミ，先週の誕生日パーティーはどうでしたか。あなたは何をもらいましたか。

**ナオミ**：よかったですよ，ジャック。兄[弟]が私にギターをくれました！　私は新しいのがほしかったので，とてもうれしいです。

**ジャック**：何てすてきなプレゼントなんでしょう！　あなたはふだんはいつギターを弾きますか。

(2) **ジャック**：ナオミ，ブラウン先生の英語の宿題は終えましたか。

**ナオミ**：いいえ，まだです。私たちは自分の行きたい国について書かなければなりません。そのあと，私たちは次の英語の授業でスピーチをするのですよね？

**ジャック**：そうです。私はインドに行きたいので，それについて書きます。あなたはどうですか？

(3) **ジャック**：ナオミ，私は私たちの学校について動画を作りたいのです。

**ナオミ**：わあ，それはおもしろいですが，なぜそれを作りたいのですか。

**ジャック**：ええと，私は自分の国の友達に私の学校生活について知ってもらいたいのです。手伝ってくれますか。

**6** (1) b　(2) a　(3) c

**解説** (1) 値段をたずねられているので，金額を答えるのが適切。

(2) 電車の中に忘れてきてしまったバッグの見た目をたずねられているので，バッグの特徴を答えるのが適切。

(3) 警察官になるという夢をかなえるためにしていることを聞いたときの応答。夜に走っていると言っているので，その効果を述べている文が適切。

【読まれた英文と意味】

(1) *A :* Wow, that's a nice T-shirt.

*B :* Yes, this is very popular among high school students.

*A :* Nice, I'll take it.  How much is it?

a. I think you'll like it.

b. It's 50 dollars.

c. You can buy it anywhere.

(2) *A :* May I help you?

*B :* Yes, I think I left my bag on the train.

*A :* I see.  What does it look like?

a. It's black and has two pockets.

b. It's too heavy to carry.

c. It's the wrong train.

(3) *A :* My dream is to be a police officer.

*B :* What do you do for your dream?

*A :* I go outside to run at night.

a. Good, it's exciting to run in the gym.

b. Good, sleeping at night is good for you.

c. Good, you try to make your body stronger.

(1) A：わあ，それはすてきなTシャツですね。

B：はい，これは高校生の間でとても人気があります。

A：いいですね，これをください。いくらですか。

a. あなたはそれを気に入ると思います。

b. 50ドルです。

c. どこでも買えますよ。

(2) A：お手伝いしましょうか。

B：はい，私はバッグを電車に忘れてきてしまったようです。

A：そうですか。それはどのような見た目ですか。

a. 黒で，ポケットが2つあります。

b. 重すぎて持ち運ぶことができません。

c. それは違う電車です。

(3) A：私の夢は警察官になることです。

B：あなたは夢のために何をしていますか。

A：私は夜，外に走りに行きます。

a. いいですね，体育館で走るのはわくわくします。

b. いいですね，夜眠ることは体にいいです。

c. いいですね，あなたは体をもっと強くしようとしているのですね。

**[P.121]**

# 4 （表やメモを完成させる問題）

**1** (1) 10　(2) 病院　(3) 動物

**解説** 表やメモを完成させる問題では，音声を聞く前に表やメモの内容に目を通しておくとよい。聞き取るべきポイントが押さえられる。また時刻や日付などは，簡単にメモを取りながら音声を聞くようにするとよい。

(1) 史織の最初の発言を聞き取る。「October」にボランティア活動をすると言っている。Octoberは「10月」。

(2) 「公園の掃除」を提案しているのは，真奈。真奈の発言から，公園の場所を聞き取る。the park near the hospital（病院の近くの公園）と言っている。

(3) 子供たちと本を読むことを提案しているのは，ウィリアムだが，本の種類について提案しているのは史織。史織の2番目の発言からどんな本なのかを聞き取る。books about animals（動物についての本）と言っている。

【読まれた英文と意味】

*Shiori :* We are going to do a volunteer activity in October.　What can we do, Mana?

*Mana :* The park near the hospital is used by many people, so it's a good idea to clean it. How about you, William?

*William :* I want to read books together with little children at the library.

*Shiori :* Interesting.　I think books about animals are good for children.

**史織**：私たちは10月にボランティア活動をする予定です。私たちは何ができますか，真奈。

**真奈**：病院の近くの公園は多くの人に利用されているので，そこを掃除するのはいい考えだと思います。あなたはどうですか，ウィリアム。

**ウィリアム**：私は図書館で小さな子供たちといっしょに本を

読みたいです。

**史織：**おもしろいですね。私は動物についての本が子供にはいいと思います。

**2** (1) next　(2) lunch　(3) 20

**解説** (1) イベントが行われるのは next month（来月）と言っている。空所には next が入る。

(2) 映画を見るのはいつなのかを聞き取る。午前中はクイズゲーム，昼食を食べてから，映画を見たり歌を歌ったりするという流れを整理しておく。

(3) スコット先生は，最後にイベントに参加できる生徒数について述べている。中学校から 12 人と高校から 8 人と言っているが，ここでは参加できる全員の数を答えることに注意。

**【読まれた英文と意味】**

Hello. Now, I'll tell you about an English event that will be held in our town next month.

In the morning, we're going to have a quiz game about Canada. So, if you join this event, you need to learn about Canada on the Internet before coming to the event. For lunch, we'll make curry and rice. After that, we'll enjoy watching a movie together and singing songs in English. When you get home, you'll write about your experience at this event.

Oh! I forgot. Twelve students from junior high school and eight students from high school can join this event. If you want to join us, please tell me soon.

こんにちは。さて，私は来月私たちの町で開催される英語イベントについてお話しします。

午前中は，カナダに関するクイズ大会があります。なので，このイベントに参加する場合は，イベントに来る前にインターネットでカナダについて学んでおく必要があります。昼食には，カレーライスを作ります。そのあと，いっしょに映画を見たり，英語で歌を歌ったりして楽しみます。家に帰ったら，このイベントでの体験を書きます。

あ！　忘れていました。このイベントには，中学校から 12 名の生徒，高校から 8 名の生徒が参加できます。もし参加したい場合は，すぐに私に言ってください。

**3** (1) ア　(2) イ　(3) エ　(4) エ

**解説** (1) 月曜日から金曜日までカードを使って市バスに乗れて，お金はいらないと言っている。つまり，平日は無料だということ。

(2) 学校が開く時刻は 7 時 50 分で，最初の授業が始まる時刻は 8 時 30 分である。

(3) 水曜日と金曜日の午後の授業について聞き取る。After lunch（昼食後）に，カナダの歴史について学ぶと言っている。

(4) テストが行われるのは毎週月曜日で，テストが

返されるのは翌日の火曜日だと言っている。

**【読まれた英文と意味】**

Welcome to Canada and to Green Language School. We are excited to study English with you for the next three weeks. Please look at the card we gave you. From tomorrow, you will need it to come into the school building. You can also use this card to take city buses from Monday to Friday. You won't need money for those buses. Our school opens at 7:50 a.m. and the first class starts at 8:30 a.m. On Mondays, Tuesdays and Thursdays, we have three English classes in the morning and two in the afternoon. On Wednesdays and Fridays, we have three classes in the morning. After lunch, we learn the history of Canada. For example, we are going to visit some old buildings. One more important thing. During the first class every Monday, you will take an English test. You can get your test result back the next day. Your teacher will give it to you before the first class on Tuesdays. If you have any questions, please ask us.

ようこそカナダへ，そしてようこそグリーン語学学校へ。これから 3 週間，みなさんと英語を勉強することに私たちはわくわくしています。お渡ししたカードを見てください。明日から，校舎に入るためにはそれが必要になります。また，月曜日から金曜日まで，市バスに乗るためにこのカードを使うことができます。それらのバスにお金は必要ありません。私たちの学校は午前 7 時 50 分に開き，最初の授業は午前 8 時 30 分に始まります。月曜日，火曜日，木曜日は，午前中に 3 時間，午後に 2 時間の英語の授業があります。水曜日と金曜日は，午前中に 3 時間の授業があります。昼食後は，私たちはカナダの歴史を学びます。例えば，古い建物を訪問します。もう 1 つ大事なことがあります。毎週月曜日の最初の授業では，英語のテストがあります。テストの結果は翌日に返されます。火曜日の最初の授業の前に先生がみなさんに渡します。もし何か質問があれば，私たちに聞いてください。

**4** (1) a. 誤　b. 正　c. 誤　d. 誤
(2) a. 正　b. 誤　c. 誤　d. 誤
(3) a. 誤　b. 誤　c. 正　d. 誤

**解説** (1) ベンは自分の町には高い建物はないが，すばらしい公園があると話している。

(2)「いつ帰宅しますか」とたずねられているので，帰宅する「時」を答える。

(3) メアリーとブライアンは明日の予定について話している。ブライアンはメアリーの宿題を手伝うために予定を変更すると言っている。

**【読まれた英文と意味】**

(1) *Jane :* Ben, tell me about your town, please.

*Ben :* OK, Jane. There are no tall buildings, or shopping malls, but we have a great national park.

*Jane :* You like your town, right?

Question : What will Ben say next?
a. Yes.　I like the big buildings.
b. Yes.　The park is beautiful.
c. No.　My town has no park.
d. No.　The shopping mall is old.

(2) *Chris* : Hello.　This is Chris.　May I speak to Steve?

　*Ellen* : Hi, Chris.　I'm Ellen, Steve's sister. He's not home.　I can tell him to call you back.

　*Chris* : Thanks.　When will he get home?

Question: What will Ellen say next?
a. He'll be back in a few hours.
b. I like to stay at home.
c. He studies after dinner.
d. I'll see you at school tomorrow.

(3) *Mary* : What are your plans for tomorrow, Brian?

　*Brian* : Well, Mary, I'll study for a math test, help my aunt with her shopping, and attend a charity event on the internet.

　*Mary* : Why don't you change your plans and help me with my homework?

　*Brian* : Sure.　I'll attend the charity event next week.

Question: What is true about this dialog?
a. Brian went shopping with his aunt yesterday.
b. Brian will have a science test tomorrow.
c. Brian will change his plan for tomorrow.
d. Brian had many things to do yesterday.

(1) **ジェーン**：ベン，あなたの町について教えてください。
　**ベン**：わかりました，ジェーン。高いビルやショッピングモールはないですが，すばらしい国立公園があります。
　**ジェーン**：あなたは自分の町が好きですよね。
　**質問**：ベンは次に何と言うでしょうか。
　a. はい。大きな建物が好きです。
　b. はい。公園がきれいです。
　c. いいえ。私の町には公園がありません。
　d. いいえ。ショッピングモールは古いです。
(2) **クリス**：もしもし。こちらはクリスです。スティーブをお願いします。
　**エレン**：こんにちは，クリス。私はスティーブの姉[妹]のエレンです。彼は留守です。あなたに折り返し電話をするように彼に伝えられますよ。
　**クリス**：ありがとうございます。彼はいつ帰宅しますか。
　**質問**：エレンは次に何と言うでしょうか。
　a. 彼は数時間後に戻ってきます。
　b. 私は家にいるのが好きです。
　c. 彼は夕食後，勉強しています。
　d. 明日，学校で会いましょう。
(3) **メアリー**：あなたの明日の予定は何ですか，ブライアン。
　**ブライアン**：ええと，メアリー，数学のテストの勉強をして，おばの買い物を手伝って，そしてインターネット上のチャリティーイベントに参加します。
　**メアリー**：予定を変更して，私の宿題を手伝ってくれませんか。
　**ブライアン**：いいですよ。チャリティーイベントには来週，参加します。

**質問**：この対話について正しいのはどれですか。
a. ブライアンは昨日，おばと買い物に行った。
b. ブライアンは明日，理科のテストがある。
c. ブライアンは明日の予定を変更する。
d. ブライアンは昨日，することがたくさんあった。

**5** (1) イ　　(2) ア　　(3) エ

**解説** (1) ショップキングの場所を答える。駅の近くと言っている。地図の中から適する場所をさがす。
(2) ショップムーンで売られているものを答える。アイスクリームとチョコレートが売られている。
(3) ショップスターの説明として合うものを選ぶ。たくさんの美しい写真が載っているこの町についての本が見つけられると言っている。

**【読まれた英文と意味】**

　Now, I'm going to tell you about some shops you should visit.　Our school is between the hospital and the library.　When you want to buy something to eat, you should go to Shop King.　You can buy cheap pasta and pizza.　It's near the station.　If you like sweet food, you should go to Shop Moon.　It sells ice cream and chocolate.　It's in front of the park, so you should ride a bicycle there.　When you want to buy presents for your family, visit Shop Star. They sell local things.　Also, at that shop, you can find a book about this town with a lot of beautiful pictures.　After you go back to Japan, you can show it to your family.　The shop is next to the post office.　Enjoy your life here.

　では，私はあなたに訪れるべきいくつかのお店についてお話しします。私たちの学校は病院と図書館の間にあります。何か食べるものを買いたいときは，ショップキングに行くといいですよ。安いパスタやピザを買うことができます。駅の近くにあります。甘い食べ物が好きなら，ショップムーンに行くといいですよ。アイスクリームやチョコレートを売っています。公園の前にあるので，自転車に乗って行くといいですよ。家族へのプレゼントを買いたいときは，ショップスターを訪れてください。そこでは地元のものを売っています。また，その店ではたくさんの美しい写真が載っているこの町についての本を見つけられます。日本に帰ってから，家族に見せることができます。お店は郵便局の隣です。ここでの生活を楽しんでください。

**6** (1) 16　　(2) math　　(3) study
(4) [例] Yes. / I want to see animals in Australia

**解説** (1) ジョンの年齢を聞き取る。I'm sixteen years old.（私は16歳です。）と言っている。数は正確に聞き取ること。
(2) ジョンの両親は高校教師をしている。母親が教えている教科を答える。ジョンの話では my mother teaches math（私の母親は数学を教えています）と言っているが，メモでは His mother is a (math) teacher at a high

school.（彼の母親は高校の数学の教師です。）と表していることにも注意。

(3) ジョンの兄[弟]が何の目的で日本にいるのかを答える。ジョンの話では He is studying in Japan now.（彼は今，日本で勉強しています。）と言っているが，メモでは His brother is in Japan to (study).（彼の兄[弟]は勉強するために日本にいます。）と表していることに注意。

(4) 最後のジョンの「あなたは外国を訪れたいですか。それと理由を私に教えてください。」という質問に自分自身の答えを書く。Yes. の答えなら，I want to ～ を使って外国でしたいことなどを答えればよい。No. の答えなら，外国に行きたくない理由を答える。Because I'm afraid of flying.（なぜなら私は飛行機で飛ぶのが怖いからです。）などが考えられる。

【読まれた英文と意味】

*John :* Hello. I'm John. I'm sixteen years old. I live in a small town in America. I'm a good soccer player. My parents are high school teachers. My father teaches Japanese, and my mother teaches math. I have one brother. He is studying in Japan now. So I'll visit him in your country next year. I want to visit other countries, too. Now, please tell me about yourself. Do you want to visit other countries? And tell me why.

**ジョン：**こんにちは。私はジョンです。16歳です。アメリカの小さな町に住んでいます。私はサッカーが得意です。私の両親は高校の教師です。父親は日本語を教えていて，母親は数学を教えています。私には兄[弟]が1人います。彼は今，日本で勉強しています。だから，私は来年，あなたの国に彼を訪ねます。私はほかの国にも行ってみたいです。では，あなた自身のことを私に教えてください。あなたは外国を訪れたいですか。それから，その理由を教えてください。

{P.125}

# 5 （自分の考えなどを答える問題）

**1** **例** We will sing a song for them.

**解説** 外国から来る生徒たちを歓迎するためにできることを書く。解答例は「私たちは彼らのために歌を歌います。」という意味。ほかに，We will teach them how to make paper cranes.（私たちは彼らに折り鶴の作り方を教えます。）なども考えられる。

【読まれた英文と意味】

*Naoko :* Some students from Australia will visit our class next week.

*Paul :* Yes, Naoko. I want you to do something to welcome them.

*Naoko :* I have an idea to make them happy in the classroom.

*Paul :* Oh, really? What will you do for them?

**ナオコ：**来週，オーストラリアからの何人かの生徒が私たちのクラスを訪問します。

**ポール：**そうです，ナオコ。私は彼らを歓迎するためにあなたたちに何かをしてもらいたいです。

**ナオコ：**私は教室で彼らを喜ばせるためのアイデアがあります。

**ポール：**ああ，本当ですか？ あなたたちは彼らのために何をするつもりですか。

**2** **例** Making Japanese friends is the best way. / You should watch Japanese movies.

**解説** 日本語を学習するための方法として，いちばんよいものを答える。解答例は「日本人の友達を作ることがいちばんよい方法です。」「あなたは日本の映画を見るといいですよ。」という意味。ふだん自分が実践している英語の学習方法を日本語に置きかえてみてもよい。

【読まれた英文と意味】

I was so happy today because I talked with you. I have been interested in the Japanese language, and now I want to learn about it more! What is the best way to study it? Please tell me!

今日はあなたたちと話したので，私はとてもうれしかったです。私はずっと日本語に興味を持っていて，今は，もっとそれについて学びたいと思っています！ 日本語を勉強するいちばんよい方法は何ですか。私に教えてください！

**3** **例** I will make my original bag from them.

**解説** サイズが小さくなって着られなくなったTシャツの再利用方法を書く。解答例は「私はそれらからオリジナルのバッグを作ります。」という意味。ほかに，I'll give them to small children who live near my house.（私の家の近くに住んでいる小さな子どもたちにあげます。）なども考えられる。

【読まれた英文と意味】

You have some T-shirts that you can't wear. They are too small for you. But you want to use them in different ways. What will you do?

あなたは着られないTシャツが何枚かあります。それらはあなたには小さすぎます。でも，あなたはそれらを違った方法で使いたいと思っています。あなたはどうしますか。

**4** **例** Why don't you go to the concert with me? / Let's go to the school music concert.

**解説** 友達をコンサートに誘う文を書けばよい。解答例は「私とコンサートに行きませんか。」「学校の音楽会に行きましょう。」という意味。ほかに，Shall we ～? や How about ～? などを使って表すこと

もできる。

【読まれた英文と意味】

Look at the picture. Hiroko wants to go to the school music concert with Alice. What is Hiroko going to say to Alice?

絵を見てください。ヒロコはアリスと学校の音楽会に行きたいと思っています。ヒロコはアリスに何と言うでしょうか。

**5** (A) map　　(B) Show　　(C) topic
(D) 例 like a music festival better

解説 (A)～(C) 学校にやって来る外国人の生徒のためにできることをまとめた【ワークシート】の空所に適する語を書く。ミズキの発言を注意して聞き取る。ミズキは外国人の生徒のために英語の地図を作ることを提案している。

(D) ショウタが最後に But if you choose one, which festival do you like better?（でも，もし1つを選ぶとしたら，あなたはどちらの祭りのほうが好きですか。）と質問している。ショウタがどんな祭りを提案したのかをしっかりと聞き取る。どちらか好きなほうを答える。ショウタが提案した祭りは，音楽祭とスポーツ大会。

【読まれた英文と意味】

*Shota :* Do you have any idea, Mizuki?

*Mizuki :* Yes. I think we can make an English map of our town and give it to the foreign students. On the map, we can show them our favorite places, such as shops and restaurants. I want to put some photos on it, too.

*Shota :* Good. English information will be very helpful for them.

*Mizuki :* Yes. Also, I believe the map can be a good topic when we talk with the students. Now, tell me your idea, Shota.

*Shota :* OK. I think we and the foreign students should have time to know each other first. So, my idea is to have a festival at school. I have two ideas. The first one is a music festival. We can enjoy our brass band's performance and singing songs together. The second one is a sports festival. We can play sports such as volleyball and badminton. We can communicate through sports.

*Mizuki :* Each festival has good points. I believe we can enjoy the festivals together.

*Shota :* Thank you. But if you choose one, which festival do you like better?

ショウタ：ミズキ，何かいい考えはありますか。

ミズキ：はい。私たちの町の英語の地図を作って，外国人の生徒にあげることができると思います。その地図に，お店やレストランなどのような自分たちのお気に入りの場所を彼らに示すことができます。私は写真も載せたいと思っています。

ショウタ：いいですね。英語の情報は，彼らにとってとても役に立つでしょう。

ミズキ：そうですね。また，生徒と話すときにも，地図はいい話題になると思います。では，あなたの考えを教えてください，ショウタ。

ショウタ：わかりました。私は私たちと外国人の生徒はまず，お互いのことを知るための時間を持つべきだと思います。だから，私の考えは，学校でお祭りをすることです。私には2つの考えがあります。1つ目は，音楽祭です。吹奏楽部の演奏やいっしょに歌を歌うことを楽しむことができます。2つ目は，スポーツ大会です。バレーボールやバドミントンのようなスポーツをすることができます。私たちはスポーツを通してコミュニケーションをとることができます。

ミズキ：それぞれのお祭りにいいところがありますね。私たちはいっしょにお祭りを楽しむことができると思います。

ショウタ：ありがとうございます。でも，1つを選ぶとしたら，あなたはどちらの祭りのほうが好きですか。

{P.128}

**6** （図や表を見て答える問題）

**1** (1) ア　　(2) エ

解説 (1) 地図を使った問題では，道案内を聞きながら，実際に地図に道順を書き込んでみるとよい。郵便局は銀行の隣にあると言っている。また，turn right[left]（右[左]に曲がる），go straight（まっすぐ行く）などのよく使われる表現を覚えておこう。

(2) 飛行機の便の番号，ロンドンの現在の天気，飛行時間の組み合わせとして正しいものを選ぶ。数が出てきたら，メモを取るようにしておこう。

【読まれた文と意味】

(1)これから読む英文は，道夫が，外国人に郵便局の場所を説明しているときのものです。郵便局はどこでしょう。

From the station, you can see the hospital over there. Turn right at the hospital and go straight. Then you will find a supermarket on your left. When you get to the supermarket, turn left and you can find the post office next to a bank.

(2)これから読む英文は，ロンドン行きの飛行機の機内放送です。機内放送の内容を正しく表しているものはどれでしょう。

Good afternoon. Welcome to Flight 753 to London. We are now ready to leave. It is rainy in London now, but it will be cloudy when we get there. Our flight time to London will be 12 hours and 10 minutes. We'll give you something to eat and drink during the flight. If you need any help, please ask our staff. We

44

hope you'll enjoy your flight. Thank you.

⑴ 駅から，向こう側に病院が見えます。病院のところを右に曲がってまっすぐ行ってください。すると，左手にスーパーマーケットが見えます。スーパーマーケットに着いたら，左に曲がってください，銀行の隣に郵便局があります。

⑵ こんにちは。ロンドン行き753便へようこそ。私たちは今，出発の準備ができました。ロンドンは今，雨が降っていますが，私たちが到着するころにはくもっているでしょう。ロンドンまでの飛行時間は12時間10分です。飛行中に何か食べ物やお飲み物を提供します。何かお手伝いが必要なら，スタッフにおたずねください。空の旅をお楽しみください。ありがとうございました。

**2** ⑴ A. 誤　　B. 正　　C. 正
　　⑵ A. 正　　B. 誤　　C. 正

解説 ⑴ 駅名に注意して説明を聞く。A「中央駅は北駅から2つ目の駅です。」3つ目なので合わない。BとCは路線図の内容と合っている。

⑵ どのスポーツを比べているのかに注意して説明を聞く。B「太郎の学校では全部の中で野球がいちばん人気があります。」いちばん人気があるのはサッカーなので合わない。AとCはグラフの内容と合っている。

【読まれた英文と意味】

⑴ A. Chuo Station is the second station from Kita Station.
   B. You don't need to change trains to go from Minami Station to Kita Station.
   C. If you are at Higashi Station, you have to change trains at Chuo Station to go to Minami Station.

⑵ A. Soccer is more popular than tennis in Taro's school.
   B. Baseball is the most popular of all in Taro's school.
   C. Basketball is as popular as tennis in Taro's school.

⑴ A. 中央駅は北駅から2つ目の駅です。
　 B. 南駅から北駅に行くのに電車を乗り換える必要はありません。
　 C. もしあなたが東駅にいるなら，南駅に行くには中央駅で電車を乗り換えなければなりません。
⑵ A. 太郎の学校ではサッカーはテニスより人気があります。
　 B. 太郎の学校では全部の中で野球がいちばん人気があります。
　 C. 太郎の学校ではバスケットボールはテニスと同じくらい人気があります。

**3** ウ

解説 目的地ではなく，2人が現在いる場所を答えることに注意。お寺の隣の書店のそばにいることがわかるので，ウが現在地だと判断できる。道案内の場面では，右，左のどちらに曲がるのかに注意しながら聞き取ること。

【読まれた英文と意味】

A : Excuse me, where is the art museum? My friend said it is next to a temple, but this is a bookstore, right?

B : Oh, yes. The art museum is next to another temple.

A : Oh, really? Can you tell me how to go to the art museum?

B : Sure. Go straight, and turn left when you see a flower shop. Then, turn left when you see a shoe shop and a science museum. Walk for about 3 minutes, and you'll see the art museum.

A : OK, thank you!

Question : Where are the two people talking now?

A：すみません，美術館はどこにありますか。私の友達はお寺の隣だと言っていましたが，ここは書店ですよね？
B：ええ，そうです。美術館は別のお寺の隣にあります。
A：え，本当ですか？　美術館への行き方を教えてくれますか。
B：もちろんです。まっすぐに行って，お花屋さんが見えたら左に曲がってください。そして，靴店と科学博物館が見えたら左に曲がってください。3分くらい歩くと，美術館が見えます。
A：わかりました，ありがとうございます！
質問：今，2人はどこで話していますか。

**4** ア

解説 グラフを読み取って，説明と合う線を選ぶ。2012年から増え続けていて，2018年には3000万人以上になって，翌年も増加が続いているものを見つける。

【読まれた英文と意味】

　Look at the graph. There are four lines on the graph and you have to choose one line. This line shows the number of all visitors to Japan from abroad. The number of people coming to Japan has been increasing since 2012. More than 30 million people came to Japan in 2018. A year later, the number of visitors continued to increase.

質問：Which line does the speaker talk about?

　グラフを見てください。グラフには4本の線があり，あなたは1本の線を選ばなければなりません。この線は，海外から日本に来た全観光客の数を示しています。日本に来た人の数は，2012年からずっと増え続けています。2018年には3,000万人以上の人が日本に来ました。その1年後も，訪問者数は増え続けました。
質問：発言者はどの線について話していますか。

**5** イ→ウ→エ→ア

解説 イラストがどんな場面を表しているのかを先に確認しておく。アは清掃している場面，イは川で泳いでいる場面，ウは食事をしている場面，エは星を見ている場面。発表を聞きながら swimming や

45

dinner などのイラストと関連するキーワードをとらえて，イラストを並べていくとよい。

【読まれた英文と意味】

I went camping with my family last weekend. First, we set up the tent. Then we went swimming in the river. The water was a little cold but I had a lot of fun. After swimming, my father cooked dinner and we enjoyed it. At night, we saw beautiful stars in the sky. On the next day, before we left, we cleaned the area. On the way home, we sang songs in the car. It was a very nice weekend.

　私は先週末，家族とキャンプに行きました。最初に，私たちはテントを張りました。それから，川へ泳ぎに行きました。水は少し冷たかったのですが，私はとても楽しかったです。泳いだあと，私の父が夕食を作り，私たちはそれを楽しみました。夜には空にきれいな星が見えました。次の日，出発する前に，私たちはその場所を掃除しました。帰り道に，私たちは車の中で歌を歌いました。とてもすてきな週末でした。

**6** (1) B　　(2) 10：30

解説 (1) タクヤの条件や希望に合うコースを選ぶ。旅行の期間は1週間で，行き先は国内，したいことは名所を1人で歩くことという条件に合うのはB。

(2) ケンジが参加できるイベントを選ぶ。ケンジがイベントに参加できるのは日曜日の午前だけであることと，家でネコを飼っているのでほかの種類の動物と遊びたいと思っていることから，これらの条件に合うイベントを表の中から選び，その開始時刻を抜き出す。

【読まれた英文と意味】

(1) Takuya has one week for a trip this summer. He wants to travel around Japan because he went abroad last summer. He enjoyed walking around famous places by himself then, so he wants to enjoy the next trip in the same way. Which is the best course for him?

(2) This weekend, Kenji will join an event at City Animal Park to play with animals. He has a cat at home, so he wants to play with another kind of animal. He can go to the park only on Sunday morning. What time does the event he will join start?

(1) この夏，タクヤは旅行ができる1週間の期間があります。去年の夏には海外に行ったので，彼は日本を旅行して回りたいと思っています。そのとき，彼は1人で名所を歩いて回って楽しんだので，次の旅行も同じような方法で楽しみたいと思っています。彼にいちばんよいコースはどれですか。

(2) 今週末，ケンジは動物と遊ぶために市立動物公園で行われるイベントに参加します。彼は家ではネコを飼っているので，ほかの種類の動物と遊びたいと思っています。彼がその公園に行けるのは日曜日の午前中だけです。彼

が参加するイベントは何時に始まりますか。

# 英作文編

{P.133}

## 1 ( 語句を並べかえる問題 )

**1** (1) looking at the boy playing
(2) have lost the watch my father bought for
(3) so difficult that I can't
(4) everyone will help us choose a good present for him
(5) shows us that we are interested

**解説** (1) していることをたずねられていることから，**現在進行形の文**にする。looking と playing という動詞の ing 形が 2 つあるので，1 つは**現在進行形**(I'm looking)にし，もう 1 つは**名詞を後ろから修飾**する形(the boy playing soccer)にする。「私は向こうでサッカーをしている男の子を見ています。」

(2) have と lost, bought があるので，**現在完了形** have lost を組み立て，〈**主語＋動詞（my father bought）**〉が名詞（the watch）を後ろから修飾する形を組み立てる。「私は父が私に買ってくれた腕時計をなくしてしまいました。」

(3) 〈**so ＋形容詞＋ that … can't ～**〉（とても－なので…は～できない）の文を組み立てる。「最後の質問はとても難しいので，私は答えられません。」

(4) help と choose があるので，〈**help ＋人＋動詞の原形**〉の形を組み立てる。「（人）が～するのを手伝う」という意味。「全員が私たちが彼のためにすてきなプレゼントを選ぶのを手伝ってくれるだろうと私は思います。」

(5) shows と that に着目して，〈**show ＋人＋ that ＋主語＋動詞 ～**〉の文を考える。are のあとに interested in（～に興味がある）と続ける。「そのグラフは私たちに，私たちがよりよい英語話者になることに興味を持っているということを示しています。」

**2** (1) オ→カ→ア→イ→エ　(2) ウ→オ→イ→カ→エ
(3) エ→オ→ア→カ→ウ　(4) エ→ウ→カ→ア→オ

**解説** (1) あとに「伝統的な服を着て町を歩く」と続いているので，不要な語句は**ウ**。仮定法の文を完成させる。If I (were you, I would choose wearing a *yukata*). （もし私があなただったら，浴衣を着ることを選ぶでしょう。）

(2) a wind chime が続いているので，不要な語は**ア**。〈**show ＋人＋ how to ～**〉で「（人）に～のやり方を（見せて）教える」。The staff members (will show you how to paint on) a wind chime. （スタッフが風鈴に絵を描くやり方を教えてくれます。）

(3) **Why don't you ～?** で，「～してはどうですか」と提案する表現になるので，不要な語は**イ**。(Why don't you paint on a wind chime) in the morning? （午前中に風鈴に絵を描くのはどうですか。）

(4) 〈**make ＋名詞＋形容詞**〉で「～を…にする」。前に don't があり，don't want to ～（～したくない）とできることから，**オ**の dirty（汚い）に「したくない」とするのが適切なので，不要な語は**イ**の clean（きれいな）。I don't (want to make my *yukata* dirty). （私は自分の浴衣を汚したくありません。）

{P.136}

## 2 ( 場面・条件に合う英文を作る問題 )

**1** **例** (1) we can buy them when we have time
（8 語）
(2) we can try on clothes we like （7 語）

**解説** (1) インターネットで服を買うことが便利だと言える理由を書く。解答例は「時間があるときに服を買うことができます」という意味。ほかに，we don't need to go to the shop（お店に行く必要がありません）などでもよい。

(2) インターネットよりも店で買うほうがよいと言える理由を書く。解答例は「気に入った服を試着することができます」という意味。ほかに，we can get an opinion from a store clerk when we can't decide（決められないときに店員から意見がもらえます）などでもよい。

**2** **例** I'll wait for you at New Chitose Airport with my parents.　You should bring warm clothes and a coat with you because it'll be colder in Hokkaido than in Hawaii.
（30 語）

**解説** 解答例は「私は，両親と新千歳空港であなたを待っています。北海道はハワイより寒いので，暖かい服とコートを持ってきたほうがいいです。」という意味。1 文目で誰とどこへ迎えに行くかを書く。「あなたを迎えに行く」は，pick you up や meet youなどでもよい。2文目で用意するとよい服装とその理由を書く。「厚手の服を用意することをすすめる」と考えて，I suggest you prepare thicker clothing. などとしてもよい。語数の指示に注意。

**3** [例] (1) We have 5 days before the tennis match.  Can you play tennis after school today? (15語)
(2) I think so, too.  How about playing tennis on Friday?  I'm free on that day. (15語)

[解説] (1)「（テニスの試合まで）5日ある」は We have five days や There are five days などで，「テニスができるか」は Can you[we] play tennis ~? などで表せる。Do you want to ~? や Why don't we ~? などのような誘う文を使ってもよい。
(2) ジムは月曜日以外も練習すべきだと言っている。これに対する自分の考えを書く。賛成なら，I think so, too. や I agree with you. などと，反対なら I don't think so. や I don't agree with you. などと答える。そのあとにそう思う理由を【あなたの放課後の予定】を参照して書く。

**4** [例] (1) I have been interested in
(2) read books for children in the library
(3)【あなたが参加したいボランティア活動】A because I want to clean the park and plant a lot of flowers around it (15語)

[解説] (1)「長い間ボランティア活動に興味があった」は，現在完了形（継続）で表す。「興味がある」は be interested in ~。
(2)「子どもたちに本を読む」は read books for[to] children，「図書館で」は in[at] the library と表せる。
(3) AかBのどちらかの活動を選び，その理由を条件に合うように書く。解答例は「私が公園をきれいにして，周囲にたくさんの花を植えたいからです。」という意味。Bを選んだ場合は，(I want to join B) because I like reading books and I want many children to know that reading books is fun(.)（私は本を読むのが好きなので，多くの子どもたちに本を読むことは楽しいと知ってもらいたいから）〈17語〉などが考えられる。

{P.140}

# 3 （自分の考えを書く問題）

**1** [例] (1) become a teacher
(2) will study very hard

[解説] 「将来の夢」や「高校に入ったらしたいこと」は英作文の問題でよく出されるテーマ。自分の考えを書く練習をしておくとよい。
(1)「私の夢は~することです」という文。就きたい職業なら，become[be] のあとに職業を続ければよい。study abroad（留学する）や travel to the moon（月へ旅行する）など具体的にしたいことを続けてもよい。
(2) (1)で書いた夢を実現するために何をするかを書く。will study to speak English better（英語がもっと上手に話せるように勉強します）など，具体的にすることを書く。

**2** [例] Our field trip is my best memory.  We visited the castle in our city last year.  It was interesting for me to study the history of our city. (28語)

[解説] 学生生活でのいちばんの思い出を書く。学校行事や部活動など，思い出に残っていることを書けばよい。どんなことをしたか，どんな感想を持ったかなどを続けるようにする。解答例は，「遠足が私のいちばんの思い出です。私たちは昨年，私たちの市にあるお城を訪れました。私たちの市の歴史を勉強することは私にはおもしろかったです。」という意味。

**3** [例] 【the country】People in the country know each other well.  So, when we have problems there, we try to help each other.  Also, there are quiet places with mountains and rivers. So, we can enjoy climbing mountains and fishing in the rivers. /【a city】First, there are many trains and buses in a city.  It is helpful when we are out.  Second, we can find many big stores in a city.  So, it is easy to buy things we want.

[解説] 「田舎で暮らしたいか，それとも都会で暮らしたいか」もよく出るテーマの1つ。田舎と都会の生活で，よい点と悪い点をそれぞれ英語で書けるようにしておくとよい。解答例は，「田舎の人たちはお互いのことをよく知っています。なので，そこで問題が起きたとき，お互いに助け合おうとします。また，

山や川がある静かな場所があります。だから，私たちは山に登ったり，川で釣りをしたりすることを楽しめます。」，「まず，都会には電車やバスがたくさんあります。それは外出するときに役に立ちます。次に，都会には大きなお店がたくさんあります。なので，ほしいものを買うことが簡単です。」という意味。

**◀4▶** 【例】【Summer】you can go swimming in the beautiful sea（**8語**）/【Winter】you can enjoy many kinds of winter sports（**8語**）

**解説** 日本を訪れるのにおすすめの季節を夏か冬から選び，理由としてその季節にできることや楽しめることを書く。解答例は，「きれいな海に泳ぎに行けます」，「さまざまな種類のウィンタースポーツが楽しめます」という意味。

**◀5▶** 【例】(1) The best way to learn English for me is to use English a lot in classes.

(2) I think it is important to talk with my teachers and classmates in English every day.　When we talk in English, we can learn many new words.　We can read and write in English in classes, too.　We can also ask our teachers if there is something we don't understand.

**解説** (1) 自分にとっていちばんよい英語の学習方法を書く。The best way to learn English for me is to ～. の形で答えるとよい。解答例は「私にとっていちばんよい英語の学習方法は，授業中に英語をたくさん使うことです。」という意味。

(2) (1)で書いた方法がよいと言える理由を書く。どのような効果があるかを書くとよい。4文以上という指示に注意。解答例は，「私は毎日，先生やクラスメイトたちと英語で話すことは大切だと思います。英語で話すと，私たちはたくさんの新しい単語を学ぶことができます。授業では英語で読んだり書いたりすることもできます。また，わからないことがあれば，先生に聞くこともできます。」という意味。

**◀6▶** 【例】The most important thing in my life is the camera that my father gave me on my birthday last year.　My father took wonderful pictures with it, so I want to take beautiful pictures like him.（**36語**）/ The most important thing in my life is my family.　We always help each other and talk a lot about many things.　When I feel

sad, they always talk to me and listen to me carefully.　When they look busy, I try to help them and they thank me.　That makes me happier.　My family is very important to me.（**60語**）

**解説** マイクからのメールを参考にして，自分が人生で大切だと思っているものと，その理由を書く。解答例は，「私の人生でいちばん大切なものは，父が昨年の私の誕生日にくれたカメラです。父はそのカメラですばらしい写真を撮っていたので，私も父のように美しい写真を撮りたいです。」，「私の人生でいちばん大切なものは家族です。私たちはいつも互いに助け合って，多くのことについてたくさん話をします。私が悲しいときは，彼らはいつも声をかけてくれて，私の話をよく聞いてくれます。彼らが忙しそうなときは，私は手伝おうとし，彼らは感謝してくれます。それが私をより幸せにしてくれます。家族は私にとってとても大切です。」という意味。

{**P.144**}

# 4 （絵・図・表を見て英文を作る問題）

**◀1▶** 【例】(1) I watched TV.　(2) It's good.

**解説** (1)「あなたは昨日，夕食後に何をしましたか。」という質問。**動詞の過去形**を使うことに注意。ほかに，I did my homework.（私は宿題をしました。）などでもよい。

(2)「私はこのセーターを作りました。どう思いますか。」という質問。セーターの感想を述べる。It looks good on you.（あなたに似合っていますよ。）などでもよい。

**◀2▶** 【例】(1) am cleaning my desk now（**5語**）/ am trying to make my desk cleaner than before（**9語**）

(2) today is the last day for me（**7語**）/ this is the last time I use this desk（**9語**）

**解説** (1) 質問が現在進行形なので，答えでも**現在進行形**の文を使うこと。動詞の形に注意。desk（机）という語を使うことと，イラストの様子から，clean my desk（机を掃除する），make my desk clean（机をきれいにする）などと表す。

(2) last（最後の）を使うという指示と，空所のあとに「明日，日本へ戻る」と続いていることから，適切な英文を考える。解答例は，「今日は私にとって最後の日です」，「これが私がこの机を使

49

interested in it.

**3** 〖例〗【X】 it is bigger than Y.  You can carry a lot of things in the bag.  Also, you don't have to worry about the things in the bag if it starts to rain. (32 語)

解説 バッグの情報を見て，それぞれのバッグのよい点を2つ考え，理由として書く。解答例は，「それはYよりも大きいからです。バッグの中にたくさんのものを入れて運ぶことができます。また，雨が降り始めてもバッグの中のものを心配する必要がありません。」という意味。Yを選んだ場合は，【Y】 it is cheaper than X.  You can save money and buy something else.  Also, it is made of cotton.  Cotton is natural material, so it is environmentally friendly. 〈28 語〉（それはXよりも安いからです。お金を節約することができ，何かほかのものが買えます。また，それは綿で作られています。綿は天然素材なので，環境にやさしいです。）などが考えられる。

**4** 〖例〗【A】 Toyama has many places to visit.  For example, we can see the Kurobe Dam.  We can also see the Takaoka Daibutsu.  Both are big and wonderful.  I think foreign people can enjoy them. (33 語) / 【B】 Toyama has a lot of good food.  Toyama is especially famous for sushi because we can get fresh fish through the year.  I think foreign people can enjoy eating it. (30 語)

解説 ポスターに描かれている内容を参考にして，富山でできることや名物を書く。解答例は，「富山にはたくさんの訪れるべき場所があります。例えば，黒部ダムを見ることができます。また，高岡大仏を見ることもできます。どちらも大きくてすばらしいです。外国の人はそれらを楽しめると思います。」，「富山にはおいしい食べ物がたくさんあります。1年中新鮮な魚がとれるので，富山は特にすしで有名です。外国の人はそれを食べることを楽しめると思います。」という意味。

{P.147}

# 5 （日本語を英文に直す問題）

**1** 〖例〗(1) Do you remember you saw me last Friday?

(2) I hope that more young people will be

解説 (1) 「覚えていますか」なので，文全体は一般動詞を使った現在の疑問文にする。解答例では，remember のあとに接続詞の that が省略されている。あとに「あなたが私に会った」と続ける。過去のことなので，you saw[met] me と**過去形**を使うことに注意。

(2) 「私は～(という)ことを望みます」は I hope (that) ～. で表す。"～"の部分に，「もっと多くの若い人々がそれに興味をもつ」を表す英文を入れる。「興味をもつ」は be interested in で表す。

**2** 〖例〗(1) What did you do last weekend? (6 語) / How was your weekend? (4 語)

(2) I had lunch with my mother at a restaurant in Kobe last weekend. (13 語) / My mother and I ate lunch at a restaurant in Kobe last weekend. (13 語)

(3) The restaurant was very crowded, so we needed to wait for a long time. (14 語) / Because there were many people there, we had to wait so long. (12 語)

(4) I enjoyed shopping with my mother after lunch. (8 語) / We enjoyed shopping after having lunch. (6 語)

(5) I bought a small wallet made in Kobe. (8 語) / I got a little purse which was produced in Kobe. (10 語)

解説 先週末(last weekend)のことについて伝える英文を書くので，**過去の文**で表すこと。

(1) 「何をしたか」なので，What did you do? とする。「先週末はいかがでしたか。」のようにたずねる文にしてもよい。

(2) 「昼食をとった」は had lunch または ate lunch と表す。「神戸にあるレストランで」は at a restaurant in Kobe と表す。

(3) 「混みあった」は crowded で表せるが，思い浮かばなかった場合は「人がたくさんいた」のように別の表現方法を考えてみるとよい。

(4) 「買い物をして楽しむ」は enjoy shopping で表せる。「昼食後」は「昼食をとったあと」と考えて，after having[eating] lunch としてもよい。

(5) 「財布」は wallet や purse と言う。「神戸で作られた小さい財布」は**過去分詞のまとまりが後ろから名詞を修飾する形**か，**関係代名詞**を使って表すとよい。

**3** [例] **(1)** will go to Kyoto from Saga by train /
are going to use trains from Saga to Kyoto

**(2)** There are many old temples / We can see
many old temples

**(3)** it is the most famous temple in Japan / it is
more famous than any other temple in
Japan

[解説] (1) これからの予定を伝える文なので，will か be
going to ～を使う。「電車で」は by train，ま
たは「電車を使う」と考えて use trains と表
してもよい。

(2)「（場所に）～がたくさんある」は，There are
many[a lot of] ～. で表せる。または，「～を
見ることができる」と考えて，We can see ～. と
表してもよい。

(3)「日本で最も有名な寺」は最上級を使って，the
most famous temple と表す。「ほかのどの寺
よりも有名」と考えて，more famous than
any other temple と表すこともできる。

**4** [例] It is necessary for our lives now.

[解説]「今の私たちに欠かせないね。」を英文に直しやす
いように言いかえる。解答例は「それは今，私た
ちの生活にとって必要です。」という意味。
necessary は essential（必要不可欠な）としても
よい。ほかに，「今では私たちはそれなしでは生活
できません。」と考えて，We can't live without
it now. などと表すこともできる。自分が英語で書
ける表現でどう言いかえられるか考えてみよう。

# 模擬試験

## 1

(1) No. 1 イ　No. 2 エ　No. 3 ア

(2) ① 興味　② 金　③ 放課後
④ 通り[道路]　⑤ 公園　⑥ 土
⑦ 散歩に連れていく

**解説** (1) No. 1　電話での対話。相手が不在だと言われたので，伝言をお願いする表現が適切。

No. 2　最後の文は「どこで聞きましたか」という意味。選択肢の中では，**エ**の「新聞で読んだ」という答えが適切。

No. 3　相手に食べ物や飲み物をすすめる表現に対する応答を選ぶ。選択肢の中では，断る表現が適切。

(2) 英文の内容を日本語でまとめ，メモを完成させる問題。活動する曜日と，曜日ごとの活動内容を整理して聞き取る。④と⑤は，答えの順序が逆になっていても正解。

【読まれた英文と意味】

(1) No. 1
A : Hello?
B : Hello.　This is Hiroshi.　May I speak to Jane, please?
A : Hi, Hiroshi.　Sorry, she's out now.　She went shopping with Yuki.

No. 2
A : Do you know this book, Akiko?　It's very good.
B : I know the book, but I haven't read it yet.　I hear it's going to be made into a movie.
A : Really?　Where did you hear that?

No. 3
A : Did you enjoy your dinner, Andy?
B : Yes.　Everything was delicious.
A : I'm glad to hear that.　Would you like some more dessert?

(2)　This is a club for any student who is interested in volunteer work.　Please come and join us if you would like to help others.　We meet on Fridays and Saturdays.

On Fridays, we usually go out to do volunteer work in the town after school.　We have a lot of things to do there.　For example, we clean streets and parks.　On Saturdays, we sometimes visit homes for old people.　We take them for walks. It's a lot of fun to talk with them.　We hope you'll learn more about our club.

(1) No. 1
A：もしもし？
B：もしもし。ヒロシです。ジェーンをお願いします。
A：こんにちは，ヒロシ。ごめんなさい，彼女は今，外出中です。ユキと買い物に行きました。

No. 2
A：この本を知っていますか，アキコ。とてもいいですよ。
B：その本は知っていますが，まだ読んでいません。それは映画になるそうですね。

A：本当ですか？　それをどこで聞いたのですか。

No. 3
A：夕食を楽しみましたか，アンディ。
B：ええ。みんなとてもおいしかったです。
A：それを聞いてうれしいです。デザートをもう少しいかがですか。

(2) これはボランティア活動に興味のあるすべての生徒のためのクラブです。もしほかの人を手助けしたいと思うなら，私たちに加わりに来てください。私たちは毎週金曜日と土曜日に集まっています。

金曜日には，私たちはたいてい放課後に町内でボランティア活動をするために出かけます。私たちにはそこですることがたくさんあります。例えば，通りや公園を掃除します。土曜日には，ときどき老人ホームを訪れます。私たちはお年寄りを散歩へ連れていきます。彼らと話すことはとても楽しいです。あなたがたが私たちのクラブについてもっと知ってくれるといいなと思います。

## 2

(1) ウ　(2) エ　(3) イ

**解説** (1) 「私がこれらの箱を運ぶのを手伝ってくれますか。」という意味。〈help＋人＋動詞の原形〉の形で「(人)が～するのを手伝う」という意味。

(2) 「ブライアンは今朝からずっと走っています。」という意味。been があることから，現在完了進行形の文。動詞の ing 形を選ぶ。

(3) 「もし私があなただったら，すぐ彼に電話するだろうに。」という意味。仮定法の文。if ～のまとまりのあとに続く文では助動詞の過去形を使う。

## 3

(1) ① lost
② tell me where you found it

(2) ① oldest
② When was the temple built

(3) ① sent
② She has lived in this town

**解説** (1) ① yesterday があるので，動詞は過去形に。lose は不規則動詞で，過去形は lost。

② 「あなたがそれをどこで見つけたのか教えてください。」という間接疑問の文に。疑問詞で始まる疑問文が tell などの動詞の目的語になるときは，〈疑問詞＋主語＋動詞 ～〉の語順になることに注意。ここでは，〈tell＋人＋物〉の「物」に間接疑問がきた形。

(2) ① 前後に the と in our town があることから，最上級の文に。old の最上級は oldest。

② 「その寺院はいつ建てられましたか。」という文に。疑問詞で始まる受け身の疑問文。built は build の過去分詞。

(3) ① 過去分詞にして，〈過去分詞＋語句〉が名詞を後ろから修飾する形にする。「私の祖母から

送られた写真」という意味。

②「彼女はこの町に 50 年間住んでいます」という文に。現在完了形の文を作る。

**4** 〔例〕(1) How long have you been[lived / stayed]

〔例〕(2) ② What do you think about[of]

③ It's difficult[hard] for me to understand it.

<u>解説</u>(1) 応答の文から判断して,「日本にどれくらいいますか[住んでいますか/滞在していますか]」とたずねる文にするのが適切。How long のあとに現在完了形の疑問文を続ける。現在完了進行形を使って,How long have you been staying と表すこともできる。

(2) ② 考えをたずねる文を作る。think about[of] ～ で「～のことを考える」という意味。×*How do you think ～?* としないこと。

③「～することは…だ」の文。It is … to ～. の形を使って表せばよい。「私には」は for me と表し,to ～ の前に置く。

**5** (1) going[planning] to

(2) called

(3) a new movie

(4) ④ ウ  ⑧ ア

(5) think she will be happy to meet you

(6) 〔例〕エイミーのいとこが日本人の友達を作りたいと言っていたこと。

(7) interested in

(8) A ウ  B ア

(9) a. Yes, she is.

b. They are going to meet at 3:30 p.m.

(10) ウ

<u>解説</u>(1) 土曜日の予定について述べているので,未来の文で表す。空所の前に are があることから,be going to ～ を使う。plan to ～(～するつもりだ)の現在進行形で表すこともできる。

(2)「～と呼ばれる」という意味にするのが適切。過去分詞にする。

(3) that が指す内容は,その直前の文に書かれていることが多い。エイミーが見たいと言っているのは,「新しい映画」。

(4) ④「家族といっしょに」。with が適切。⑧「3 時 45 分までに映画館にいたほうがいい」。by には期限を表して「～までに」の意味もある。

(5)「私は,彼女はあなたがたに会えるとうれしいと思います」という文に。I think (that) ～ で

「私は～だと思う」。be happy to ～ で「～してうれしい」の意味。

(6) 直前のエイミーの発言に着目する。最後の文 she was saying that 以下の内容をまとめる。she とはだれのことかを具体的に書くこと。she とはエイミーの「いとこ」のこと。

(7)「～に興味がある」は be interested in ～ と表す。interesting(興味深い)と混同しないこと。

(8) A「場所」を答えているので,where ～ の疑問文が適切。

B 待ち合わせの時刻と場所を答えているので,what time … meet? という疑問文が適切。

(9) a. 質問は「エイミーのいとこは今,日本に滞在していますか。」という意味。エイミーの最初の発言に,My cousin ～ is in Tokyo right now とある。right now は「現在,ただ今」の意味。

b. 質問は「彼女たちは土曜日に何時に待ち合わせますか。」という意味。理恵の 4 番目の発言に着目。3 時 45 分は待ち合わせの時刻ではなく,映画館に到着しておきたい時刻なので注意。

(10) **ア**「絵美と理恵は土曜日に家で映画を見るつもりである。」映画館に行くつもりなので,合わない。

**イ**「エイミーは,夏休みにカナダにいるいとこを訪ねるつもりである。」エイミーの最初の発言と合わない。

**ウ**「絵美はエイミーのいとこに会ったら,彼女からカナダについて学びたいと思っている」。絵美の 3 番目の発言に着目。絵美はカナダに興味があり,エイミーのいとこに会うのはカナダのことをもっと知るいい機会になるだろうと言っている。

**エ**「理恵は映画のあとでエイミーのいとこと買い物に行きたいと思っている。」エイミーのいとこと買い物に行く予定なのはエイミーで,行くのは映画の前。

【対話文の意味】

**絵美**：エイミー,土曜日の予定は何かありますか。理恵と私は映画を見に行くつもりです。『ハリーの冒険』という新しい映画があります。

**エイミー**：わあ,私も見たいです！ とてもいい映画だと聞いています。でも,土曜日はもう予定があります。カナダ出身のいとこが夏休みで,今,東京にいます。それで,いっしょに買い物に行くつもりです。

**理恵**：へえ,あなたのいとこがこちらにいるのですか。

**エイミー**：そうなんです。彼女は家族と来日しています。彼女は日本は初めてです。

**理恵**：じゃあ,映画は午後 4 時に始まるから,買い物を終えたあとでいとこといっしょに来たらどうですか？ 彼女にぜひ会ってみたいです。

**絵美**：ええ,私も！

エイミー：本当？　彼女も招待してくれてありがとう。わかりました，じゃあ，彼女にたずねさせてください。彼女もあなたたちに会えるとうれしいと思います。彼女は日本で楽しく過ごしていて，日本人の友達を作りたいと言っていました。

絵美：それを聞いてうれしいです。私もカナダに興味があるから，私にはカナダについてもっと知るいい機会になるでしょう。

エイミー：いいですね。ところで，（映画館はどこにありますか。）

理恵：アサヒ町にあります。駅の近くにあります。

エイミー：わかりました。それから，（何時に会いたいですか。）

理恵：午後3時45分までに映画館に行ったほうがいいから，午後3時30分に駅の前で会うのはどうですか。

エイミー：いいですね。いとこと話したあと，今夜，あなたに電話します。

絵美：わかりました，あとで話しましょう。

# 模擬試験 ——— 第 2 回 {P.156}

**1** (1) No. 1 エ　No. 2 イ　No. 3 エ
(2) ① イ　② ア

**解説** (1) No. 1　月曜日に京都へ行き，木曜日の晩に帰ってきたので，4日間いたことになる。
No. 2　日付と曜日に注意。日曜日は8月12日。
No. 3　道案内の場面。右，左の方向と，何番目の角を曲がるのかなどに注意。
(2) 曜日と天気の組み合わせに注意して聞き取る。土曜日はくもりで，夕方に雪が降り始める。日曜日は1日中雪が降るだろうと言っている。

【読まれた英文と意味】

(1) No. 1
A : Hi, John.　I didn't see you last week.
B : I went to Kyoto with my host family last Monday.
A : Oh, did you?　How was the trip?
B : It was great.　It was interesting to visit the shrines and temples there.
A : When did you get back?
B : We got back last Thursday evening.
Question : How long did John stay in Kyoto?

No. 2
A : Hi, Ken.　Lisa's birthday is August 10, right?
B : Yes, that's right.　Why?
A : I'd like to have a birthday party for her.
B : That's a good idea.
A : How about August 11?　It's Saturday.
B : I have other plans that day.　I'm free the next day.
A : OK, then let's have a party on Sunday.　I think she's free.
B : OK.
Question : When are they planning to have Lisa's birthday party?

No. 3
A : Excuse me.　Could you tell me the way to the

hospital?
B : Sure.　Now we are at the station.　Go straight and turn left at the second corner.　You'll see it on your right.　It's next to a bookstore.
A : Thank you very much.
B : Not at all.
Question : Where is the hospital?

(2)
A : How's the weather in Yokohama today?
B : It's sunny and warm.
A : How about this weekend?
B : It'll be cloudy on Saturday.　In the evening, it'll begin to snow.　On Sunday, it'll be snowy all day.

(1)　No. 1
A：こんにちは，ジョン。先週，あなたを見かけませんでした。
B：ぼくは先週の月曜日にホストファミリーといっしょに京都へ行きました。
A：へえ，そうなのですか？　旅行はどうでしたか。
B：よかったですよ。そこで神社や寺を訪れたのがおもしろかったです。
A：いつ戻ってきたのですか。
B：私たちは先週の木曜日の晩に戻ってきました。
（質問）ジョンはどれくらい京都にいましたか。

No. 2
A：こんにちは，ケン。リサの誕生日は8月10日ですよね。
B：うん，その通りです。どうしてですか。
A：彼女のために誕生日パーティーをしたいのです。
B：それはいい考えですね。
A：8月11日はどうですか。土曜日です。
B：ぼくはその日はほかの予定があります。次の日は空いています。
A：わかりました，じゃあ，日曜日にパーティーをしましょう。彼女は空いていると思います。
B：わかりました。
（質問）彼らはいつリサの誕生日パーティーをしようと計画していますか。

No. 3
A：すみません。病院への道を教えていただけますか。
B：いいですよ。今，駅にいます。まっすぐ行って，2つ目の角を左に曲がってください。右手に見えますよ。書店の隣です。
A：ありがとうございます。
B：どういたしまして。
（質問）病院はどこですか。

(2)
A：今日の横浜の天気はどうですか。
B：晴れて暖かいです。
A：この週末はどうですか。
B：土曜日はくもりでしょう。夕方には，雪が降り始めるでしょう。日曜日は，1日中雪でしょう。

**2** ① eighth　② bought　③ her
④ stories　⑤ reading

**解説** ①「次の日曜日はメグの8回目の誕生日です。」「～番目の」というときは，序数で表す。ふつうは数の語尾にthをつけた形にするが，eightの場合は，hだけをつけてeighthとなる。

②「私はまだプレゼントを買っていません。」haven't は have not の短縮形。現在完了形の文なので，動詞は過去分詞にする。

③④「私は彼女に子ども向けのお話がたくさん載っている本をあげるつもりです。」③〈give ＋ 人 ＋ 物〉の文にする。「人」にあたる目的語が人称代名詞のときは目的格を使い，she は her となる。④ a lot of に続く数えられる名詞は複数形。story は y を ies に変える。

⑤「彼女は本が好きで，毎日図書館で読書を楽しんでいます。」enjoy は目的語に動名詞をとる動詞なので 〜ing の形にする。「〜することを楽しむ」の意味。

## 3　(1) ウ　(2) ア　(3) イ　(4) ア

解説　(1) 相手の発言に対して，「そうなのですか。」と相づちを打つときは，〈be 動詞＋代名詞 ?〉，〈Do [Does, Did] ＋代名詞 ?〉の形を使う。前の文の動詞と主語に合わせて使い分ける。ここでは前の文が過去進行形の文で be 動詞 was があり，主語が I なので，were you? で受けるのが適切。

(2) 新聞を読んだかと聞かれて，「いいえ」と答えているので，「まだ，読んでいない」と続けるのが適切。

(3)「あなたのスーツケースはとても重そうですね。私が運びましょうか。」と申し出る文が適切。「〜しましょうか」は Shall I 〜? で表す。ア の Will you 〜? は依頼を表し，「〜してくれますか」の意味。ウ の How about 〜? は「〜はどうですか」の意味。

(4) 空所のあとで「あなたに私のを貸してあげます」と言っていることから，「いいえ」の答えにするのが適切。Must I 〜? の疑問文に，「いいえ」と答えるときは，No, you don't have to. の形を使う。don't have to 〜 は「〜する必要はない」の意味。

## 4　例 (1) If I were in Okinawa, I would go swimming every day.

(2) Why don't we go to watch a baseball game next Sunday?

解説　(1) 実際には「私」は沖縄にはいないので，仮定法を使う。「もし私が沖縄にいれば」は If I were in Okinawa と表せる。仮定法の文では，主語が I のときでも be 動詞はふつう were を使う。後半の文では助動詞の過去形 would を使うことに注意。

(2)「今度の日曜日に野球観戦をしませんか。」と誘う文を作る。「野球観戦」は「野球の試合を見に行く」とすればよい。go to watch[see] a baseball game と表せる。相手を誘う言い方には，Why don't we 〜?, Shall we 〜?, Let's 〜. などがある。また，How about going to see a baseball game next Sunday? などとしてもよい。

## 5　例 I want to be a singer because I like to sing songs.　I want to have a concert and sing in front of many people.（25 語）

解説　質問の文は「あなたは将来何になりたいですか。また，それはなぜですか。」という意味。自分の将来なりたいものとその理由を，条件に合うように，自由に考えて書く。

解答例は「私は歌を歌うことが好きなので歌手になりたいです。コンサートを開いて多くの人の前で歌いたいです。」という意味。まず，I want to be 〜と自分のなりたいものを述べ，そのあとに because などを使ってなりたい理由を続ければよい。「2 文または 3 文で」という条件なので，最後に具体的にしてみたいことをつけ加えたり，なりたい理由の補足を述べたりしてまとめるとよい。ほかには，I want to be an elementary school teacher because I like children.　I will study hard to be a good teacher.（私は子どもが好きなので小学校の先生になりたいです。いい先生になるために，一生懸命勉強します。／21 語）など。

## 6　(1) visually impaired children who were learning how to take pictures

(2) A…オ　B…ウ　C…ア　D…イ

(3) 例 目の不自由な人はよい写真が撮れないと思っていたこと。

(4) 例 took a long time for them to learn / took them a long time to learn

(5) 例 A…撮った写真
B…予想していたよりもずっとよいもの

(6) taken

(7) something important

(8) no one

(9) ア…×　イ…○　ウ…×　エ…○　オ…×

解説　(1) who と how に着目して文を組み立てる。この who は疑問詞ではなく，関係代名詞（主格）。先行詞となる名詞（visually impaired children）を後ろから修飾する文にする。how は how to 〜 の形で「〜のしかた」の意味を表す。were learning の目的語としてつなげる。「その番組は，

写真の撮り方を学んでいる目の不自由な子どもたちについてのものでした」。

(2) 文の流れを考え適切な接続詞を選ぶ。

A 前に think，あとに〈主語＋助動詞＋動詞 ～〉があるので，that が適切。

B 「子どもたちがカメラを使うことに慣れたとき」。when が適切。

C 「もしやってみれば，可能かもしれない」。条件を表す if が適切。

D 「何が起こるか決してわからないので，心を開いておくべきだ」。理由を表す because が適切。

(3) 前の文の内容を受け，自分は間違っていたと述べている。下線部のあとの文は，間違いを正した考えである。

(4) 「時間がかかる」は，動詞 take を使う。主語には it を使う。動詞の形にも注意。過去の文なので，過去形の took にする。

(5) あとの文に，ショックを受けた理由が述べられている。than he expected は「彼が予想していたよりも」の意味。

(6) 「9歳の女の子によって撮られた写真」とする。take を過去分詞にする。〈過去分詞＋語句〉が前の名詞 photo を後ろから修飾する形。

(7) 「何か～なこと」は代名詞の something を使う。something，anything などの代名詞を形容詞が修飾する場合は，形容詞はそのあとにおく。

(8) 「私たちは何が起こるかは決してわからない」を「だれも何が起こるかはわからない」と書きかえる。動詞は knows で否定文にはなっていないので，主語を否定の形にする。no one ～ で「だれも～ない」。

(9) ア 「健太は子どもの美しい写真の撮り方についてのテレビ番組を見た。」健太が見たのは，目の不自由な子どもたちが写真の撮り方を習っていた番組なので合わない。

イ 「健太の気持ちはその番組を見たあとで変化した」。健太は，番組を見る前は目の不自由な人たちがよい写真を撮ることはできないと思っていたが，それは間違いだったとわかったので英文と合う。

ウ 「子どもたちにとって，カメラの使い方を学ぶことはそれほど難しくはなかった。」本文の第2段落を参照。最初は子どもたちにとっては，簡単なことは何もなかったとある。

エ 「健太はもっと心を開いて物事を見ようとするだろう。」最後の段落を参照。最後から2文目に「私たちはいつも心を開いておくべきだ」

とある。

オ 「人生は危険に満ちているので，健太はつねに注意するべきだと考えている。」最後の段落を参照。最後から3文目に，「人生はすばらしい神秘的なことで満ちている。」とある。また，その次の文の「いつも心を開いておくべきだ」とも合わない。

【英文の意味】

　私は昨日，興味深いテレビ番組を見ました。その番組は写真の撮り方を習っている目の不自由な子どもたちについてのものでした。番組を見る前は，私は目の不自由な人たちはよい写真は撮れないと思っていました。でも，私は間違っていました。目の不自由な人たちは見ることはできませんが，とても美しい写真を撮ることができるのです。

　最初は，子どもたちにとって簡単なことは何もありませんでした。カメラをきちんと持つことさえ難しかったのです。彼らが正しくカメラを使う方法を学ぶには長い時間がかかりました。

　しかし，子どもたちはあきらめませんでした。子どもたちがカメラを使うのに慣れたとき，先生は全員に2週間カメラを持たせました。彼は子どもたちに，お気に入りの題材の写真を撮ってくるように頼みました。友達や家族の写真を撮った子どももいれば，自然や動物，あるいは電車の写真を撮った子どももいました。2週間後，先生は写真を確認し，ショックを受けました。写真は，彼が予想していたよりもずっとよかったのです。

　そのテレビ番組では，子どもたちが撮ったたくさんの写真を紹介していました。私は全部気に入りましたが，特にある写真が私に感動を与えました。それは9歳の女の子が撮った写真でした。彼女の1歳の弟の写真でした。その写真は弟に対する彼女の誠実な愛情をよく表現していました。

　私は，番組から何か大切なことを学びました。たとえ，何かが最初は困難に思われても，「ああ，それは不可能だ。」と言うべきではありません。その代わりに，「困難かもしれないけど，やってみればできるかもしれない。」と言うべきなのです。人生はすばらしい神秘的なことで満ちているのです。何が起こるか決してわからないのですから，私たちはいつも心を開いておくべきです。これは，私が絶対に忘れないであろう教訓です。